تعليم غير العاديين في مدارس العاديين

(دمج ذوي الاحتياجات الخاصة)

إعداد

الدكتور / عبد الباقي محمد عرفة سالم

كلية التربية جامعة المجمعة

قسم التربية الخاصة

مكتبة الرشد

ناشرون

2012

الله

بسم الله الرحمن الرحيم

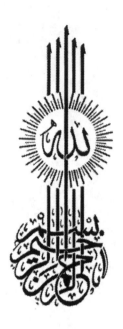

الإهــــــداء

إلى روح أبي وأمي
(رب ارحمهما كما ربياني صغيرا)
وإلى زوجتي وأبنائي
إيثار وتقى وعمر
أهدي هذا الكتاب

المحتوى

مقدمـــــة

الحمد لله نحمده و نستعينه ، و نستهديه، ونعوذ بالله من شرور أنفسنا وسيئات أعمالنا، من يهده الله فلا مضل له ومن يضلل فلا هادي له، وأشهد أن لا إله إلا الله وحده لا شريك له، وأشهد أن محمداً عبده ورسوله، صلى الله عليه وعلى آله وسلم. وبعد

مما لاشك فيه إن قضية دمج ذوي الاحتياجات الخاصة مع العاديين من أهم القضايا التي شغلت بال الباحثين والمتخصصين وأولياء الأمور طوال الفترة الماضية ، وذلك لأهمية الدمج للطفل المعاق وأسرته من ناحية وأهميته للطفل العادي وأسرته والمجتمع ككل من ناحية أخرى ، وللدمج فوائد تربوية واجتماعية واقتصادية لا يمكن تجاهلها ، وتعددت الاتجاهات نحو برامج الدمج بين مؤيد ومعارض ، وهناك تجارب عالمية وعربية تناولت قضايا الدمج المختلفة جديرة بالدراسة والاستفادة منها على المستوى المحلي والقومي ،ويهدف هذا الكتاب إلى تسهيل مهمة الباحثين والطلاب وأولياء الأمور في الحصول على المعلومة الموثقة التي تخص العديد من المواضيع التي تتناول قضية دمج ذوي الاحتياجات الخاصة مع العاديين سواء دمج تعليمي أو اجتماعي أو ترفيهي .

وقد تناول الفصل الأول من هذا الكتاب المبادئ الفلسفية للدمج ومفاهيمه وفوائده وأهداف دمج ذوي الاحتياجات الخاصة مع العاديين ، وتناول الفصل الثاني عوامل النجاح في تطبيق برامج الدمج من وجهات نظر العديد من المتخصصين والباحثين والمراكز العلمية ، وتناول الفصل الثالث الاعتبارات الخاصة بدمج فئات الإعاقة المختلفة حيث تناول الاعتبارات الخاصة بدمج ذوي الإعاقات الجسمية والصحية وذوي صعوبات التعلم والاعتبارات الخاصة بدمج المعاقين سمعيا وبصريا وعقليا ، وتناول الفصل الرابع طرق تدريس ذوي الإعاقة العقلية والبصرية والسمعية وصعوبات التعلم وطرق تدريب وتربية الطفل التوحدي ، وتناول الفصل الخامس الاتجاه نحو الدمج من حيث تعريف الاتجاه وأنواع الاتجاه وأسباب الاتجاهات السلبية نحو الدمج ، مع عرض

عدد من الدراسات التي تناولت الاتجاهات نحو الدمج في الدول العربية المختلفة ، وتناول الفصل السادس الكفايات الخاصة بمعلم الدمج من حيث تعريف الكفاية ، وكفايات معلم التربية الخاصة وكفايات معلم التربية الخاصة في برامج الدمج وكفايات المعلم العادي في برامج الدمج . وتناول الفصل السابع أدوار معلم التربية الخاصة والمعلم العادي وفريق الدمج في برامج الدمج المختلفة ، وتناول الفصل الثامن المناخ المحفز والمشجع على النجاح في برامج الدمج من حيث مفهوم المناخ ودور المجتمع ودور المنزل ودور المدرسة من حيث الإدارة المدرسية والبناء المدرسي والتجهيزات والمعامل والوسائل التعليمية والملاعب والمطاعم والفصول الدراسية والمقاعد والألوان وكل ما يحفز على النجاح في برامج الدمج . وتناول الفصل التاسع المعوقات والمشكلات التي تواجه تطبيق برامج الدمج سواء دمج كلي أو دمج جزئي ، وتناول الفصل العاشر بعض التجارب العالمية الناجحة في تطبيق برامج الدمج مثل تجربة المملكة المتحدة ، والولايات المتحدة الأمريكية ، وتجربة الدانمارك ، والنرويج والسويد والنمسا ، وتجربة جنوب أفريقيا واستراليا واليابان حيث استعرض المؤلف جوانب النجاح في التجارب السابقة في مجال التشريعات ، والتدخل المبكر ، وإعداد المعلمين ، والدعم المادي وأعداد الطلاب في تجارب الدمج المختلفة في تلك الدول ، وتناول الفصل الأخير تجارب الدول العربية في دمج ذوي الاحتياجات الخاصة حيث تناول تجربة مصر وتجربة المملكة العربية السعودية وتجربة الأردن والأمارات . وبعد فتضح أهمية هذا الكتاب من حيث الموضوعات العديدة التي تناولها ومن حيث الفئات الموجه إليها حيث يستفيد منه طلاب أقسام التربية الخاصة وطلاب الدراسات العليا والمتخصصين والباحثين والمعلمين وأولياء الأمور وفي الختام إن كان في هذا الجهد من توفيق فمن الله وحده ، وان كان من نقص أو خطأ فمني وحدي وأسال الله السداد والتوفيق .

والله من وراء القصد ، وهو وحده الهادي إلى سواء السبيل. **المؤلف**

د/ عبدا لباقي محمد عرفة

الفصل الأول

فلسفة ومفاهيم وفوائد وأهداف دمج ذوي الاحتياجات الخاصة

1- الأبعاد الفلسفية لدمج ذوى الاحتياجات الخاصة.

2- مفاهيم الدمج ومصطلحاته.

3- فوائد الدمج.

4- أهداف دمج ذوى الاحتياجات الخاصة .

أهداف الفصل الأول

بدراسة هذا الفصل يتمكن الدارس من :

- فهم مبادئ وفلسفة الدمج .

- تعرف مفاهيم الدمج ومصطلحاته وتطورها الزمني والعلمي .

- تحديد فوائد الدمج وسلبياته .

- تعرف منطلقات و أهداف دمج ذوى الاحتياجات الخاصة .

مقدمة :

قبل أن أبدأ بالحديث عن حق المعاق في الدمج وفوائد الدمج بكافة أشكاله للمعاق لابد أولًا أن نحدد المفهوم الإجرائي لحق الطفل المعاق في التعليم ، وحق الطفل المعاق في التعليم يعني حقه في أن يلتحق بمدرسة الحي ويتعلم ويدرس مع أقرانه العاديين المماثلين له في العمر في حجرة الدراسة العادية ، ويدرس نفس المنهج مع بعض التعديلات ، ويشارك في نفس الأنشطة ، تحت إشراف معلم الفصل العادي ، مع تقديم خدمات مساندة وموارد إضافية عندما تستدعي الحاجة ذلك ، في الوقت وبالشكل الذي يساعد الطفل علي تحقيق أقصي قدراته ، وكذلك تحقيق أقصي قدر من المساواة في النتائج التعليمية و الاجتماعية .وبعد

في 1994تم عقد مؤ تمر سلامنكا في أسبانيا واشترك فيه أكثر من ثلاثمائة مشترك يمثلون اثنتين وتسعين حكومة وخمسا وعشرين منظمة دولية،وذلك من أجل الإسهام في بلوغ هدف التعليم للجميع. ووضع المؤتمر مبادئ وسياسات لتعليم ذوى الاحتياجات الخاصة ومنها "إن لكل طفل حقا"أساسيا" في التعليم . ونظم التعليم ينبغي أن تصمم والبرامج التعليمية ينبغي أن تطبق على نحو يراعى فيه التنوع في الخصائص والاحتياجات،وأن ذوى الاحتياجات التربوية الخاصة يجب أن تتاح لهم فرص الالتحاق بالمدارس العادية التي ينبغي أن تهيئ لهم تربية محورها الطفل وقادرة على تلبية تلك الاحتياجات" (مؤتمر سلامنكا1994) ومن الملاحظ إن دمج ذوى الاحتياجات الخاصة في المجتمع وفى التعليم قد قطع أشواطاً لا يستهان بها على مستوى الكثير من بلدان العالم المختلفة، وأن عجلة التغيير قد دارت ولا يستطيع أحد أن يوقفها . وفى هذا الفصل سيتم تناول فلسفة الدمج التربوي و مفاهيمه المختلفة وأهدافه وفوائده والاتجاه نحو الدمج التربوي، والعوامل التي تساعد على نجاحه،والهدف من هذا الفصل هو توعية المجتمع بحق أصيل من حقوق المعاقين ألا وهو دمجهم في المجتمع وفي البرامج التعليمية المختلفة كلا حسب طاقته ، وعلي مؤسسات المجتمع أن تغير من برامجها

وسياستها لتطبيق براج الدمج وعلي مؤسسات المجتمع وهيئاته وأفراده وجماعاته أن يعملوا جميعًا من اجل رسم البسمة علي وجه المعاقين وأولياء أمورهم .

1- الأبعاد الفلسفية لدمج ذوي الاحتياجات الخاصة .

فلسفة دمج ذوى الاحتياجات الخاصة بالمدارس العادية هي فلسفة قديمة من ناحية أصولها وأهدافها, وهي حديثة من ناحية تطبيقها وبرامجها وأساليبها، فأسلوب الدمج من أحدث الأساليب التربوية التي بدأت معظم دول العالم تأخذ بها في تعليم المعاقين.

وفلسفة دمج ذوى الاحتياجات الخاصة لها أصولها ومبادئها التي لها تاريخ ممتد منذ زمن طويل وعلى سبيل المثال، فالشريعة الإسلامية, والرسول صلى الله عليه وسلم من خلال تربيته لأصحابه وتعليمه لهم, وضع مبادئ لهذه التربية قامت على التكافل،والتعاون، وتكافؤ الفرص، والمساواة فالرسول صلى الله عليه وسلم يقول في حديثة الشريف الذي رواه الأمام مسلم عن النعمان بن بشير قال رسول الله صلى الله عليه وسلم(مثل المؤمنين في توادهم وتراحمهم وتعاطفهم مثل الجسد إذا اشتكى منه عضو تداعى له سائر الجسد بالسهر والحمى) حديث رقم 2586 صحيح مسلم، وهذه المبادئ التي وضعها الإسلام ليس للتعليم فقط بل للحياة عامة, وهي نفسها المبادئ التي ينادي بها علماء التربية الحديثة, وخاصة في برامج الدمج في الدول المتقدمة. إن نظام الفصل أو العزل الذي كان سائدًا هو نظام قائم على التفرقة بين أفراد المجتمع, وقائم على عدم المساواة بين الطفل المعاق والطفل العادي. ولهذا فإن الطلاب الذين صنفوا أو لقبوا على أنهم معاقون عزلوا عن الطلاب غير المعاقين وعليه يجب على هؤلاء الطلاب أن يحصلوا على حقوقهم كاملة في التعليم وفي الحياة وفي الذهاب إلى المدرسة التي يختارونها, وعلى المدارس أن تعدل من مناهجها وبرامجها لتلاءم هؤلاء التلاميذ(Leanardo P.Jimenez and Toshiro Ochoa: Inclusion versus institute aliz arin 2006) ومن أهم المبادئ التي اعتمدت عليها فلسفة الدمج في كل من الولايات المتحدة و ألمانيا و انجلترا والسويد والنمسا وغيرها من الدول المتقدمة في دمج ذوي الاحتياجات الخاصة. والتي أجدر بنا ان نأخذ

بها فئ تعليم أطفالنا من ذوى الاحتياجات الخاصة مبدأ المساواة وتكافؤ الفرص والعدالة وغيرها من المبادئ التي سيتم تناولها بشيء من التفصيل فيما يلي:

مبدأ المساواة:

تقوم رعاية ذوى الاحتياجات الخاصة بالمدارس العادية على مبدأ تحقيق المساواة والعدالة بين الأفراد, والاحتواء الكامل للأفراد المعاقين داخل الاتجاه السائد في كل من المدرسة والمجتمع. فيقوم الدمج على أساس مسئولية النظام التعليمي العام عن رعاية وتعليم المعاقين. وذلك عن طريق الاهتمام بعمل اختبارات تجريبية لتطوير برامج تعليمية ملائمة لدمج هؤلاء الطلاب في التعليم العام. وهكذا تتحقق ديمقراطية التعليم بأن ينال كل معاق قسطًا من التعليم يتناسب مع قدراته وإمكانياته أسوة بالأطفال العاديين. تحقيقًا لمبدأ تكافؤ الفرص.

إن الدمج التعليمي للمعاقين بالمدارس العادية في المجتمعات المعاصرة يقوم على أساس المساواة بين أفراد المجتمع. لا فرق بين عادي ومعاق في التعليم وتحقيقًا لمبدأ تكافؤ الفرص التعليمية الذي يعطي كل فرد حقه في تعليم يتناسب مع قدراته واستعداداته وتمشيًا مع ديمقراطية التعليم والمساواة وتكافؤ الفرص وهي المبادئ والقيم التى ترسخها الأديان وتنادي بها منذ أقدم العصور. والتربية الحديثة بدأت تعود إلى هذه القيم لأنها هي التي تبني مجتمعا متماسكا ومتعاونا قائما على العدل والمساواة في كل شيء وأولها تعليم المعاقين.

وإن المدارس الشاملة التي تعلم كل التلاميذ معًا يمكن أن تضع الأساس لمجتمع شامل ليست فيه أية تفرقة أو عنصرية, وذلك بتغير المواقف بالنسبة للاختلاف (فمن الطبيعي والعادي أن تكون مختلفًا (بيتر ميتلر استيعاب ذوي الاحتياجات الخاصة في التعليم 2004).

التعاون:

يعني هذا المبدأ إقامة علاقات بين معلمي التعليم العام ومعلمي التربية الخاصة. بهدف تحقيق أقصى فائدة ممكنة لجميع الطلاب.وكذلك إقامة علاقات بين أسر الأطفال

من ذوى الاحتياجات الخاصة والعاديين بل وإقامة علاقات بين جميع أفراد المجتمع ومؤسساته من أجل المساهمة والتعاون في تخفيف عبء الإعاقة عن الأطفال من ذوى الاحتياجات الخاصة وأسرهم ويتمثل هذا التعاون بين المعلمين في التخطيط والتدريس المشترك والمشاركة في المعلومات وتبادل الخبرات. ويفيد التدريس التعاوني كل المعلمين المشاركين فيه, حيث تتاح لهم الفرصة لتبادل المعلومات المتخصصة, والخبرات المختلفة, والابتكارات الجديدة, كما يساعد التعليم التعاوني في بناء علاقات قوامها العناية والالتزام بين الأفراد(ديان برادلي الدمج الشامل2000).

والمدرسون الذين يعملون في مدارس الدمج يقولون إن فلسفة الدمج التعليمي يقوم على مسلمة مفادها. التعاون بين المدرسين والتلاميذ ليصبحوا أعضاء أفضل في المجتمع ولخلق مجتمع متعدد ومتنوع في القدرات والإمكانيات.

إن فريق العمل الدمجي القائم على التعاون بين المعلم العادي ومعلم التربية الخاصة, ومعلم حجرة المصادر, والإحصائي النفسي والاجتماعي وإحصائي العلاج يمكن أن يحقق عن طريق العمل بروح الفريق أهداف الدمج التعليمي للمعاقين التي تقود إلى خبرات تعليمية ملائمة .

مبدأ الاعتراف بحقوق الأطفال المعاقين بالتعليم والعيش معًا

فلسفة الدمج تقوم على إعادة الحق المتنازل عنه إلى أصحابه." أي أن حق المعاق أن يتعلم ويعيش في المجتمع ويدخل مدرسة الحي الذي يعيش فيه مع زملائه من العاديين "

والإعلان العالمي لحقوق الإنسان يقر بأن جميع الأفراد ولدوا أحرارًا يتمتعون بالكرامة والإنسانية. ولهم نفس الحقوق في التعليم والعمل والراحة والاستمتاع. وكما جاء في الإعلان العالمي لحقوق المعاقين الصادر في عام 1975 والذي نادي بوجوب احترام الكرامة الإنسانية للمعاقين وحماية حقوقهم الأساسية أسوة بأقرانهم في المجتمع.

مبدأ البرامج الفردية:

إن فلسفة الدمج ذات نزعة إنسانية أخلاقية لا تفرق بين إنسان عادي وآخر معاق, ولكنها إعادة صياغة لفئات المجتمع من جديد على خريطة خدمات المجتمع ككل. كما أن عملية الدمج تدعو إلى إعادة بناء التربية العامة والتربية الخاصة, ووضعها

ضمن نظام جديد يوفر للطالب المساعدة المطلوبة في نطاق الصف العادي.

فهي تركز على كيفية" إدارة الفصول والمدارس التي يمكن أن توفر الحاجات التربوية لكل طفل, كما أنها لا تكتفي بوجود مدرس تربية خاصة بل تعتبر وجوده ضرورة لتوفير البرنامج الفردي المناسب" والذي يُحدد لكل طفل بناءً على قدراته واستعداداته والبرامج الفردية من أهم الأساليب المساعدة على نجاح الدمج ويمكن القول بأن اهتمام المجتمعات المعاصرة بالبرامج الفردية في تعليم المعاقين بمدارس الدمج يرجع إلى أهمية هذا النوع من التعليم في مراعاة الخصائص الفردية للمعاق.

والدعم الفردي يختلف من مكان لآخر ومن أسلوب في الدمج إلى آخر. ولا يقلل هذا من أهمية البرامج الفردية التي تهتم بكل تلميذ على حده في إحداث نوع من التنمية والتفاعل والتحول إلى الأحسن.

وقد أشارت العديد من الدراسات إلى " أن الأطفال في فصول الدمج الذين يقدم لهم مناهج معدلة وبرامج تربوية فردية في المهارات اللغوية يظهرون مقدرة أفضل في التعبير عن أنفسهم, كما أن الدمج يزودهم بقدرة أفضل لتحسين كل من مفهوم الذات والسلوكيات الاجتماعية " (جريدة الراية القطرية ،الدمج نزعة إنسانية 2007)

ومن هنا يظهر أهمية البرامج الفردية كأساليب مساندة لعملية الدمج.ومما سبق يظهر لنا بوضوح أن فلسفة دمج ذوى الاحتياجات الخاصة في التعليم العام تقوم على مبادئ سامية من حيث التكافؤ في الفرص التعليمية إلى تحقيق التعاون إلى الاعتراف بحقهم فئ الحياة والتعليم وتقديم برامج خاصة بهم وهم في مدارس التعليم العام مثل أقرانهم من الأطفال العاديين.

- مفاهيم الدمج ومصطلحاته:

هناك الكثير من المفاهيم والمصطلحات التي تستخدم للإشارة إلى عملية دمج الأطفال ذوي الاحتياجات الخاصة, مع أقرانهم العاديين, وعلى الرغم من تشابه المفاهيم من حيث المضمون العام إلا أنها تختلف بدرجة أو بأخرى ضمن الإطار العملي الذي يشير إليه كل مفهوم(سهير شاش ، تربية المعاقين ،2004)

أ- مصطلح الدمج بمعنى التكامل .

ويشير بشكل عام إلى تكامل الأنشطة الاجتماعية, والتعليمية العادية جنبًا إلى جنب مع زملائهم الذين يتميزون بقدرات عادية. كما أن هذا المصطلح يشير إلى التطبيع نحو العادية ويقتضي ضرورة تزويد الأطفال المعاقين بخبرات الحياة العادية سواء داخل الفصل الدراسي أو خارجه. بحيث تتاح أمامهم الفرص لملاحظة سلوك الآخرين والتفاعل معهم في ظل ظروف ومواقف عادية (فتحي السيد عبد الرحيم ، الدراسة المبرمجة للتخلف العقلي).

- ويعرفه الشخص وآخرون بأنه وضع الأطفال المعاقين في برامج تقوم على خدمة الأطفال غير المعاقين(عبد العزيز الشخص ، قاموس التربية الخاصة 2001).

ومن الملاحظ أن التعريفات السابقة تحدثت عن وضع التلاميذ المعاقين مع أقرانهم من العاديين دون تميز، ودون تفرقه, وبهدف التطبيع واكتساب الخبرات للوصول إلى العادية ولكن لم يتم الحديث عن الخدمات والوسائل المساعدة التي تقدم للتلاميذ المعاقين للتفاعل والتكامل مع أقرانهم من العاديين.

ب- الدمج بمعنى توحيد المسار (المساق) التعليمي.

ويقصد به دمج الأطفال ذوي الاحتياجات الخاصة في المدارس والفصول العادية جزء من فترات الدراسة النهارية مع زملائهم العاديين مع الاهتمام باحتياجاتهم الأخرى عن طريق الاستفادة من البرامج الأخرى مثل: الاستفادة من غرفة المصادر أو معلم التربية الخاصة

(عبد العزيز عبد الجبار ، الدمج الشامل ،1998).

ومن الملاحظ أن هذا التعريف تحدث عن وضع ذوي الاحتياجات الخاصة مع زملائهم من العاديين مع توفير غرفة المصادر للاستفادة من برامجها لدعم ومساعدة المعاقين من معينات سمعية أو معينات بصرية أو سماعات أو أجهزة إلى غير ذلك مما يوجد بغرفة المصادر.

- ويعرفه هيجارتي وآخرون بأنه "تعلم الأطفال ذوي الاحتياجات الخاصة في المدارس العادية. بحيث يتم تزويدهم ببيئة طبيعية تضم أطفالاً عاديين, وبذلك يتخلصون من عزلتهم عن المجتمع(هيجارتي وآخرون ،1981).

ومن الملاحظ أن التعريف السابق تحدث عن تعليم ذوي الاحتياجات الخاصة مع العاديين في مدارس عادية بهدف تخليصهم من عزلتهم عن المجتمع و يذكر التعريف أيضًا المساعدات التي يمكن أن تقدم للمعاقين لمساعدتهم على التخلص من عزلتهم.

- ويرى ميتشل وابرين أن الدمج " يعني حق كل المتعلمين ذوي الاحتياجات الخاصة الإنمائية والتربوية في المشاركة والتعلم في نفس البيئة التعليمية (في الفصول الدراسية المناسبة لهم) مثل قرنائهم في المجتمع المحلي الواحد, ليعيشوا حياة طبيعية مع العاديين, ويقضي مفهوم التطبيع بأن تتاح للأطفال من ذوي الحاجات الخاصة نفس أساليب وظروف وفرص الحياة العادية المتاحة لبيئة أفراد المجتمع, ويقترن هذا المفهوم بمصطلح "التحرر من المؤسسات الخاصة" الذي يشير إلى تلك العملية التي تضمنت إبعاد هذه الفئة من الأطفال في المؤسسات الخاصة الداخلية, ووضعهم في بيئات مفتوحة وأقل عزلة في المجتمع الدراسي الذي يعيش فيه أقرانهم من الأطفال العاديين وبما يسمح بإسهام المجتمعات برعايتهم بصورة تساعد على تعويدهم الحياة بين أقرانهم العاديين"(أميرة يخش ،1995).

- ويعرفه الروسان بأنة التحاق التلاميذ غير العاديين مع التلاميذ العاديين في الصفوف العادية طوال الوقت, حيث يتلقى هؤلاء التلاميذ برامج تعليمية مشتركة, ويشترط في مثل هذا النوع من الدمج, توفير الظروف والعوامل التي تساعد على إنجاح هذا النوع من الدمج وفيها تقبل التلاميذ العاديين للتلاميذ غير العاديين في الصف العادي, وذلك بهدف توفير الظروف التي تعمل على إيصال المادة التعليمية إلى التلاميذ غير العاديين وبذلك توفر الإجراءات التي تعمل على إنجاح هذا الاتجاه والمتمثلة في التغلب على الصعوبات التي تواجه التلاميذ غير العاديين في الصفوف العادية والمتمثلة في الاتجاهات الاجتماعية وإجراءات الامتحانات وتصحيحها" (فاروق الروسان 1998)

ويلاحظ أنَّ هذا التعريف شامل من حيث إلحاق التلاميذ المعاقين مع زملائهم العاديين في الصفوف العادية طوال الوقت مع اشتراط توفير الظروف والعوامل التي تعمل على إنجاح هذا النظام وقد يعني الدمج الاقتراب بالمعاقين ما أمكن من حياة العاديين وإبعادهم عن الخدمات المؤسسية المنعزلة, وكذلك التعامل معهم على نحو طبيعي, وهذا يعني منحهم فرص المساواة في الحقوق وجعل الظروف المحيطة بهم أقرب ما تكون لظروف العاديين (يوسف القريوتي ، مدخل للتربية الخاصة 1998).

ويلاحظ هنا أن التعريف تناول عملية التطبيع الاجتماعي بين ذوي الاحتياجات الخاصة والعاديين مع منحهم فرص المساواة وعدم التفرقة بينهم وتسهيل الاحتياجات والخدمات التي يحتاجونها حتى تكون حياتهم أقرب إلى حياة العاديين ويكون ذلك داخل مجتمع وليس داخل مؤسسات معزولة كما كان يحدث من قبل .

وهو وضع الطلاب المعاقين في الفصول العادية مع أقرانهم العاديين وإشباع حاجاتهم فيها عن طريق توفير الخدمات اللازمة لتحقيق التفاعل الاجتماعي والمشاركة في الأنشطة التربوية مع أقرانهم العاديين مشاركة مجتمعية بإتاحة كل ظروف الحياة الطبيعية والتعليمية المتاحة للأطفال العاديين(عفاف المصري ،2004).

والتعريف السابق يمتاز بالشمول حيث شمل الطلاب المعاقين والطلاب غير المعاقين في فصل دراسي واحد مع توفير الخدمات اللازمة لتحقيق التفاعل والمشاركة بين التلاميذ من جهة مع مشاركة المجتمع في التفاعل معهم ودمجهم في الحياة من جهة أخرى. وذلك بإتاحة كل ظروف الحياة الطبيعية, والتعليمية, المتاحة للأطفال العاديين لهؤلاء المعاقين.

ج- الدمج الشامل أو الاستيعاب :

ويقصد به" الدمج الكلي في النظام التعليمي العام أي أن يكون الأفراد المعاقين جزءً متضمنًا أو مستوعبًا في الفصل الدراسي بمعني: استيعاب ذوي الاحتياجات الخاصة ضمن النظام التعليمي العام" (فاروق صادق ،1998)

- ويعرفه ديان برادلي وآخرون بأنه مدرسة الدمج الشامل وهي المدرسة التي لا تستثنى أحد -حيث تبنى على ما يعرف بفلسفة عدم الرفض أو عدم استبعاد أي طفل بسبب

وجود إعاقة لديه. وتعتمد على سياسة الباب المفتوح, لجميع الطلاب بغض النظر عن قدراتهم وإعاقاتهم ويلاحظ أن التعريف ركز على الدمج الكلي أو الاستيعاب الكامل ضمن النظام التعليمي دون ذكر الوسائل المعينة والخدمات المقدمة.د.

د- الشمولية التامة:

وتعني" أن كل التلاميذ بغض النظر عن ظروف أو شدة الإعاقة سوف يتواجدون في فصل تعليم عام/ برنامج دراسي لكل الوقت وكل الخدمات يجب أن يتم توفيرها للطفل في هذا المكان .

ولوحظ على هذا التعريف أنه يقصد بالدمج أن كل التلاميذ المعاقين وغير المعاقين يجلسون في فصول مشتركة طول الوقت ولا يتم عزل المعاقين نهائيًا عن العاديين ويتم توفير خدمات واحتياجات للمعاقين داخل فصول العاديين. ولكن هذا التعريف يصعب تطبيقه في بعض حالات الإعاقة الشديدة التي يصعب أن تستمر لفترات طويلة داخل فصول التلاميذ العاديين وأيضًا يصعب توفير الخدمات المساعدة لهؤلاء المعاقين بأكملها داخل كل فصول الدمج.

- ويعرفه كوفمان وآخرون بأنه وضع الأطفال المعاقين بدرجة بسيطة في المدارس العادية مع اتخاذ الإجراءات التي تضمن استفادتهم من البرامج المقدمة في هذه المدارس الطبيعية (الصف العادي) قدر المستطاع(كوفمان وآخرون ،1973) .

ويلاحظ أن هذا التعريف اشترط في الدمج أن يكون في الأطفال ذوي الإعاقات البسيطة مع اتخاذ الإجراءات التي تضمن استفادتهم من البرامج المقدمة في هذه المدارس لتحقيق النجاح.

- ويعرفه هارون بأنه يعني تدريس التلاميذ ذوي الاحتياجات الخاصة جنبًا إلي جنب مع أقرانهم العاديين بالفصول العادية مع توفير الظروف والعوامل التي تساعد في إنجاح تعليمهم كتزويد معلم الفصل العادي ببرامج دراسية معدلة بقدر الإمكان عبد الله صالح هارون ،2000).

ويلاحظ أن هـذا التعريف شامل مـن حيـث أنـه لم يقتصـر عـلى فئـة معينة أو مستوى معين مــن ذوي الاحتياجـات الخاصـة واشـترط تـوفير الظـروف والعوامـل التـي تسـاعد في

إنجاح عملية الدمج.

هـ- مبادرة التربية العادية:

ويقصد بالدمج هو أن يقوم مدرسو المدارس العادية بتعليم الأطفال ذوي الاحتياجات الخاصة خصوصًا ذوي الإعاقات البسيطة والمتوسطة في الفصول والمدارس العادية مع تقديم الاستشارات من المختصين في التربية الخاصة ومن الملاحظ أن هذا التعريف يقوم على المبادرة الشخصية من مدرسي المدارس العادية حيث إنه يقوم بتعليم التلاميذ ذوي الاحتياجات الخاصة ويحدد الإعاقات البسيطة والمتوسطة مع تقديم الاستشارات من المختصين.

- ويعرفه بيتر ميتلر بالاستيعاب ويقول ليس هناك تعريف واحد متفق عليه عالميًا لمصطلح الاستيعاب ولكن النموذج العملي التالي يمكن أن يعتبر نقطة بداية كل الأطفال الذين يشاركون بشكل كامل في المجالات الحياتية, ونشاطات مدرستهم المحلية, في حجرة الدراسة النظامية مع تقديم العون المناسب.

- كل المدارس التي تعيد هيكلة وتركيبة (بنية) مناهجها الدراسية, وطرق التدريس والتقييم لضمان إتاحة المدرسة لكل الأطفال في المجتمع ونجاحهم.

- كل المدرسين الذين قبلوا بالمسؤولية عن التدريس لكل الأطفال وتعليمهم, والذين تتاح لهم الفرص لمواصلة تطوير مهنتهم وتعزيزها.

والتعريف السابق لم يهتم بالطفل المعاق فقط وكيفية دمجه في المجتمع بل تحدث عن المدرسة وكيفية استقبالها لكل الأطفال وكيف يمكن أن تعيد صياغة مناهجها وطرق تدريسها وتقييم دورها في المجتمع. وتحدث التعريف عن المدرسين ودورهم ومسئوليتهم في تعليم كل الأطفال المعاقين وغير المعاقين وكيفية تطوير مهنتهم وتعزيزها.

وبناءً على كل ما سبق فإن البحث الحالي يحدد الدمج بأنه يعني وجود التلاميذ من ذوى الاحتياجات الخاصة بالمدارس العادية، سواء أكان اشتراك التلميذ من ذوى الاحتياجات الخاصة مع العاديين في فصل واحد أو فى فصل منفصل لذوى الاحتياجات الخاصة بالمدارس العادية .

ولعل هذا يتطلب الحديث تفصيلاً عن فوائد وأهداف الدمج كما يلي:

3- فوائد الدمج :

منذ سنوات قليلة, كان الحديث عن تعليم المعاقين وغير المعاقين معًا في مدارس وفصول التعليم العام غير منطقي. ولكن في هذه الأيام أصبحت هناك العديد من الدراسات التي تتحدث عن فوائد تعليم المعاقين وغير المعاقين. بعد حركة التعليم للجميع, التي انطلقت في "جو ميتين" في عام 1990, واتخذت اتجاهًا جديدًا في "داكار" في عام 2000 تم وضع عملية الاستيعاب (الدمج) للأطفال المعاقين في نطاقها الأوسع, الذي يتمثل في إصلاح المدارس وتنظيم التعليم حتى تكون أكثر استجابة لاحتياجات كل الأطفال. وقد بدأت المدارس الآن في تغيير ممارساتها ومواقفها التقليدية لكن تواجه احتياجات المجموع الكلي للأطفال في مجتمعهم المحلي, بل إن الكثير من الدول الآن تعيد النظر في مناهجها الدراسية, وطرق التدريس لدمج الأطفال ذوي الاحتياجات الخاصة مع زملائهم(بيتر ميتلر ،2004).

وهذا كله لأن الدمج التربوي له فوائد عديدة, ليس لذوى الاحتياجات الخاصة فقط بل أيضًا للأطفال غير المعاقين, وللآباء وللمدرسين وللمجتمع ككل. ومن هذه الفوائد ما يلي:

أولاً: فوائد الدمج بالنسبة للطفل المعاق:

يؤدى الدمج التربوي إلى شعور الطفل المعاق بالثقة بالنفس وذلك عندما يلاقي الترحيب والتقبل من الآخرين(هولد سميز ، التخلف العقلي ،1999).

ويساعد الدمج الأطفال المعاقين على تقليد ومحاكاة زملائهم العاديين ويمدهم بالمهارات الاجتماعية المختلفة.وكذلك يؤدى الدمج إلى زيادة العلاقات بين الأطفال من ذوى الاحتياجات الخاصة و أقرانهم من العاديين وتنميتها ويقلل من الآثار السلبية للعزل. ويؤدى إلى زيادة الترابط الاجتماعي والمعرفي والتوافق السلوكي ويساعد على تعلم المنافسة مع الأقران في المنزل والتفاعل معهم وتعلم مهارات الاتصال الاجتماعي.

ويساهم الدمج في تحسين المستوى التحصيلي الدراسي للمعاقين مع توفير الخدمات

المساعدة.بل إن الدمج التربوي يشكل وسيلة تعليمية مرنة يمكن من خلالها زيادة تطوير وتنويع البرامج التربوية المقدمة للتلاميذ من ذوى الاحتياجات الخاصة(الموسى 1995).

ويحد الدمج التعليمي من الآثار السلبية للعزل, ويؤدي إلى تنمية الاتجاهات الإيجابية لدى الطفل المعاق, وزيادة الحب بين المعاق وزملائه العاديين, وشعوره بالأمان تجاههم.

ويمكن القول إنه كلما زاد الوقت الذي يقضيه الطالب من ذوى الاحتياجات الخاصة مع الطلاب العاديين ضمن برامج الدمج ازدادت قدراتهم الأكاديمية والاجتماعية,و المهنية ويساعدهم على اكتساب المهارات ويؤدي أيضًا إلى تفادي التأثير السلبي لنظام العزل مثل الشعور بالضعف والضآلة وعدم الأهمية, والقلق الدائم من المستقبل وهذا كله يؤدي إلى قلة الدافعية نحو التعلم والتفاعل واكتساب المهارات الحياتية والأكاديمية.ومما سبق نجد أن للدمج التربوي أهمية كبيرة للطفل من ذوى الاحتياجات الخاصة عندما يلحق بزملائه من العاديين وهناك أيضاً فوائد متعددة تعود على الطفل العادي عندما يتم دمجه مع الأطفال من ذوى الاحتياجات الخاصة وهذا ما سنعرض له

ثانيًا: فوائد الدمج بالنسبة للطفل العادي:

الدمج التربوي يساعد الطفل العادي . فهو يتعود على أن يتقبل ويشعر بالارتياح مع أشخاص مختلفين عنه وقد أوضحت الكثير من الدراسات على إيجابية الأطفال العاديين عندما يحدث لهم فرصة اللعب مع الأطفال من ذوى الاحتياجات الخاصة .

حيث تعمل بيئة الدمج على زيادة التقبل الاجتماعي للأفراد المعاقين مع أقرانهم العاديين وتنمية إحساس الطفل العادي بالمسئولية تجاه زميله المعاق وكسر حاجز الخوف لدى الطفل العادي عند التعامل لعمل صداقات بين العاديين والمعاقين من شأن الدمج التربوي أن يعمل على إيجاد بيئة اجتماعية يتمكن فيها الأطفال غير المعاقين من التعرف -بشكل مباشر- على نقاط القوة والضعف عند أقرانهم المعوقين مما يؤدي إلى الحد, أو التخلص من أية مفاهيم خاطئة قد تكون موجودة لديه(الموسى مرجع سابق 1995).

وكذلك يؤدىالدمج إلى شعور الطفل غير المعاق بزميله ويؤدي إلى التشارك والتعاون فيما بينهم, ويؤدي إلى تحسين الاتجاهات من الأطفال غير المعاقين تجاه زملائهم المعاقين, وتؤدي بيئة الدمج أيضًا إلى مساعدة الأطفال الغير معاقين لزملائهم المعاقين ليكونوا مثلهم أصحاء, ويقدم الدمج نماذج ناجحة للأفراد المعاقين الذين يقبلون التحدي والتنافس.

ثالثًا: فوائد الدمج للمجتمع:

يحقق الدمج قيم العدالة الاجتماعية, فالطلاب يتعلمون هذه القيم عن طريق الممارسة العملية لها في المدرسة, فعلى الرغم من الاختلافات بينهم إلا أنهم جميعًا متساوون في الحقوق ويشعر جميع أفراد المجتمع بهذه القيمة بوضوح من خلال الدمج لأن نظام العزل كان يؤدي إلى التفرقة بين الطلاب والأسر والمجتمع.وكذلك يحقق الدمج مبدأ تكافؤ الفرص بين جميع الأفراد.

وللدمج أهمية حيث إنه يمكن الأسر من القيام بواجبها الاجتماعي تجاه أبنائها, لأن الدمج يتيح للأطفال المعاقين التعلم والحياة داخل الأسرة على العكس من نظام العزل الذي كان يفرض على الأسر تعليم أبنائها في مدارس خاصة بهم. وكذلك ينبه الدمج كل أفراد المجتمع إلى حق المعاق في إشعاره بأنه إنسان وعلى المجتمع أن ينظر له على أنه فرد من أفراده, وأن الإصابة والإعاقة ليست مبررا لعزل الطفل عن أقرانه العاديين وكأنه غريب عنهم وغير مرغوب فيه(عادل خضر، دمج الأطفال المعاقين 1995).

ويؤدي الدمج إلى زيادة العطف والتكافل والتعاون بين الأسر الغنية والأسر الفقيرة وتقديم المساعدات من ملابس ومأكل, ومشرب, وأدوات بل الدمج يؤدي إلى قيام المجتمع بدوره تجاه ذوى الاحتياجات الخاصة من الفقراء والمحتاجين وهذا ما أكد عليه كثير من القائمين على مدارس الدمج من مدرسين وأخصائيين ومدراء مدارس الدمج في مقابلات عدة, قام بها الباحث في مدارس للدمج .وكما أن للدمج أهمية للطفل من ذوى الاحتياجات الخاصة والطفل العادي وللمجتمع ككل فللدمج أهمية للآباء والأمهات وهذا ما سيتم عرضه.

رابعًا: فوائد الدمج للآباء والأمهات:

نظام الدمج يشعر أباء وأمهات وأولياء أمور الطفل من ذوى الاحتياجات الخاصة بعدم عزله عن المجتمع بل ويشعرون بأن المجتمع يقوم بالدور الذي حث عليه الشرائع و الأديان بل ومنظمات حقوق الإنسان تجاه الطفل من ذوى الاحتياجات الخاصة , كما أنهم يتعلمون طرقًا جديدة لتعليم الطفل, وعندما يرى الوالدان تقدم الطفل الملحوظ وتفاعله مع الأطفال العاديين فإنها يبدآن التفكير في الطفل أكثر, وبطريقة واقعية. كما أنهما يريان أن تصرفاته مثل جميع الأطفال الذين في مثل سنه. وبهذه الطريقة تتحسن مشاعر الوالدين تجاه طفليهما, وكذلك تجاه أنفسهما. بل إن نظام الدمج يؤدي إلى شعور أسرة الطفل المعاق بأنها ليست وحدها بل إن المجتمع جميعه يؤيدها ويساعدها فى تعليم وتنمية قدرات ابنها. مما يؤدي إلى حدوث التعاون الاجتماعي وتنمية العلاقات بين الأسر التي لديها معاق والتي ليست لديها طفل معاق. وبيئة الدمج تؤدي أيضًا إلى شعور الأسرة بعدم الانعزال عن المجتمع. ويزداد حب المجتمع لديها عندما تجد الجميع من الجيران والمعلمين والخبراء والتلاميذ العاديين يقفون مع ابنها ويدربونه على التعلم والتعاون.

خامسًا: فوائد الدمج للمعلمين:

وللدمج فوائد كثيرة بالنسبة للمعلمين فهناك الفرصة الكاملة للاحتكاك بالطفل المعاق, والطريقة التي يستخدمها المعلم للعمل مع الطفل المعاق مفيدة أيضًا مع الطفل العادي, الذي يعاني من بعض نقاط الضعف, والعمل مع الطفل المعاق يعتبر بحق فرصة لزيادة الخبرات التعليمية والشخصية (اليانور وتسيد لينش وآخرون ، دمج المعاقين عقليا) .

وكذلك يساعد"الدمج التعليمي لذوى الاحتياجات الخاصة المعلمين على تحقيق التطبيع الاجتماعي بين التلاميذ المعاقين وغير المعاقين في الفصل الدراسي عن طريق استخدام الأساليب التربوية والتعليمية السليمة" Richard w.Brimer: students with sever disabilities. Current perspective and practices) (1990 وكذلك لا تقتصر الخدمات التي تقدم في مدارس وفصول الدمج على الخبرات والبرامج التربوية

الملائمة, ولا على الأساليب والمواد التعليمية التي تساعد على تطبيق عملية الدمج، بل لابد من توافر مدرسين على مستوى عال من الكفاءة والتخصص. ويعتبر العمل مع المعاقين وغير المعاقين فرصة أمام المدرسين لتنمية وتطوير مهاراتهم المهنية في مناخ من العمل التعاوني المدعوم من جميع الأطراف التربوية ويؤدي ذلك إلى مشاركة المعلم في التخطيط للعملية التعليمية, واختيار الوسائل الملائمة للطلاب واستخدام أحدث الأساليب التعليمية التي تفيد في مجال تخصصه وفي تنمية مهارات وقدرات التلاميذ.ومما سبق تخلص الدراسة إلى أن الدمج التربوي له فوائد متعددة سواء للتلميذ العادي أو المعاق،وفوائد لأولياء الأمور ،وفوائد للمعلمين وللمجتمع ككل . وكما للدمج التربوي فوائد للطفل من ذوى الاحتياجات الخاصة وللطفل العادي وفوائد لأولياء أمور الأطفال العاديين والأطفال من ذوى الاحتياجات الخاصة وكذلك له فوائد للمجتمع ككل ومؤسساته ومنظمات المجتمع المدني وله

فوائد للمعلمين ولقد سبق عرض هذه الفوائد وسيتم عرض أهداف الدمج التعليمية والاجتماعية والاقتصادية فى ما يلي :

ومن فوائد الدمج بشكل عام

1 - يعمل الدمج على زيادة دافعية التعلم لدى الطفل المعاق من خلال التنافس والتقليد للطفل العادي ومن خلال شعور الطفل المعاق بالتقبل الاجتماعي من قبل الزملاء والمعلمين

2 - الدمج بكافة أشكاله سواء تربوي أو اجتماعي يساعد على زيادة الثقة بالنفس لدى الطفل المعاق من خلال الاندماج والاعتماد على النفس مما يؤدي إلى الشعور بالذات والقدرة على تحقيق النمو النفسي السليم

3 - تطور التفاعل الاجتماعي يعمل الدمج على زيادة التفاعل بين الطفل المعاق والطفل السليم مما يؤدي إلى زيادة الاندماج وفتح أبواب التعارف والصداقة بين المعاق والسليم

4 - تحسن في المستوى الأكاديمي أثبتت العديد من الدراسات أن الدمج يساعد على زيادة التحصيل الدراسي

5- تكوين الأصدقاء.

6- زيادة الحصيلة اللغوية.

7- تحسن مستوى التعاون.

8- تحمل المسئولية التوافق المهني.

9- تحسن المهارات الاستقلالية.

10- تحسن مفهوم الذات.

11- انجاز المهمة.

12 - تعديل السلوك.

4-أهداف دمج ذوى الاحتياجات الخاصة:

أولاً: ألأهداف التعليمية للدمج:

يهدف الدمج من الناحية التربوية والتعليمية إلى تقديم الخدمات للطلاب من ذوى الاحتياجات الخاصة سواء أ كانوا في المدارس الخاصة بهم. أو في فصول الدمج بالمدارس العادية مع الاهتمام بالتعليم الفردي.وكذلك إتاحة الفرصة للأطفال من ذوى الاحتياجات الخاصة ليتابعوا دراستهم طبقًا لقدراتهم واستعداداتهم في أقل البيئات التعليمية انعزالا ، ويهدف الدمج كذلك إلى تزويد المدارس بالمتخصصين للعمل مع المعاقين من خلال برامج وزارة التربية والتعليم.ويؤدى الدمج التربوي إلى تنوع الأنشطة المهنية في المدارس لمساعدة الأطفال من ذوى الاحتياجات الخاصة على التعامل مع البيئة الاجتماعية المحيطة. والاندماج في الحياة

(Johant. Hall: Social evulation and Special Education2006   )

ويخلص الدمج" الطلاب العاديين من الأفكار الخاطئة حول خصائص أقرانهم من ذوى الاحتياجات الخاصة وإمكانياتهم وقدراتهم (مريم الأشقر ، دمج ذوي الاحتياجات الخاصة في المجتمع)".

والدمج التربوي هو اتجاه حديث ثبت نجاحه في كثير من دول العالم, لدرجة أن دولة مثل السويد أصبحت مدارس التربية الخاصة بها صفر% أي لا توجد بها مدارس للمعاقين قط. وكذلك يعمل الدمج على التخفيف من الإقبال الشديد على مدارس

العاصمة ويتيح التعليم للمعاقين بجوار منازلهم.وتوفير بيئة تعليمية طبيعية بقدر الإمكان للطالب المعاق تتوافر بها البرامج التعليمية والمناخ التعليمي الذي يتميز بالإثارة المعرفية.

إن دواعي الأخذ بنظام الدمج التعليمي للمعاقين ليست مبررات لفكرة الدمج في حد ذاتها, وإنما هي مبررات لتنفيذ تلك الفكرة بالمدارس العادية لأنها تعتبر هي البيئة الطبيعية لتربية الأطفال المعاقين مع العاديين. بينما المدارس المنفصلة فهي بيئة اصطناعية قامت على أساس فلسفي فحواه أن الاختلاف بين الأطفال المعاقين والعاديين هو حقيقة الأمر اختلاف جوهري يترتب عليه اختلاف في الأساليب التربوية(أي أن الدمج وسيلة نحو السوية, وليس هدفنا في حد ذاته, فخلق الفرد المنسجم والمتكيف اجتماعيًا, والقادر على التفاعل والتدريب والمساعدة, والناضج عاطفيًا بالرغم من وجود الإعاقة لديه هو الهدف والدمج هو الوسيلة لتحقيق ذلك.

ثانيًا:الأهداف الاجتماعية للدمج:

يعتبر الدمج متسقًا ومتوافقًا مع القيم الأخلاقية للمجتمع والثقافة حيث يعمل الدمج على تحقيق تكافؤ الفرص والعدالة الاجتماعية في تعليم جميع الأطفال.وكذلك التقليل من الضغط النفسي والاجتماعي على أسر التلاميذ المعاقين.وكذلك التقبل الاجتماعي بين التلاميذ المعاقين والعاديين.والدمج يتيح الفرصة أمام التلاميذ المعاقين فى الحياة مع أسرهم, والشعور بالعطف والحب والبعد عن المدارس الداخلية, والمراكز العلاجية.

ثالثًا: الأهداف الاقتصادية للدمج:

يهدف الدمج إلى تقليل التكلفة الاقتصادية التي تنفق في تعليم ذوي الاحتياجات الخاصة, و ذلك بسب تعدد المدارس, لتعدد الإعاقات, والاحتياج إلى كثير من المتخصصين من مدرسين وأخصائيين و نفسيين, وأطباء ومديرين, ومرشدين, وغير ذلك من التخصصات, والمنشآت والمباني والتجهيزات التي تحتاجها مدارس ذوي الاحتياجات الخاصة. ولكن عندما يتم دمج التلاميذ المعاقين مع أقرانهم يوفر كثير من تلك النفقات لأن المدرسة الواحدة سوف تضم العديد من الإعاقات والتلاميذ العاديين (Sharan Vayghn and dthers, social outcomes for students

.with and with out Learing disabilities in inclusive1998)

ويمكن الاستفادة من مدارس التربية الخاصة في عقد الدورات والتدريبات التي يحتاج إليها المدرسون في مدارس الدمج في المؤسسات التي أصبحت خالية. وأشارت بعض الدراسات بأن الدمج التعليمي يوفر على أسر التلاميذ النفقات التي كانت تنفقها في نقل أبنائهم المعاقين إلى مدارس خاصة لهم في مراكز وعواصم المدن. وعندما يحدث الدمج يستطيع التلميذ المعاق أن يتعلم في مدرسة الحي الذي يعيش فيه. بالإضافة إلى ذلك فإن تطبيق فكرة الدمج يؤدي إلى توظيف الميزانية بشكل أكثر فاعلية قدر الإمكان، وذلك عن طريق استخدام الأموال بشكل أكثر إنتاجية بما يعود على الطلاب بفوائد كبيرة. وكما ذكرنا سابقًا فإن الدمج يؤدي إلى توظيف الميزانية بشكل أكثر فاعلية قدر الإمكان. وكذلك يمكن الاستفادة من المنشآت والمباني الخاصة بمدارس ذوي الاحتياجات الخاصة من عقد الدورات للمدرسين ومن جعلها مدارس للدمج مع إعادة هيكلها وتوفير الخدمات اللازمة به.

إن التكلفة المادية لتدريس المعاقين في المدارس المنفصلة أكبر بكثير من تكلفة تدريسهم في المدارس العادية, ومن أهمية الدمج الاقتصادية كما ذكرها ناصر بن علي الموسى في دراسة إن تدريس الأطفال المعوقين بصريًا في مدارس منفصلة يتطلب بناء أو شراء, أو على الأقل استئجار مبان ضخمة تكلف مبالغ مالية كبيرة و إن هذه المباني تحتاج إلى تأثيث وتجهيز.وكذلك تحتاج إلى صيانة مستمرة وكذلك إن هذه المباني بمبانيها من معلمين وتلاميذ وعاملين تحتاج إلى جهاز إداري وفني يتولى عملية الإشراف والمتابعة.وفي المقابل فإن تدريس الأطفال من ذوي الاحتياجات الخاصة في المدارس العادية لا يحتاج إلى أكثر من غرفة ذات مستلزمات مكانية وبشرية وتجهيزية بسيطة في المدرسة العادية في حالة استخدام برنامج غرفة المصادر, أو حتى يمكن الاستغناء عن هذه الغرفة حالة الاستفادة من برنامجي المعلم المتجول و المعلم المستشار.

رابعاً: من أهداف الدمج التخلص من السلبيات العديدة التي نتجت عن عزل الأطفال من ذوى الاحتياجات الخاصة في مدارس خاصة بهم.

من الأهداف الهامة التي يهدف إليها دمج الأطفال من ذوى الاحتياجات الخاصة مع العاديين التخلص من السلبيات العديدة الناتجة عن عزل الأطفال من ذوى الاحتياجات الخاصة في مدارس خاصة بهم وذلك لأن المدرسة الداخلية تعزل المعاق عن أسرته ومجتمعه وأقرانه العاديين وتسلبه الحب الطبيعي وهو حب والديه وإخوانه. وكذلك لحل مشكلة الاتساع الجغرافي حيث إنه من الصعب بل من المستحيل إنشاء معاهد مستقلة خاصة بكل إعاقة في كل مدينة أو قرية يوجد بها معاقون, ولذا يكون دمج المعاقين في المدارس العادية الموجودة في كل مكان هو الحل العلمي المتاح الأكثر فاعلية لخدمة المعاقين .وكذلك لمتابعة التقدم العلمي والتربوي الذي ينادي به العالم في إعطاء المعاق حقه في الحياة والعيش والمساواة مع العاديين وتكافؤ الفرص وعدم حرمانه من الذهاب إلى مدرسة الحي ومعاملته على أنه غير سوي ويحتاج إلى معاملة مختلفة عن أقرانه. ومن المعروف أن في المراكز الخاصة يتم التركيز عادة على جانب واحد فقط من جوانب شخصية الطفل المعوق ألا وهو جانب الإعاقة, الأمر الذي ينجم عنه في الغالب إغفال الجوانب الإيجابية في شخصيته.ويترتب على عزل الطفل من ذوى الاحتياجات الخاصة في مدرسة خاصة به أن ينسحب هذا الشعور على الأسرة, فتصبح بدورها تميل إلى عزل طفلها المعاق عن المجتمع وتنحيته عن أوجه الحياة الاجتماعية المختلفة, فعلى الرغم من ارتفاع نسبة المعاقين في المجتمع مع ذلك فقلما نرى معوق في الأمكنة العادية أو المناسبات الاجتماعية بل إن بعض الأسر ترى من العيب خروج هذا الطفل من منزله على الضيوف والتحدث معهم. بل يظل في حجرته ممنوعا من الحياة الاجتماعية.

ويهدف الدمج كذلك إلى التخلص من وصم ذوى الاحتياجات الخاصة بمظاهر العجز والقصور وتجاهل جوانب قوتهم وطاقتهم الايجابية الكامنة فيهم, وإبراز مظاهر الاختلاف بينهم وبين أقرانهم العاديين أكثر من إبراز أوجه التشابه مما يترتب على ذلك من آثار سلبية على الطفل ذاته وعلى نموه النفسي والتعليمي والاجتماعي.

إن الخدمات الخاصة لنظام العزل بها عيوب ترجع إلى عدة أسباب منها ما يلي:

تعلم التلاميذ المعاقين تقنيات وعادات وقيم تزيد من وضعهم سواء عندما لا يكون على اتصال بنماذج من التلاميذ غير المعاقين أو أن يكون الاتصال ضعيفًا.

ونزوع المعلمين إلى حل المشاكل التي من شأنها أن تخلق الإعاقة بدلاً من إنماء استعدادات وظيفية مفيدة للحياة الاجتماعية لدى التلاميذ.

وكذلك ضعف في محتوى المنهج التعليمي لمدارس العزل, وتدني كفاءات المعلمين, ونظرة دونية تجاه قدرات وإمكانيات الأطفال المعاقين وبيئة تعليمية تعمل على خلق حواجز نفسية تفصل بين الأطفال المعاقين وغير المعاقين. (إبراهيم الزهيري ، فلسفة تعليم ذوي الاحتياجات الخاصة 1995)

ومن أهداف الدمج كذلك

1- إتاحة الفرص لجميع الأطفال ذوي الاحتياجات الخاصة للتعليم المتكافئ والمتساوى مع غيرهم من الأطفال في المجتمع .

2- إتاحة الفرص للأطفال العاديين للتعرف على ذوي الإعاقة عن قرب وتقدير مشاكلهم ومساعدتهم على تلبية متطلبات الحياة .

3- خدمة الأطفال ذوي الاحتياجات الخاصة في بيئاتهم المحلية والتخفيف من صعوبة انتقالهم إلى مؤسسات ومراكز بعيدة عن بيئتهم وأسرهم .

4- استيعاب أكبر عدد من ذوي الإعاقة الذين قد لا تتوفر لديهم فرص التعليم بسبب قلة عدد مؤسسات ومراكز التربية الخاصة .

5- تخليص أسر الأطفال ذوي الاحتياجات الخاصة من المشاعر والاتجاهات السلبية والتوتر والتخفيف من أثارها .

6- تعديل اتجاهات أفراد المجتمع نحو المعاقين .

7- التقليل من التكلفة الاقتصادية المرتفعة لقاء التحاق ذوي الاحتياجات الخاصة بالمدارس العادية .

ومن خلال العرض السابق يهدف الدمج التربوي إلى التخلص من كل سلبيات نظام العزل ومن هذه السلبيات أيضاً الاتجاه السلبي نحو ذوى الاحتياجات الخاصة والتي لابد من تغيير هذه النظرة السلبية حتى يتم النجاح فى دمج ذوى الاحتياجات الخاصة

مع العاديين وستقوم الدراسة في الصفحات التالية بتوضيح المقصود الاتجاه وأهم الاتجاهات نحو دمج

ذوى الاحتياجات الخاصة مع أقرانهم من العاديين.

مراجع الفصل

1- منظمة الأمم المتحدة للتربية والعلوم والثقافة:وزار ة التربية والعلوم بأسبانيا(بيان سلامنكا بشأن المبادئ والسياسات والممارسات في تعليم ذوى الاحتياجات التربوية الخاصة وإطار العمل في مجال تعليم ذوى الاحتياجات الخاصة)،المؤتمر العالمي المعني بتعليم ذوى الاحتياجات التربوية الخاصة:فرصة ونوعيته،7-10 يونيو 1994.

2- Leanardo P.Jimenez and Toshiro Ochoa: Inclusion versus institutealizarin : Japan's Educational challenge (reported by ministry of Education, culture, sports, science and technology) p2 www.Electronic. Journal of inclusive Education 10/6/2006.

3- بيتر ميتلر: **استيعاب الأطفال ذوي الإعاقات في عملية التعليم.** مجلة مستقبليات. المجلد الرابع والثلاثون, العدد (4) ديسمبر 2004 ص492,

4- ديان بر ا دلي:_**الدمج الشامل لذوي الاحتياجات الخاصة (مفهومه, وخلفيته النظرية)** مرجع سابق ص218.

5- http://www.AMAZON _ COM ALL PRODUCTS SEARCH RESULTS SPECIAL EDUCATION INCLUSION. Philosophy Children that learn together learn to live together. 1/5/2006.

6- http://wwwPalaestra. com/preview summer 1999 volume 15 number. 3 issued quarterly.

7- جريدة الراية القطرية: **سياسة الدمج تعبر عن نزعة إنسانية لا تفرق بين إنسان عادي ومعوق.** الثلاثاء 2004/9/7.

8- سهير محمد سلامة شاش: **التربية الخاصة للمعاقين عقليًا بين العزل والدمج.** مكتبة زهراء الشرق, القاهرة, 2002 ص80.

9- فتحي السيد عبد الرحيم: الدراسة المبرمجة للتخلف العقلي, الكويت, مؤسسة الصباح 98 ص254-255.

10- عبد العزيز الشخص، عبد الغفار الدماطي: قاموس التربية الخاصة وتأهيل غير العاديين مرجع سابق ص247.

11- عبد العزيز عبد الجبار: الدمج الشامل. ندوة تجارب الأشخاص ذوي الاحتياجات الخاصة في دول مجلس التعاون الخليجي، التطلعات والتحديات –البحرين جامعة الخليج العربي -2-4- مارس1998 ص169-175.

12- Hegarty' etal.. "Children with Special need's in ordinary school" National Foundation for Education Research 1981.

13- أميرة طه يخش: أثر تكيف الأطفال ذوي الحاجات الخاصة مع بيئة أقرانهم العاديين على درجة تحصيلهم الدراسي، بحوث المؤتمر الدولي الثاني لمركز الإرشاد النفسي –جامعة عين شمس- المجلد الثاني القاهرة ، 1995، ص542.

14- فاروق الروسان: قضايا ومشكلات في التربية الخاصة, دار الفكر للطباعة والنشر والتوزيع, عمان؛ الأردن 1998 ص20.

15- يوسف القريوتي وآخرون: مدخل إلى التربية الخاصة, الجزء الثاني, دبي؛ دار القلم 1998, ص39.

16- عفاف علي محمود المصري, "دراسة مقارنة لنظام الدمج التعليمي للمعاقين بالمدارس العادية ، مرجع سابق ص47.

17- فاروق صادق: من الدمج إلى التآلف الاستيعاب الكامل. ندوة تجارب دمج الأشخاص ذوي الاحتياجات الخاصة. التطلعات والتحديات البحرين جامعة الخليج 2-4مارس 1998 ص17.

18- Kauffman, Etal, : Mainstreaming: Toward on Explication of The Construct. In Mayan E. Etal. (Ed)., Alternatives for Teaching Exceptional children, Denever, Colo: Love. 1973

19- عبد الله صالح هارون: تدريس ذوي الإعاقات البسيطة في الفصل العادي، دار الزهراء للنشر والتوزيع، الرياض 2000. ص12

20- Mittler. P., working towards inclusive education social contescts Londom David Fultom publishers 2000

21- بيتر متلر. استيعاب الأطفال ذوي الإعاقات في عملية التعليم. مجلة مستقبليات. المجلد الرابع والثلاثون، العدد (4) ديسمبر 2004 ص492،

22- اليانور رتسيد لينش، بيتي هوالد سيمز: التخلف العقلي -دمج الأطفال المتخلفين عقليًا في مرحلة ما قبل المدرسة (برامج وأنشطة) ترجمة سميه طه جميل, هالة الجرواني. القاهرة, مكتبة النهضة المصرية 1999 ص18.

23- Linda Ellett: Instructional practices in Mainstreamed Secondary classrooms – Journal of Learning DisabiLities, Volume 26, number 1, January 1993. Pages 57-64.

24- http// www.university of Kansas, circle of inclusion project. Why inclusion? Values of our inclusive model. Enter 8/3/2005.

25- Janette Kettmann, Sharon Vaughn and other. Journal of learning disabilities. Volume 31, Number 2 March, April 1998 Pages 148-158.

26- ناصر بن علي الموسى: دمج الأطفال المعوقين بصريا في المدارس العادية "طبيعته وبرامجه وقدراته"وزارة التربية والتعليم،المؤتمر القومي الأول، للتربية الخاصة،بحوث ودراسات في التربية الخاصة،الاستراتجيات والنظم،القاهرة1995،ص71.

27- Michael. Guralnick. Early childhood inclusion enter html. ,8/3/2005.http//: www. inclusive Education: other issues. College of education university of Northern Lowe/ Cedar.

28- ناصر بن علي الموسى: دمج ذوي الاحتياجات الخاصة, موقع أطفال الخليج للأطفال ذوي الاحتياجات الخاصة 2006/4/14ا. http:www.gulfkids.com.ar

29- Fara. M. goulas and others, making inclusion work in rural sat east texax 2003 page 1-15 http:// www.international journal of special education 4/5/2006

30- عادل خضر: دمج الأطفال المعاقين في المدارس العادية, مجلة علم النفس، العدد الرابع والثلاثون, القاهرة, الهيئة المصرية العامة للكتاب 1995 ص98.

31- general Educators. University of Mary land Eastern share http://www.edwright. Edu/ ..Prenick/ Karen. Htm# 1/7/2006

32- اليانور وتسيد لينش وآخرون: التخلف العقلي -دمج الأطفال المتخلفين عقليًا في مرحلة ما قبل المدرسة (برامج وأنشطة) ترجمة سميه طه جميل, هالة الجرواني مرجع سابق ص20.

33- Richard w.Brimer: students with sever disabilities. Current perspective and -33

Johant. Hall: practices. (California My field publishing company 1990) p. 131

Social evulation and Special Education: the Right to Full Inclusion and

All products search results special education http://www.amazon.comStatement

inclusion.enter 4/5/2006

34- مريم صالح الأشقر: دمج ذوي الاحتياجات الخاصة في المجتمع, بحث غير منشور 2003, موقع أطفال الخليج لذوي الاحتياجات الخاصة, تاريخ الدخول 2006/3/1. http:www .gulfkids.com.ar

35- سمية أحمد: دمج الأطفال ذوي الاحتياجات الخاصة, موقع اسلام أون لاين تاريخ الدخول 2006/3/1

36- Abrahan Ariel: Education of children and A doescents with learing disabilities. Op. cit. pp.91-92 ص89 .

37- Sharan Vayghn and dthers, social outcomes for students with and with out Learing disabilities in inclusive classrooms Journal of Learing disabilities. Volume 31. n5 September, Oct, 1998 Pages 428-436.

38- إبراهيم عباس الزهري: فلسفة تربية ذوي الحاجات الخاصة ونظم تعليمهم, القاهرة, مكتبة زهراء الشرق 1998, ص62

39- فريد مصطفى الخطيب : تعرف اتجاهات الكوادر العاملة في المدارس الابتدائية نحو دمج الأطفال المعاقين بمملكة البحرين ، جامعة قناة السويس قسم المناهج .2005

الفصل الثاني

العوامل التي تساعد على نجاح عملية الدمج

- رؤية السرطاوي للنجاح في الدمج

- رؤية عبدالله صالح هارون

- رؤية عدد من المتخصصين

- رؤية المركز القومي للبحوث التربوية

- رؤية جمال الخطيب

- رؤية زينب شقير

- رؤية ندوة التطلعات والتحديات

- رؤية المؤلف للنجاح والتوسع في برامج الدمج

الهدف من الفصل الثاني

- أن يتعرف الطالب على عوامل نجاح برامج الدمج .

- أن يتفهم الطالب أن تجارب الدمج التي لم يكتب لها التوفيق في بعض البلدان العربية إنما سببها الرئيس هو عدم توفير عوامل وأسباب النجاح .

- أن يعرف الطالب أن عوامل النجاح متعددة ومتنوعة ومتغيرة من مجتمع لأخر وفق الظروف الاجتماعية والثقافية والاقتصادية والسياسية وغيرها .

- أن يتعرف القارئ والباحث والطالب على الروىء المختلفة من وجهات نظر باحثين مختلفين للنجاح في الدمج

عوامل نجاح برامج الدمج

بدون تخطيط واع وتنفيذ محكم وتقييم مستمر وتشريعات واضحة وقيادة مقتنعة بأهمية برامج الدمج للمعاق وبدون وعي مجتمعي بأهمية رعاية وتعليم المعاقين وفق أفضل نظم الرعاية وأحدث البرامج لن تحقق برامج الدمج الهدف منها .

و لنجاح عملية دمج الأطفال المعاقين لابد من أن تتوافر عوامل وشروط ومتطلبات تساعد على نجاح عملية الدمج، ويرى زيدان السرطاوي أنه لإنجاح عملية الدمج يجب أن ينظر إليها على أنها عملية منظمة ولابد أن تتحقق خطوة خطوة ولضمان نجاح عملية الدمج وتحقيق أهدافها لابد من توفير عدد من الشروط وهي كما يلي :

- رؤية السرطاوي لنجاح برامج الدمج :

1- معرفة التربويين والمعلمين لمفهوم الدمج قبل التطبيق.

2- أن ينظر للدمج على أنه تكامل اجتماعي وتعليمي للطلاب المعاقين وليس فقط عبارة عن الحضور الجسدي.

3- وضع محك لوضع المكان المناسب للطفل المعاق (زيدان السرطاوي ، ص1996،170)

- رؤية هارون لنجاح برامج الدمج :

ويضيف عبد الله صالح هارون أنه لنجاح عملية الدمج لابد من التخطيط لها بعناية   ومن المعايير التي تحقق تخطيط ناجح للدمج ما يلي:

1- تحديد المعايير التي تتضمن تحديد المهارات الاجتماعية، والكفايات الأكاديمية المطلوبة لتحقيق نجاح التلميذ ضمن عملية الدمج، وتقرير مدى أهلية أو استعداده لدخول برنامج الدمج.

2- إعداد الطلبة المعاقين لدخول برنامج الدمج، من خلال مرحلة انتقالية إذا كان مؤهلاً للانضمام للبرنامج أما إذا كان غير مؤهل وما زال يفتقر إلى المهارات المطلوبة لعملية الدمج فيجب تدريبه لزيادة استعداده للالتحاق بالبرنامج.

3- إعداد الطلبة العاديين لبرنامج الدمج حتى يتقبلوا البرنامج بصورة تؤدي إلى التفاعل الاجتماعي الإيجابي مع ذوي الاحتياجات الخاصة.

4- مواءمة وتكييف المناهج الدراسية, بإجراء التعديلات في المحتوى العام للمنهج بحذف ما لا يتناسب مع إمكانيات المستهدف بالدمج وإضافة الموضوعات المتخصصة التي يحتاجها في حياته الاجتماعية والمهنية, دون الإخلال بمحتوى المنهج أو تخفيف سرعته.

5- مواءمة وتعديل طرق التدريس من خلال فريق متخصص, وتضمين ذلك في البرنامج التعليمي الفردي بصورة محددة وواضحة, والمعايير التي تؤخذ في الاعتبار من حيث الوقت الإضافي.

6- إعداد المعلمين وتدريبهم لتنمية وتطوير قدراتهم ومهاراتهم للاستجابة وتقدير احتياجات المدمجين, ومواءمة مضامين المناهج الدراسية, واستخدام التكنولوجيا المساعدة, وتوفير أساليب التدريس, وتخطيط وتنفيذ البرامج الفردية, علاوة على تطوير اتجاهاتهم إيجابيًا نحو الدمج.

7- مواءمة أساليب التقييم والامتحانات, حيث إن أساليب الامتحانات والتقدير التقليدية قد تشكل عائقًا للأداء الوظيفي الفعال للمستهدفين داخل الصف العادي, فمواءمة أساليب التدريس ومحتوى المواد الدراسية, يتطلب تعديلاً في نظام تقويم الطلبة لتصبح أكثر ملاءمة لاحتياجاتهم وإمكانياتهم, دون التفريط فى الأهداف الأساسية لتعليمهم ضمن برنامج الدمج.

8- إيجاد نسق من التواصل بين المعلمين والآباء, والمؤسسات المجتمعية الأخرى العاملة في هذا المجال,وهذا التواصل يتضمن التوعية بالخدمات ونوعيتها, ومشكلاتها وقضاياها, وتدريب الوالدين والأسرة على المشاركة في برنامج المدرسة وفي الأنشطة ومتابعة فعاليات البرنامج, وكيفية التعامل مع الطفل المدمج.

9- توفير وتنظيم آلية متكاملة من خدمات الدعم, الصحية والنفسية, والاجتماعية المساندة تمكن المدرسة من مساعدة الطلاب المدمجين بكثير من الثقة.

10 - توفير الخدمات والتجهيزات والمعينات التقنية الأساسية التي كانوا يحظون بها في المراكز الخاصة (عبدالله صالح هارون، 200)

- رؤية بعض العاملين في حقل التربية الخاصة :

ومن العوامل التي تعمل على إنجاح عملية الدمج كما يراها بعض العاملين والمتخصصين في تعليم ذوي الاحتياجات الخاصة .

"تحديد فئات الأطفال التي يمكن لها الاستفادة من برامج الدمج مع مراعاة أن يكون الطفل من ذوي الاحتياجات الخاصة من نفس المرحلة العمرية للطلبة في المدرسة العادية, وأن يكون الطالب من ذوي الحاجات الخاصة, من سكان نفس البيئة أو المنطقة السكنية التي تتواجد فيها المدرسة. وذلك تجنبًا لصعوبة المواصلات والتكيف البيئي وكذلك ألا يكون الطالب من ذوي الحاجات الخاصة مزدوج أو متعدد الإعاقة و كما يشترط في الطالب ذي الحاجات الخاصة أن يكون قادرًا على الاعتماد على نفسه وخاصة في مهارات العناية الذاتية. كاستخدام الحمام وارتداء الملابس وتناول الطعام دون مساعدة الآخرين. وكذلك يشترط موافقة أولياء أمور الأطفال ذوي الاحتياجات الخاصة على إدماجهم في المدارس العامة لضمان تعاونهم ومشاركتهم في إنجاح البرنامج.وتحديد الفئات التي يمكن أن تستفيد من برامج الدمج والفئات التي لا يمكن لها الاستفادة من برامج الدمج, وعلى ذلك يمكن لفئات الإعاقة العقلية البسيطة, والإعاقة السمعية البسيطة والمتوسطة والاضطرابات الانفعالية البسيطة. والحركية البسيطة وصعوبات التعلم البسيطة أن تستفيد من برامج الدمج سواء أكانت على شكل الصفوف الخاصة الملحقة بالمدارس العادية أم على شكل الدمج طوال الوقت في الصفوف العادية. ولا يمكن لفئات الإعاقة الشديدة مثل الإعاقة العقلية, والسمعية الشديدة والاضطرابات الانفعالية والحركية الشديدة, أن تستفيد من برامج الدمج.ويجب توفير التسهيلات والأدوات اللازمة لإنجاح فكرة الدمج' مثل غرفة المصادر بحيث يتوفر بها كل الأدوات اللازمة لكل فئة.و توفير الأخصائيين, ومعلمي التربية الخاصة المؤهلين. و إعداد الإدارة المدرسية والآباء والأمهات لتقبل فكرة

الدمج.وتحديد عدد الطلاب التي يمكن دمجها بحيث لا تزيد عن ثلاثة طلاب بالصف الواحد آخذين بعين الاعتبار عدد الطلبة العاديين في الصف العادي ومسافة الفصل ومستواه الدراسي.والتأكيد على القوانين التي تكفل حق الدمج بحيث تستند الفكرة على أساس حقوق المعاقين, لا مجرد شفقة أو منة عليهم".

ولا يقتصر الأمر على ما ذكر سابقاً بل يرى البعض أن من شروط إنجاح عملية الدمج أن(يعمل فريق معا للمساعدة في تقديم أفضل الممارسات للطالب المعاق ،ويركز التعليم الدمجي على أفضل الممارسات في التعليم ،شاملة التعلم التعاوني ،وتدريس الرفاق،والبناء المجتمعي في المدارس وحجرات الدراسة، وترادف إستراتيجيات التدريس لمواقع الدمج إستراتيجيات التدريس الفعال المستمدة في أي مجال به مواقع دمج)" (نجوى يوسف ،2007)

ومن المتطلبات اللازمة لإنجاح الدمج توفير الخدمات الطبية المناسبة للمعاق، والمنهج ومرونته، والمدرس وإعداده، للتعامل مع الطفل المعاق، والوسائل التعليمية الخاصة بالمعاق (محمد عبدالغفور ،1999) . ولابد من "التخطيط الجيد وتنفيذ الاستراتيجيات المناسبة من التقييم التربوي، والبرامج التربوية الفردية والبيئة المناسبة. وقواعد ضبط الفصل، والجداول المناسبة, والمشاركة الإعلامية والاجتماعية، ويسبق ذلك قناعة القائمين على عملية الدمج من مديري المدارس، والمدرسين وأولياء الأمور والقيادات التربوية, والإعلاميين وغيرهم"(فوزية أخضر 2007).

ومن المفيد هنا الإشارة إلى أن للدمج أصولاً وقواعد يجب مراعاتها قبل أن نبدأ في تطبيق برامج الدمج ، وهناك عناصر رئيسية تعتمد عليها مدارس الدمج ولا يعني الدمج وضع الطفل المعاق في المدرسة العادية فقط, بل هناك عمليات من التخطيط والإعداد والتنظيم والتنسيق لنجاح هذه العملية لأن كثيرا من التجارب التي طبقت فيها الدمج بدون التخطيط الشامل والإعداد المستفيض المسبق لهذه العملية, أثبتت

فشلها أو حتى نكون متفائلين لم يحقق الهدف المرجو من التجربة(إيمان الكاشف ، 2004)

وفي المقابل "هناك تجارب للدمج أثبتت نجاحها وحققت كثيرا من الأهداف التي وضعت لها وذلك بفضل التخطيط, والإعداد والتعاون بين عناصر عملية الدمج ومن هذه التجارب. تجربة كريتاس مصر"(وعملية دمج ذوي الاحتياجات الخاصة تعتمد على عناصر أساسية لا غنى عنها, فهذه العملية (نجيب خزام، 2002)

تحتاج إلى" تخطيط وتهيئة كل من المدرسة و الطفل, والمعلم والأخصائيين الاجتماعيين, والنفسيين ولابد أن يمتد التخطيط والتنفيذ إلى البيئة المحلية, وهي التي يأتي منها الطفل ويعود إليها بعد الانتهاء من البرنامج" (فاروق صادق ،1998)

- رؤية المركز القومي للبحوث التربوية بالقاهرة :

- إيجاد فلسفة عامة وخطة منظمة.

- توافر قيادات قوية.

- توفير بيئة مدرسية تساعد على احترام الطلاب المعاقين.

- توفير وسائل الدعم.

- توفير المساعدة الفنية المنظمة والمستمرة.

- المرونة في تطبيق برامج الدمج في فصول ومدارس التعليم العام.

- استخدام أساليب فعالة في التدريس وتقييمها.

- تعزيز النجاح والاستفادة من الصعوبات(المركز القومي ، آليات الدمج 2000).

- رؤية جمال الخطيب لنجاح برامج الدمج

ومن العوامل الهامة لنجاح برامج الدمج كما ذكرها جمال الخطيب

ما يلي

1- احترام التنوع وتقديره .

2- قيام المدير بدور قيادي نشط وداعم .

3- التعامل مع أولياء الأمور كشركاء .

4- توفير التسهيلات التكنولوجية والفيزيقية المعدلة والمكيفة .

5- تغيير أدوار أعضاء الكادر إلى أدوار تعاونية وداعمة .اعتماد معايير مساءلة جديدة.

6- تغيير أدوار أعضاء الكادر إلى أدوار تعاونية وداعمة .

7- استخدام استراتيجيات تدريسية منبثقة عن البحث العلمي .

8- توفير إمكانية تشكيل مجموعات من الطلبة بمرونة ،وخبرات تعليمية ذات معنى وملائمة نمائيًا لجميع الطلبة .

9- توفير منظومة متكاملة من الخدمات .

10- ومن الكفايات الضرورية لنجاح الدمج الشامل

- القدرة على حل المشكلات

- القدرة على تقييم حاجات الطالب .

- القدرة على تقرير المهارات التي يجلبها الطالب معه إلى غرفة الصف سواء أكانت أكاديمية أو غير أكاديمية .

- القدرة على توفير فرص نجاح لجميع الطلبة .

- القدرة على إظهار توقعات مناسبة من كل طالب .

- القدرة على استثمار الاهتمامات الفردية للطلبة (2008، تربية غير العاديين في مدارس العاديين ص89)

- رؤية زينب شقير لنجاح برامج الدمج

وذكرت زينب شقير (2011) شروط نجاح الدمج التربوي (العوامل المساعدة) فيمايلي:

1- لابد من تعديل المناهج الدراسية بما يتلاءم مع حاجات الإعاقة ومتطلباتها .

2- لابد أن يتنوع محتوى المنهج بحسب نوع الإعاقة بحيث يحقق طموح كل معاق .

3- توفير غرف مصادر تشمل كل أدوات التقييم والتشخيص والإرشاد والعلاج والتدريب الملائمة لنوع الإعاقة .

4- المتابعة المستمرة لحالات الإعاقة والتي تتضمن أساليب تقييم ومتابعة ملائمة .

5- توفير وسائل تعليمية تكنولوجية تعاون المعلم في إنجاح العملية التعليمية وتحقق الهدف منها .

6- تشجيع المعاق وأسرته وتهيئتهم للدمج في مدارس العاديين .

7- تنمية اتجاه إيجابي لدى المعلم والطفل العادي نحو دمج المعاقين .

8- وضع آليات محكمة لتنفيذ عملية الدمج بالمدرسة دون حدوث خلل من جراء عملية الدمج .

9- تجهيز المدرسة بما يلائم نوع الإعاقة (مثل عمل منزلقات لحالات الإعاقة الحركية ، واستخدام وسائل سمعية قوية لحالات الإعاقة السمعية .... إلخ .

10- أعداد معلم كفء قادر على العمل مع المعاقين والعاديين معًا .

11- تدريب المعلمين القدامى وكذلك حديثي التخرج ، على استخدام أساليب تدريس متنوعة حتى يمكنهم اختيار الأسلوب التدريس الملائم لنوع المعاق وقدراته .

12- البدء في تدريس المقررات التي تساعد المعاق على التعامل مع زميله من العاديين داخل الفصل .

13- اختيار المدرسة بشكل صحيح (مبنى – معلم – إدارة والتكامل بينها .

14- التشخيص والقياس الجيدان للإعاقة وتحديدها بدقة .

15- مشاركة أولياء الأمور في العملية التعليمية من أجل أنجاح عملية الدمج .

16- عقد دورات تدريبية قصيرة يلتحق بها المعلمون المتجولون كي يقفوا على أحدث أساليب تربية المعاقين وتعليمهم .

17- إنشاء نظام للاتصال المستمر بين المدارس العادية والجامعات حتى يمكن تقديم النصح والإرشاد للمعلمين العاملين في الحقل التربوي بصورة مباشرة .

18- يجب إعداد مجموعة من المعلمين إعدادًا جامعيًا بحيث يتخصصون في العمل مع المعاقين في المدارس العادية .

19- التحكم في الوضع الفيزيقي للغرفة الدراسية .

20- تحديد العلاقة الشخصية اللازمة بين المعلم والتلميذ .

21- تحديد الوقت الذي يستغرقه البرنامج .

22- تحديد المهمة المطلوبة من الطفل وتحديد صعوبة تلك المهمة .

- رؤية خبراء ندوة التطلعات والتحديات

ومن عوامل النجاح كما جاءت في ندوة التطلعات والتحديات 1995

أن دمج الأطفال ذوي الاحتياجات الخاصة مع الأطفال العاديين ليس عملية سهلة، بل أن هناك عدة

متطلبات لابد من مواجهتها :

(1) التخطيط والتعرف على الاحتياجات التعليمية :

فأول متطلبات الدمج التخطيط والتعرف على الحاجات التعليمية الخاصة للتلاميذ بصورة عامة

والمعوقين منهم بصفة خاصة حتى يمكن إعداد البرامج التربوية المناسبة لمواجهتها من الناحية الأكاديمية

والاجتماعية والنفسية في الفصول العادية ، فلكل طفل معوق قدراته العقلية وإمكاناته الجسمية

وحاجاته النفسية والاجتماعية الفردية التي قد تختلف كثيرا عن غيره من المعاقين .

وعلى ذلك فإن تنفيذ برامج الدمج يتطلب التركيز على أربعة نواحي :

- إعداد هيئة التدريس، واختيار المناسب.

- وضع الأطفال في الصفوف المناسبة ويتضمن : قيد المعاقين منهم، واختيار غير المعاقين لهم، أو

العكس .

- تخطيط وتنفيذ الاستراتيجيات المناسبة : التقييم التربوي ، البرنامج الفردي التربوي ، قواعد ضبط

الفصل، البيئة، التخطيط داخل الفصل ، الخطة والجداول ، اللعب ، الاستراتيجيات داخل وخارج الفصل .

- المشاركات بين الوالدين والعاملين .

(2) إعداد القائمين على التربية :

فيجب تغيير اتجاهات كل من يتصل بالعملية التربوية من : مدرسين ، ونظار وموجهين ، وعمال ،

وتهيئتهم لفهم الغرض من الدمج ، وكيف تحقق المدرسة أهدافها في تربية المعوقين بحيث يستطيعوا

الإسهام بصورة إيجابية في نجاح إدماجهم في التعليم وإعدادهم للإندماج في المجتمع .

(3) إعداد وتأهيل المعلمين :

فقبل تنفيذ أي برنامج للدمج يجب توفير مجموعة من المعلمين ذوي الخبرة في تعليم ذوى الاحتياجات الخاصة وإعدادهم إعدادا مناسبا للتعامل مع العاديين والمعاقين ومعرفة كيفية إجراء ما يلزم من تعديلات في طرق التدريس لمواجهة الحاجات الخاصة للمعوقين في الفصل العادي، إلى جانب معرف أساليب توجيه وإرشاد التلاميذ العاديين بما يساعدهم على تقبل أقرانهم المعاقين .

(4) إعداد المناهج والبرامج التربوية :

من متطلبات الدمج ضرورة إعداد المناهج الدراسية والبرامج التربوية المناسبة التي يتيح للمعوقين فرص التعليم، وتنمية المهارات الشخصية والاجتماعية والتربوية، ومهارات الحياة اليومية إلى أقصى قدر تؤهلهم له إمكاناتهم وقدراتهم، وبما يساعدهم على التعليم والتوافق الاجتماعي داخل المدرسة أو خارجها ... كما يجب أن تتيح هذه البرامج التربوية والأنشطة الفرص المناسبة لتفاعل التلاميذ المعاقين مع أقرانهم العاديين بصورة تؤدي إلى تقبلهم لبعضهم البعض .

بالإضافة لذلك يجب أن ترسم الخطة التربوية في مدارس الدمج خصائص الممارسات الخاصة بالدمج وتشمل :

أ- ضرورة دمج كل طفل معاق في البرامج العادية مع التلاميذ العاديين لجزء من اليوم الدراسي على الأقل .

ب - تكوين مجموعات غير متجانسة كلما كان ذلك ممكناً .

ج - توفير أدوات وخبرات فنية .

د - تعديل المنهج عند الضرورة .

هـ - التقييم المرتبط بالمنهج وإعطاء معلومات حول كيف يتعلم التلاميذ بدلا من تحديد ما بهم من أخطاء .

و - استخدام فنيات إدارة السلوك .

ز - توفير منهج لتنمية المهارات الاجتماعية .

ح - تطبيق الممارسات التعليمية المعتمدة على توافر البيانات .

ط - تشجيع التلاميذ من خلال استخدام أساليب مثل : تدريب وتعليم الأقران ، التعليم التعاوني ، والقواعد التي من شأنها تنمية الذات وتطويرها .

(5) اختيار مدرسة الدمج :

تطلب عملية الدمج اختيار إحدى مدارس الحي أو المنطقة التعليمية لتكون مركزا للدمج ويرتبط اختيار المدرسة بالبيئة المدرسية التي يجب أن تتحدد وفقا للشروط التالية:

- قرب المدرسة من أحد مراكز التربية الخاصة .

- استعداد مدير المدرسة والمعلمين لتطبيق الدمج في مدرستهم .

- توفر الرغبة والتقبل لدى الإدارة والمعلمين .

- توفر بناء مدرسي مناسب .

- توفر خدمات وأنشطة تربوية .

- تعاون مجلس الآباء والمعلمين بالمساهمة في نجاح التجربة .

- أن يكون المستوى الثقافي الاجتماعي لبيئة المدرسة جيدا .

- أن تكون استعدادات المعلمين مناسبة لقيام تجربة الدمج وأن تكون لديهم الرغبة للمشاركة، أو الالتحاق ببرنامج تدريبي خاص بتطبيق برنامج الدمج .

- ضرورة تهيئة التلاميذ العاديين، وتهيئة جو من التقبل والاستعداد أو للتعاون في تحقيق أهداف البرنامج .

- ضرورة تهيئة أولياء أمور التلاميذ العاديين، وشرح أبعاد التجربة للأهل والأبعاد الإنسانية والتربوية والنفسية والاجتماعية لها .

(6) أعداد وتهيئة الأسر :

من الأهمية بمكان إشراك الأسر في تحديد فلسفة مدرسة الدمج الشامل بالإضافة إلى مشاركتهم في اتخاذ جميع القرارات التي تؤثر في البرامج التعليمية لأطفالهم .

ويطلب من أسر الأطفال المعاقين أن تجرى تعديلا في تفكيرها حول تربية أطفالها : لقد أخبرت هذه الأسر سابقا بأن الفصول الخاصة أو المدارس الخاصة هي أفضل البدائل التربوية التي توفر خدمات تربوية لأبنائهم .

(7) إعداد وتهيئة التلاميذ :

لنجاح تجربة الدمج فإن من حق التلاميذ أن يكونوا على وعي كامل بالتغييرات الجوهرية في النظام المدرسي .

فبالنسبة للتلاميذ في التربية العامة : يجب تقديم حصص محددة توضح لهم مفهوم عملية الدمج ، ولابد أن تتوفر لهم الفرصة لمناقشة أسئلتهم ، ومخاوفهم ، واهتماماتهم، ومن حقهم معرفة : كيف ، ومتى ، ولماذا يتعين عليهم أن يساعدوا رفاقهم المعاقين .

كذلك كان التلاميذ ذوي الاحتياجات الخاصة : فإنهم يحتاجون إلى أن يتعرفوا على التغيرات ، والمسئوليات الجديدة المترتبة على الدمج الشامل .. أن يتوفر لهم الوقت الكافي للتكيف مع التغيرات الجديدة : فقد يحتاجون إلى تعليم أكثر لإعدادهم لبيئة الفصل العادي مثل: اتباع البرامج المحددة ، والتعرف على المواقع في المدرسة ، وإيجاد شبكه من الأقران الداعمين .

(8) انتقاء الأطفال الصالحين للدمج :

يتطلب الدمج ضرورة انتقاء الأطفال ذوى الاحتياجات الخاصة الصالحين للدمج .

فالأطفال ذوي الإعاقات البسيطة : دمج كلي .

والأطفال ذوي الإعاقات المتوسطة : دمج جزئي.

9- التشريعات والقوانين .

10- تغيير الاتجاهات السلبية .

11- توفير الدعم المادي والعيني لأسر المعاقين .

12- تهيئة وتعديل اتجاه اسر العاديين نحو برامج الدمج .

13- توفير الاعتبارات الخاصة لكل إعاقة من الإعاقات في برامج الدمج .

14- المتابعة الدورية .

15- تهيئة المناخ المحفز والدافع للنجاح في الدمج .

16ـ توفير فريق عمل داخل المدرسة للنجاح في برنامج الدمج (معلم تربية خاصة – أخصائي نفسي – أخصائي اجتماعي – أخصائي نطق وتخاطب – معلم عادي) (ندوة تجارب دمج ذوي الاحتياجات الخاصة 1998)

وهناك شروط يجب أن تتوفر في الأطفال القابلين للدمج :

1- أن يكون الطفل المعاق من نفس المرحلة العمرية للطلبة العاديين.

2- أن يكون قادرا على الاعتماد على نفسه في قضاء حاجاته.

3- أن يكون الطفل المعاق من نفس سكان المنطقة المحيطة بالمدرسة أو تتوفر له وسيلة مواصلات آمنة من وإلى المدرسة.

4- أن يتم اختيار الطفل من قبل لجنة متخصصة للحكم على قدرته على مسايرة برنامج المدرسة للتكيف معها.

5- ألا تكون إعاقته من الدرجة الشديدة وألا تكون لديه إعاقات متعددة.

6- القدرة على التعلم في مجموعات تعليمية كبيرة عند عرض مواد تعليمية .

- رؤية عبد الباقي عرفة للنجاح في الدمج

وفي دراسة للمؤلف رصد أهم متطلبات نجاح الدمج فيما يلي اتضح من خلال استعراض تجارب الدول المتقدمة في مجال دمج ذوي الاحتياجات الخاصة أن التوسع في دمج الأطفال ذوي الاحتياجات الخاصة من أولويات تلك الدول. وكذلك اتضح أن دمج الأطفال ذوي الاحتياجات الخاصة من خلال عرض واقع الدمج في الوطن العربي . يواجه الكثير من المعوقات والمشكلات التي تتعلق بالجانب الكمي والجانب الكيفي وتؤثر بشكل كبير في تحقيق برامج الدمج لأهدافها وإمكانية التوسع فيها ومن خلال تجارب الدول وما يناسب إمكانيات وموارد المجتمع العربي يمكن وضع هذا التخطيط للتوسع الكيفي في دمج الأطفال ذوي الاحتياجات الخاصة في (دراسة ميدانية للدمج في مصر)

ويمكن استعراض جوانب التوسع الكيفي في دمج الأطفال ذوي الاحتياجات الخاصة فيما يلي :-

أولاً : التخطيط المقترح في مجال السياسات والتشريعات :

- أن تنص التشريعات بشكل صريح على أن الطفل من ذوى الاحتياجات الخاصة يجب أن يلتحق بمدرسة الحي الذي كان سيلتحق بها لو لم يكن معوقاً. وذلك لتحقيق مبدأ المساواة وتكافؤ الفرص والعدالة وعدم التمييز بين الأطفال ذوي الاحتياجات الخاصة والأطفال الأسوياء. حيث يرى كثير من الخبراء أن قانون حقوق الطفل الذي صدر سنة 1996 يركز الاهتمام بشكل أساسي على تأمين الحقوق الخاصة بالتأهيل وفرص العمل، ولكنه يعالج بصورة غير كافية الحواجز الاجتماعية والبيئية التي تحول دون تمتع الأطفال ذوي الاحتياجات الخاصة بحقهم في القيام بدور منتج في حياة المجتمع وفي الاندماج الكامل في التعليم.

- أن تعمل السياسات التعليمية على التأكيد على توفير خدمات التدخل المبكر والدمج التربوي ومشاركة المجتمعات المحلية في عملية الدمج. وعدالة التوزيع في الخدمات التعليمية والوقائية. وزيادة التعاون والتكامل بين الحكومة والمنظمات غير الحكومية والهيئات الدولية العاملة في مجال دمج ذوي الاحتياجات الخاصة.

وتستفيد في ذلك من خبرة دول مثل إنجلترا والنمسا وألمانيا وغيرها من الدول المتقدمة في هذا المجال.

- وإذا كان الطفل المعاق في حالة شديدة من الإعاقة بحيث لا يصلح معه الالتحاق بالمدرسة العادية، يوجه إلى مؤسسة للتربية الخاصة على أن تلبي احتياجات الطفل وتوفر له الرعاية الكاملة.

- يجب أن تنص التشريعات على أن دمج الأطفال ذوي الاحتياجات الخاصة يبدأ من الطفولة المبكرة حيث أن الخبرات العالمية أثبتت أن التدخل المبكر له دور كبير في نجاح برامج الدمج.

- أن تراعى السياسات التربوية الفروق الفردية بين التلاميذ داخل مدارس الدمج وتصمم برامج للدمج تتناسب مع الإعاقات المختلفة.

- إزالة الحواجز التي تمنع الانتقال من مدارس التربية الخاصة إلى المدارس العادية.

- أن تعمل السياسات على تشكيل لجنة خاصة بالإشراف على الدمج والعمل على تذليل العقبات التي تواجه الدمج وخاصة في الطفولة المبكرة.

- أن تراعى السياسات التربوية استيعاب أكبر عدد من الأطفال ذوي الاحتياجات الخاصة في المدارس العادية وأن تعمل السياسات التربوية على التعاون بين وزارة الصحة ووزارة الشئون الاجتماعية ووزارة الإعلام في تحقيق دمج الأطفال ذوي الاحتياجات الخاصة في التعليم العادي.

- أن تراعى التشريعات والقوانين اللامركزية في قرارات الدمج أي تعطي لكل مدرسة تعليمية فرصا أكبر في سبيل التوسع في الدمج.

- أن يكون القانون الأساسي في تعليم ذوي الاحتياجات الخاصة قائم على الدمج وأن تكون برامج العزل هي البرامج الاستثنائية.

- أن تراعى التشريعات القضاء على الفجوة بين دمج الأطفال ذوي الاحتياجات الخاصة في المناطق الريفية والمناطق الحضرية.

ثانياً : التخطيط المقترح في مجال المناهج وطرق التدريس :

في ضوء ما أسفر عنه البحث الميداني من نتائج ووفقاً للخبرات العالمية في هذا المجال فإن التخطيط المقترح يؤكد على ما يلي :

- ضرورة وضع مناهج لمدارس الدمج بحيث يتواءم محتواها وخصائص التلاميذ ذوي الاحتياجات الخاصة وأن تراعى صياغتها قدرة التلميذ وسماته وإمكانياته بدلاً من الاعتماد على المناهج الحالية وخاصة لذوى الإعاقة العقلية.

- استخدام مناهج مرنة تهدف إلى توصيل المفاهيم والمهارات والقناعات بطرق مختلفة مهما اختلفت القدرات.

- أن تراعى في المناهج عند صياغتها التركيز على جميع إمكانيات الطفل المعاق العقلية والنفسية والسلوكية والجسمية والاجتماعية والمعرفية. ولا تركز على الجانب المعرفي والعقلي فقط.

- أن يتم وضع المناهج لمدارس الدمج عن طريق أساتذة متخصصين في الإعاقات المختلفة بالتعاون مع أساتذة متخصصين في المناهج وطرق التدريس.

- أن يتم مراجعة وتطوير المناهج بشكل مستمر.

- استخدام أسلوب التقويم الشامل الوظيفي للأداء الناتج عن التعليم بشكل عملي بدلاً من استخدام أساليب التقويم التقليدية والتي تعتمد في أحيان كثيرة على الحفظ والتكرار والتي يصعب على كثير من ذوي الاحتياجات الخاصة النجاح فيها بسهولة.

- استخدام أساليب التعليم الفردي داخل مدارس الدمج مع بعض التلاميذ الذين يتعثرون في برامج الدمج.

- أن يعتمد المنهج في أجزاء منه على التفاعل الاجتماعي ومشاركة أولياء الأمور في بعض أنشطة المنهج الدراسي.

- استخدام طرق تدريس مبتكرة غير تقليدية لتسهيل عملية الدمج.

- استخدام الأساليب التكنولوجية الحديثة ووسائل التعليم الإلكترونية في توصيل المعارف والمهارات حيث أن كثيراً من الأطفال ذوي الاحتياجات الخاصة يقبلون على التعامل مع هذه الوسائل مثل الكمبيوتر والإنترنت وغيرها ويمكن استخدامها في طرق التدريس بمساعدة أولياء الأمور والمعلم .

- ثالثاً : التخطيط المقترح الخاص بالمعلم :

في ضوء ما توصل إليه البحث الميداني من وجود مشكلات وعجز في أعداد المعلمين المؤهلين تربوياً وفي ضوء الخبرات العالمية في إعداد معلمي مدارس الدمج.

● تقترح الدراسة ما يلي :

1- يمكن التوسع في إنشاء أقسام للتربية الخاصة ، مهمتها إعداد معلم التربية الخاصة لفئات الإعاقة المتنوعة مع إعطائه برامج متكاملة عن دمج ذوي الاحتياجات الخاصة في المدارس العادية وخاصة برامج التعليم الفردي. ويمكن في هذه الأقسام عقد دورات تأهيلية وتثقيفية لجميع فئات المجتمع من معلمين وأولياء أمور وأخصائيين وإعلاميين لتأهيلهم للعمل في برامج الدمج المختلفة، التربوية ، والاجتماعية، والمكانية، وغيرها.

2- يمكن الاستفادة في الوقت الحاضر من المعلمين الحاصلين على دبلوم في التربية الخاصة أو المعلمين من أقسام علم النفس من كليات الآداب في سد العجز الشديد في

التوسع في دمج ذوي الاحتياجات الخاصة وخاصة في مدارس الدمج الجزئي التي تحتاج دائماً إلى معلمين تربية خاصة ومساعد معلم تربية خاصة.

يمكن تخصيص - في كليات رياض الأطفال - دورات تدريبية وبرامج عن دمج ذوي الاحتياجات الخاصة في مراحل الطفولة المبكرة وكيفية التعامل معهم.

3- أن يتم تدريب أعداد كبيرة من المعلمين في المدارس العادية على فهم أنواع الإعاقات وأهم خصائصها وأهمية الدمج وأهدافه وأنماطه وأهم المعوقات التي تواجه المعلم أثناء الدمج وكيفية التغلب عليها ويمكن تدريس بعض المقررات لخريجي كليات التربية التعليم العام مثل مقرر مقدمة في التربية الخاصة

4- العمل على تغيير اتجاهات المعلمين السلبية تجاه الدمج من خلال محاضرات وندوات تعقد داخل المدارس لإقناع المعلمين بأثر وإمكانية دمج ذوي الاحتياجات الخاصة في المدارس العادية وعرض بعض التجارب العالمية والعربية في هذا المجال.

5- العمل على عقد مسابقات تشجيعية للمعلمين العاملين في مدارس الدمج. ورصد مكافآت مالية لتشجيع المعلمين على التنافس في إنجاح برامج الدمج وتحقيق الأهداف المرجوة في استيعاب التلاميذ في المدارس العادية.

6- أن تعمل برامج إعداد المعلمين قبل الخدمة على إكساب جميع المعلمين مواقف إيجابية نحو ذوي الاحتياجات الخاصة ونحو الدمج التربوي،وأن تراعى هذه البرامج متطلبات الدمج والعوامل التي تساعد على نجاحه.

7- توفير التدريبات أثناء الخدمة لجميع المعلمين والأخصائيين الاجتماعيين والنفسيين والمدراء والنظار والعاملين في مدارس الدمج ويمكن عقد هذه التدريبات بالتعاون مع منظمات المجتمع الأهلي العاملة في ميدان ذوي الاحتياجات الخاصة مثل جمعية كريتاس والرعاية المتكاملة.

8- العمل على تطوير وتحديث التدريبات والدورات التأهيلية التي تتم للمعلمين الذين يرغبون في العمل مع ذوي الاحتياجات الخاصة بحيث تشتمل هذه الدورات على برامج كاملة عن الدمج ومقومات النجاح فيه.

9- العمل على اختيار معلمين من ذوي الاتجاهات الإيجابية للعمل في مدارس الدمج.

10- إضافة بعض المعارف والمعلومات عن برامج الدمج وأساليبه وأهميته لجميع طلاب كليات التربية حتى تكون لديهم اتجاهات إيجابية ومعلومات أكاديمية عن برامج الدمج.

11- توفير قيادات تربوية وإدارية ذات كفاءة عالية للعمل في مجال الدمج.

12- العمل على توفير فريق دعم في كل إدارة تعليمية وهذا الفريق يتكون من مجموعة من أولياء الأمور والمدرسين والأخصائيين النفسيين والأخصائيين الاجتماعيين ومدرسي التربية الخاصة ويجتمعون للعمل على تبادل الخبرات وحل المشكلات التي تواجه تطبيق الدمج والعمل على دعم المدرسين العاملين في مدارس الدمج.

13- توفير معلم متجول ومعلم مستشار لكل إدارة تعليمية. لتقديم الخدمات الأكاديمية والفنية التي من خلالها يستطيع الأطفال المعاقين مجاراة زملائهم في المدارس العادية والفرق بين عمل المعلم المتجول والمعلم المستشار ما يلي:

- **العبء التدريسي** ، يبلغ العبء التدريسي للمعلم المتجول حوالي 15 تلميذاً في المعدل، بينما يصل العبء التدريسي للمعلم المستشار إلى 35 تلميذاً في المعدل.

- **المسافة التي يقطعها كل منهما** أثناء تجوله بين المدارس فالمعلم المتجول يقطع مسافة تبلغ حوالي 1500كم في الشهر، بينما يقطع المعلم المستشار حوالي 2200 كم في الشهر.

- **طبيعة العمل الذي يقوم به كل منهما**، فالمعلم المتجول يقضي وقتاً أطول في التعامل المباشر مع الأطفال المعاقين ووالديهم من ذلك الذي يقضيه المعلم المستشار(الموسى 1995)

- ولذلك تقترح الدراسة توفير معلم متجول لكل إدارة تعليمية ومعلم مستشار لكل مديرية تعليمية . لكل إعاقة معلم متخصص فيها.

- العمل على إرسال بعثات للخارج من المعلمين الحاليين ، لاكتساب الخبرات الميدانية في مجال دمج ذوي الاحتياجات الخاصة سواء في مرحلة الطفولة المبكرة أو مرحلة التعليم الأساسي.

- العمل على إعداد المزيد من الدورات التدريبية مع مراجعة مستوي الدورات من مجموعة من المختصين حيث دلت بعض الدراسات على عدم قناعة بعض المعلمين بالدورات التي يحصلون عليها من ناحية وضعفها من ناحية أخرى. ويجب أن تعتمد هذه الدورات على ورش العمل والنقاش الموجه والتطبيق بدلاً من المحاضرات النظرية.

- الاستفادة من أعضاء هيئة التدريس بكليات التربية في أقسام علم النفس والصحة النفسية وأصول التربية والمناهج وغيرها للاستفادة من خبراتهم في الإشراف والتوجيه على مدارس الدمج.

رابعاً: التخطيط المقترح الخاص بالمدرسة والإدارة التعليمية:

- أن يتم بناء المدارس الجديدة مطابقة لمواصفات دمج ذوي الاحتياجات الخاصة في المدارس العادية من حيث سلالم المدرسة وشكل الفصل من الداخل وتأمين نوافذ المدرسة ووصول أشعة الشمس إلى كل الفصول المدرسية. ووجود دورات مياه قريبة من الفصول التعليمية.

- أن يراعى في وجود فصول الدمج أن تكون بالأدوار السفلى من المدرسة مع توفير التجهيزات المناسبة المساعدة لتلاميذ ذوي الاحتياجات الخاصة مثل السماعات، والمعينات البصرية. وأجهزة الكمبيوتر وغيرها من احتياجات ذوي الاحتياجات الخاصة.

- أن يتم صيانة المدارس بشكل دوري وإصلاح الأجهزة والإداوات المناسبة للدمج في المدارس العادية .

- أن تقوم لجان من خبراء التربية الخاصة بالإشراف على التأكد من صلاحية مدارس الدمج لذوي الاحتياجات الخاصة عند تسلمها من هيئة الأبنية التعليمية والاستفادة من الخبرات الدولية في مطابقة هذه المدارس للمواصفات.

- التوسع في بناء المدارس لاستيعاب الأعداد المتوقعة للدمج مع الاستفادة من جهود الجمعيات الأهلية والمجالس المحلية ورجال الأعمال والشركات الخاصة في المساهمة في بناء هذه المدارس.

- توفير غرف مصادر للخدمات الإضافية داخل مدارس الدمج وتوفير قاعات للتدريبات وورش العمل.

- يمكن الاستفادة من تحويل بعض مدارس التربية الخاصة الحالية إلى مدارس للدمج أو مدارس لرياض الأطفال ، أو مراكز للتدريب.

- تزويد المكتبات المدرسية بأحدث الدراسات والأبحاث وتجارب الدول المتقدمة في دمج ذوي الاحتياجات الخاصة، وأجهزة التسجيل والاستماع والإنترنت والكمبيوتر وغيرها من الأجهزة التكنولوجية الحديثة التي تفيد الطلاب والمدرسين عن الدمج.

- أن يراعى في تصميم المدارس وجود الملاعب وحجرات للأنشطة المختلفة حتى يتم دمج ذوي الاحتياجات الخاصة في الأنشطة المدرسية.

- أن يتم توزيع مدارس الدمج الكلي والجزئي توزيعاً عادلاً بحيث لا تبعد كثيراً عن جميع تلاميذ الإدارة التعليمية أو المنطقة.

- أن يكون المسئولون بالإدارة التعليمية والمدرسية لديهم رؤية واضحة عن الدمج وأنماطه وأهدافه ويكون لديهم اتجاه إيجابي نحو دمج ذوي الاحتياجات الخاصة.

- العمل على تحديث أساليب التدريس للقيادات التربوية بحيث يكون بها جانب تطبيقي. وورش عمل ولا تقتصر على المعارف والمفاهيم، بل تعتمد على المهارات والقناعات.

خامساً : التخطيط المقترح بالنسبة للتلاميذ العاديين والمعاقين وأولياء الأمور والمجتمع:

- تهيئة جميع الأطراف المشتركة في برامج الدمج (التلاميذ العاديين والمعاقين، وأولياء أمورهم. وقيادات المجتمع المدني) وتزويدهم بالمعلومات اللازمة عن الدمج ومدى أهميته.

- العمل على دراسة اتجاهات جميع الأطراف المشتركة في برامج الدمج والعمل على تعديل الاتجاهات السلبية عن طريق الدورات والتدريبات والمحاضرات المختلفة.

- حث التلاميذ العاديين على التفاعل والاندماج مع زملائهم من المعاقين وعدم السخرية منهم وعدم تقليد بعض السلوكيات الخاطئة. والعمل على مساعدة زملائهم المعاقين وحل مشاكلهم قدر المستطاع.

- اهتمام القائمين على مدارس الدمج بالتشاور الدائم مع أولياء الأمور وإشراك أعضاء المجتمع المحلي والجمعيات الأهلية والمنظمات غير الحكومية في مشروعات الدمج.

- عمل ندوات مستمرة لأولياء الأمور لتوعيتهم بواقع أبنائهم . وطرق التعامل معهم وتحسين سلوكياتهم.

- العمل على توعية المجتمع المدني بأهمية الدمج في الطفولة المبكرة وأن نسبة النجاح في الدمج في الطفولة المبكرة أكبر بكثير من المراحل العمرية الأخرى.

- العمل على تفعيل دور وسائل الإعلام في المساهمة في إنجاح برامج الدمج.

- عمل أفلام ومسلسلات تليفزيونية يشترك فيها نماذج ناجحة من الأطفال ذوي الاحتياجات الخاصة. لتوضيح أهمية الدمج وأثره على ذوي الاحتياجات الخاصة.

- عمل برامج إرشادية حول برامج الدمج والتعامل بصفة عامة مع ذوي الاحتياجات الخاصة.

- عمل إعلانات تليفزيونية توضح حجم مشكلة الإعاقة، وأهمية الدمج في حل هذه المشكلة.

- العمل على تغيير الاتجاهات السلبية تجاه ذوي الاحتياجات الخاصة من خلال الإعلام المرئي والمسموع.

سادساً : التخطيط المقترح في مجال تمويل برامج الدمج :

1- البحث عن وسائل غير تقليدية والاستفادة من الخبرات والتجارب العالمية في تمويل مدارس الدمج مثل :

- إشراف دور العبادة من مساجد وكنائس على تمويل مدارس الدمج التي تقع بجوار دور العبادة.

- تفعيل مشروع الوقف الخيري على مدارس الدمج.

- تفعيل دور رجال الأعمال وأصحاب الشركات والمشروعات الاستثمارية في دعم مدارس الدمج ويمكن أن يكون الدعم عن طريق المساعدة في بناء مدارس جديدة

- توفير غرف المصادر والأجهزة والأدوات التي تحتاج إليها مدارس الدمج.

- توفير وسائل مواصلات لتسهيل نقل الطلاب ذوي الاحتياجات الخاصة إلى مدارس الدمج. وتوفير جزء من الأثاث المدرسي وتقديم دعم أوحوافز ومكافآت للقائمين على مدارس الدمج.

- تفعيل دور الجمعيات الأهلية ومؤسسات المجتمع المحلي في تمويل مدارس الدمج ويستفاد في ذلك من جهود جمعية كريتاس وجمعية الرعاية المتكاملة وجمعية الأمومة والطفولة.

- تفعيل دور الجمعيات الخيرية مثل الجمعية الشرعية والجمعية الخيرية الإسلامية، وغيرها من الجمعيات المسيحية في توفير بدائل غير تقليدية لمدارس الدمج.

- الاستفادة من المساعدات الأجنبية التي تقدم لدعم ذوي الاحتياجات الخاصة.

- الاستفادة من منظمة اليونسكو وغيرها من المنظمات الدولية في توفير دورات تدريبية ومنح والزيادة في عدد مدرسي مدارس الدمج وتوفير خبراء في مجال دمج ذوي الاحتياجات الخاصة.

- يمكن الاستفادة من بعض المساحات خارج المناطق السكنية في بناء أكبر عدد من المدارس التي يتم دمج ذوي الاحتياجات الخاصة بها.

- يمكن الاستفادة من مدارس ذوي الاحتياجات الخاصة في تحويل جزء منها كمدارس للتعليم العام واستيعاب ذوي الاحتياجات الخاصة في برامج الدمج.

- استخدام العقارات والمباني التي لا تستغل الاستغلال الكامل لسبب أو لآخر مثل قاعات الاجتماعات وأروقة المساجد وقاعات الكنائس وغيرها في فتح عدد من فصول رياض الأطفال التي يدمج بها ذوو الاحتياجات الخاصة.

- العمل على وجود رعاة من الشركات العالمية والمؤسسات متعددة الجنسيات لمدارس الدمج.

- حث البنوك على المساهمة في تقديم الدعم المادي أو العيني لمدارس الدمج.

- إنشاء صندوق خاص لخدمات تعليم ودمج ذوي الاحتياجات الخاصة ويكون معاوناً للاعتمادات المالية المخصصة في الموازنة العامة للدولة. ويمكن أن يتم تمويل هذا الصندوق من:

أموال الزكاة ،و نسبة من الرسوم والمصارف التي تحصل من الأطفال العاديين للالتحاق بالمدارس ورياض الأطفال. ونسبة من مصاريف المدارس الخاصة وإصدار طابع بريد خاص بمشروع الدمج، واستخدام أرقام تليفونات وانترنت للمساهمة في دعم برامج الدمج والهبات والتبرعات والجهود الذاتية.

- الاستفادة من خبرات وتجارب القوات المسلحة في بناء عدد من المدارس وتوفير الأجهزة والأدوات التي تحتاج إليها مدارس الدمج.

- إقامة حملة إعلامية تليفزيونية وإذاعية وصحفية لحث جميع أفراد الشعب على المساهمة بتبرعات مالية أو عينية للاستفادة منها في تمويل مدارس الدمج. (عبدالباقي محمد ، 2007)

المراجع

1. زيدان السرطاوى، وآخرون: **المعاقون أكاديمياً وسلوكياً- خصائصهم وأساليب تربيتهم**,مرجع سابق،ص170

2. عبد الـلـه صالح هارون: **تدريس ذوي الإعاقات البسيطة في الفصل العادي**، دار الزهراء للنشر والتوزيع، مرجع سابق ص 150.

3. جريدة الراية القطرية: السبت 2004/9/11, الأسرة تلعب دورًا رئيسيًا في إنجاح عملية الدمج

4. نجوى يوسف جمال الدين **:في تربية ذوى الاحتياجات الخاصة التحولات العالمية نحو دمج التلاميذ المعاقين والعاديين في المجتمع وحجرة الدراسة**،مكتبة الآداب ،القاهرة ، 2007،ص163ريم صالح الأشقر: ذوي الاحتياجات الخاصة وشروط ومتطلبات دمجهم في المجتمع, مرجع سابق.

5. محمد عبد الغفور: دراسة استطلاعية لاتجاهات وآراء المدرسين والإداريين في التعليم العام نحو إدماج الأطفال العاديين في المدارس الابتدائية العادية, من بحوث **مجلة البحوث التربوية**, ومركز البحوث التربوية الخاصة, قطر, العدد الخامس عشر, السنة الثانية, يناير 1999؛ ص161-191.

6. فوزية بنت محمد أخضر:دمج الطلاب الصم وضعاف السمع مرجع سابق ،ص34

7. إيمان فؤاد الكاشف, عبد الصبور منصور محمد: دراسة تقويمية لتجربة دمج الأطفال ذوي الاحتياجات الخاصة , مرجع سابق ص836.

8. نجيب خزام: المشروع الاستطلاعي لمركز سيتي: تقويم ومراجعة ورقة مجمعة, مقدمة للمؤتمر القومي الأول حول دمج ذوي الاحتياجات الخاصة في المدارس العادية مارس 2002, المكتب الإقليمي لهيئة إنقاذ الطفولة البريطانية (SCFUK) بالقاهرة.

9. فاروق محمد صادق: : من الدمج إلى التآلف والاستيعاب الكامل -تجارب وخبرات عالمية في دمج الأفراد المعوقين في المدرسة والمجتمع وتوصيات إلى الدول العربية, المؤتمر

القومي السابع للإتحاد في الفترة من 8-10 ديسمبر 1998. المجلد الأول, القاهرة ص268.

10.المركز القومى للبحوث التربوية: آليات دمج ذوي الاحتياجات الخاصة, مرجع سابق ص21.

11.ندوة 1998م عن تجارب دمج الأشخاص ذوي الاحتياجات الخاصة في دول مجلس التعاون الخليجي (التطلعات والتحديات) ، 1995م .

12. وضع الطفولة والأمومة في مصر ، مرجع سابق ، ص67.

13.ناصر علي الموسي : دمج الأطفال المعوقين بصرياً في المدارس العادية ، مرجع سابق، ص59.

14.عبدالباقي محمد عرفة : التوسع في دمج ذوي الاحتياجات الخاصة في مصر ، رسالة دكتوراة غير منشورة ، معهد الدراسات التربوية جامعة القاهرة ،2008.

الفصل الثالث

الاعتبارات الخاصة بدمج الأطفال ذوي الإعاقات في الفصول العادية

أولا : الاعتبارات الخاصة بدمج ذوي الإعاقات الجسمية والصحية .

ثانيا: الاعتبارات الخاصة بدمج ذوي صعوبات التعلم .

ثالثا : الاعتبارات الخاصة بدمج ذوي المشكلات السمعية .

رابعا : الاعتبارات الخاصة بدمج ذوي الإعاقة البصرية .

خامسا : الاعتبارات الخاصة بدمج ذوي الاضطرابات السلوكية .

سادسا: الاعتبارات الخاصة بدمج ذوي الإعاقة العقلية .

يهدف هذا الفصل إلى :

- قدرة الدارس على تحديد الاعتبارات الخاصة بدمج الأطفال ذوي الإعاقات الجسمية والصحية .

- استفادة أولياء الأمور والطالب المعلم من الاعتبارات الخاصة بدمج المعاقين سمعيا .

- استفادة المعلم والدارس من كيفية توفير تلك الاعتبارات لكي يحقق الدمج الهدف منه .

- استفادة القارئ من الاعتبارات الخاصة بدمج طلاب ذوي صعوبات التعلم ، وطلاب ذوي الإعاقة العقلية .

مقدمة

قبل الحديث عن الاعتبارات الواجب توفيرها وتطبيقها لدمج كل فئة من فئات الإعاقة لابد أن نتفهم أن هذه الاعتبارات عبارة عن قواعد واطر عامة يمكن أن تحقق النجاح مع عدد من الطلاب ويمكن ألا تحقق النجاح مع آخرين بسبب الفروق الفردية، ويجب أن نؤكد أن العمل بروح الفريق من جميع التخصصات هو الجسر الذي يؤدي الوصول إلى النجاح ، وبالتعاون والأخذ بكل ما هو جديد في ميدان التربية الخاصة وفي ضوء حاجات كل طفل يمكن أن نحقق نجاحات كبيرة مع وضع الخطط الفردية المناسبة والتشخيص السليم لكل حالة من حالات الطلاب .

أولاً : الاعتبارات الخاصة بدمج ذوي الإعاقات الجسمية والصحية

1- إزالة الحواجز المادية التي قد تمنع الطفل من الدخول إلى المدرسة والصف الدراسي باستقلالية ، والتحرك والتنقل بيسر ، وذلك يعني إزالة الأدراج والعقبات الأخرى أو إنشاء مداخل خاصة أو إضافة المصاعد . كذلك تكييف المرافق المدرسية لتصبح مناسبة .

2- ترتيب المقاعد في الصف على نحو يسمح بالتحرك للأطفال الذين يستخدمون كراسي متحركة أو عكازات ،الخ

3- توفير أماكن كافية لخزن المعدات والأدوات الخاصة بالأطفال من ذوي الاحتياجات الخاصةمع ترتيبها بالشكل الذي يضمن سهولة الوصول إليها .

4- التعرف على طرق العناية بالأدوات المساندة أو الاصطناعية التي يستخدمها الأطفال .

5- تعديل أنماط مشاركة الطفل في النشاطات المدرسية الصفية بحيث يتم تجنب تعريضه للمخاطر .

6- التعامل مع الأطفال بشكل صحيح في حالة تعرضهم لحالات طارئة (كالنوبات التشنجية ، ردود الفعل التحسسية ، الإغماء ، الخ)

7- تنفيذ برامج وأنشطة تساعد الأطفال على اكتساب مهارات العناية بالذات .

8- تصميم وتكييف الوسائل والأدوات التعليمية لتتناسب وطبيعة الضعف الموجود لدى الطفل .

9- مساعدة الطفل على تطوير اتجاهات واقعية نحو نفسه ونحو الضعف الذي يعاني منه .

10 تهيئة المناخ المدرسي المناسب . (جمال الخطيب تربية غير العاديين في مدارس العاديين ،2008 ،ص152)

ثانيًا : الاعتبارات الخاصة بدمج الطلبة ذوي صعوبات التعلم

1- إتباع نظام صفي واضح وجدول أنشطة صفية ثابت .

2- الإعلان عن قواعد السلوك الصفي والتوقعات بوضوح .

3- إعداد الطلبة جيدًا لوقت التعلم .

4- إزالة المشتتات السمعية والبصرية ومساعدة الطلبة على التركيز على المهمات التعليمية .

5- تقديم التعليمات والتوجيهات بكلمات واضحة ومبسطة وتعزيز وإتباع الطلبة لها .

6- البدء بأنشطة بسيطة تركز على مفهوم واحد ومن ثم الانتقال إلى المفاهيم الصعبة والمجردة .

7- ربط التعليم الحالي بالتعليم السابق .

8- تدريب الطلبة على استخدام استراتيجيات التذكر الفعالة .

9- استخدام أنشطة متنوعة لتعليم المفهوم ذاته .

10- تشجيع الطلبة على المشاركة النشطة في التعليم .

11- استخدام استراتيجيات التعلم التعاوني .

12- تقديم المعلومات بطرق بصرية ، وسمعية ،وحسية . جمال الخطيب (2004) ، ص 154)

ومن الاعتبارات الخاصة بترتيب غرف المصادر في برامج دمج صعوبات التعلم ما ذكره بطرس حافظ (2008، 342 في صعوبات التعلم الأكاديمية والنمائية)

ومن الاعتبارات الواجب توفيرها في مراحل إنشاء غرف المصادر يقوم فريق العمل بالبحث عن أفضل المدارس التي يمكن أن تقع فيها هذه الخدمات التربوية

المدرسة : لابد أن تكون ذات إدارة ناضجة إبداعية تبحث عن الجديد وتدعمه ولديها إمكانيات المساحة ، والمعلمين ، والكوادر الأخرى ، كما يجب أن تتميز المدرسة بالإنسانية في العلاقات بين العاملين فيها .

المكان : أن يكون الموقع بين الفصول التي تخدمها أو بجوارها ومن المفروض أن تكون معزولة نائية وبعيدة عن قلب المدرسة .

الحجم لا يقل حجمها عن حجم غرف الفصل العادي أو أكبر حتى تستوعب كل التجهيزات والأركان المناسبة للأنشطة والتدريس المناسبة لفئات الغرفة.

المظهر : منظرها جميل منظمة بشكل جذاب وفي حالة نظيفة ومرتبة دائمًا التجهيزات والأثاث : يكون بديعًا ومريحًا ووظيفيًا ويؤدي الغرض منه.

أركان الغرفة المختلفة وهي :

الأكشاك التعليمية : وهي مكان للاستذكار في أداء الأعمال والواجبات الفردية بها منظر صغير مثبت بحائط الكشك ، ومرآه على الحائط ولمبة كهربائية فلورسنت للإضاءة وكرسي مناسب لجلوس الطفل ، و كرسي آخر للمعلم عند الضرورة (عددها من 4- 6 أكشاك)

ركن اللغة العربية : ويحتوي القراءة ، والكتابة ، التهجئة والإملاء والتخاطب وبه أجهزة التخاطب والوسائل التعليمية ، والتدريبات العلاجية الخاصة بها .

ركن الرياضيات : وبه الوسائل التعليمية ، والتقنية والمواد التعليمية المناسبة للعمليات الحسابية يدويًا وعلى الكمبيوتر .

ركن النشاط النفس حركي : ويتضمن تدريبات تآزر بين العين واليد والأذن واليد أو الوقوف ، والجلوس معتدلًا ، وتدريبات أرضية أو على السبورة باليدين أو الأصابع أو الأرجل ....والهدف منها كلها التكامل النفسحركي لأداء مواقف التعلم .

ركن التكنولوجيا : الكمبيوتر وتدريباته في المواد الدراسية ، التلفزيون والفيديو والإنترنت مع وصلات للقنوات الفضائية .

ملفات الأطفال : ويجب أن تكون مكتملة المعلومات والمتابعة أولًا بأول حسب واجبات غرفة المصادر .

المكتبة : وبها كتب مدرسية ، ومراجع ، ومجلات علمية ، وكتب خارجية تساعد في تحليل المناهج ووضع اختبارات حسب محتوى المناهج والكتب حسب مستوى الأطفال في الغرف كما يمكن تخزين الأشرطة المناسبة في المكتبة مع تصنيفها .

إدارة غرفة المصادر : يتضمن طريقة إدارة غرفة المصادر التنسيق مع جدول الدراسة وفريق التدريس .

الجدول : يتضمن الجدول أسماء أطفال الغرفة ، وأسماء معلمي الغرفة ، توزيع ساعات العمل ، والواجبات على لوحة الحائط

ويستثمر وقت الحصص الإضافية أو حصص المجالات أو الأنشطة في حضور أطفال الغرفة من فصولهم العادية حسب جدول معين ، مرتين أو ثلاث مرات أسبوعيًا لمدة ساعة أو ساعتين أو أكثر من ذلك إذا احتاج الأمر.

يأتي الطفل للغرفة في الوقت المناسب ويكون معلم الغرفة جاهزًا بتدريبات مناسبة فردية أو جماعية ، مع استخدام الوسائل التعليمية والتكنولوجيا المناسبة ، ويقوم معلم الغرفة بالاتصال بمعلم الفصل العادي في فترات متقاربة زمنيًا لمراجعة أحوال الطفل ومستواه في الفصل العادي حتى درجة الكفاية التي يعود بعدها الطفل إلى الفصل العادي نهائيًا ، مع المتابعة المستمرة .

معلم غرفة المصادر :هو العمود الأساسي في بنيان غرفة المصادر أكثر منه في أي بديل تربوي آخر .

خصائص معلم غرف المصادر:

- التمكن من التخصص معرفة وتدريسًا.
- الالتزام والأداء المميز.
- الحس الإكلينيكي في العمل والحساسية للاحتياجات الفردية للآخرين .
- الرغبة الصادقة في مساعدة الأطفال .
- روح التعاون وعمل الفريق .

- حب المعرفة والرغبة في التعلم المستمر .

- حب العطاء وبذل الجهد في مساعد ة الآخرين الإيثار.

ثالثًا : الاعتبارات الخاصة بدمج الأطفال ذوي المشكلات السمعية .

أن يكون مقعد الطفل قريبًا من المعلم أو موقع النشاط التعليمي وبعيدًا عن الأصوات.

أن يكون الطفل جالسًا وجهًا لوجه أمام المعلم .

أن يجلس المترجم (أخصائي لغة الإشارة) في حالة توفره قريبًا من الطفل .

كتابة أسماء الأشياء الموجودة في الصف .

تزويد الطفل بالمعينات والأدوات المكيفة الخاصة .

عدم تعريض الطفل لإضاءة شديدة لأن ذلك يمنعه من قراءة الشفاه .

يجب اللجوء إلى تعديل الأساليب والأهداف عند الحاجة القصوى فقط .

توفير التدريب المناسب لهؤلاء الأطفال ليتعلموا قراءة الشفاه ولغة الإشارة والتهجئة بالأصابع .

التكلم مع الطفل بطريقة طبيعية ووجها لوجه .

تشجيع الطفل على استخدام السمع الوظيفي الذي يتمتع به .

استخدام المعينات البصرية المناسبة (مثل جهاز عرض الشفافيات)

-كتابة التعيينات الدراسية والموضوعات الرئيسية على السبورة وعلى الأوراق .

-الفوز بانتباه الطفل والتأكيد من أنه يفهم .

-التعرف إلى أساسيات صيانة المعينات السمعية وطرق التأكيد من أنها تعمل بشكل صحيح .

-فوائد دمج المعاقين سمعيًا

- عدم ظهور آثار سلبية على الأطفال العاديين الذين ادمجوا مع المعاقين سمعيًا.

- تحسن أداء الطلاب المعاقين سمعيًا في العديد من المهارات مثل مهارات التعبير اللغوي ، والمهارات الرياضية ، ومهارات قضاء الوقت في اللعب مع العاديين .

- أثمرت حصص الدمج التي شملت الأنشطة الفنية كالرسم وغيرها زيادة درجة التفاعل الاجتماعي البناء

- تحسن في السلوك الاجتماعي العام لديهم والتفاعل ، سواء مع المعلمين أو الطلاب العاديين .

- تحسن قدراتهم على استخدام اللغة الشفهية ، مع تزايد قدراتهم على استخدام التراكيب المتعددة للجمل .

- أمكنهم إحداث تفاعل صوتي مع الآخرين .

- تحسن في النمو اللغوي لديهم .

- انخفاض معدل التوتر الانفعالي لديهم .

- تحقيق قدر من التوافق الشخصي والاجتماعي يقرب من الطلاب العاديين .

- أدى استخدام الإشارات مع التدريب عليها أثناء الدمج إلى زيادة مشاركة المعاقين سمعيًا في الأنشطة المتنوعة واندماجهم في اللعب .

- تلقى المعاق سمعيًا أثناء الدمج رعاية أفضل ، محاولة من المسئولين مساعدته للنهوض بالعاديين .

- رفع الروح المعنوية لآباء المعاقين مما يؤثر في توافقهم النفسي ، وينعكس من ثم على طفلهم المعاق .

- تنمية روح الحب والثقة وخلق تفاهم بين المعاق سمعيًا والعادي .

- كسر حاجز الخوف لدى الطفل العادي من التعامل مع زميله المعاق سمعيًا .

- تنمية إحساس التلميذ العادي بالمسئولية تجاه زميله المعاق .

- تخفيف الأعباء عن أولياء الأمور بوجود المدرسة في المنطقة نفسها التي يعيش فيها .

- تهيئة المعاق للاندماج في الحياة الطبيعية .

- يمد الدمج الطفل المعاق سمعيًا بنموذج شخصي اجتماعي – سلوكي للتفاهم والاتصال .

- يقلل الدمج من حجم لغة الإشارة التي بدأها الطفل المعاق سمعيًا

- يمنع الدمج الاعتمادية الغيرية للمعاق سمعيًا .

- ساعد الدمج على تعديل الاتجاهات المجتمعية نحو المعاق سمعيا .

- يتيح الدمج تقوية الجوانب العقلية للمعاق سمعيًا بواسطة اللعب مع العاديين .

سلبيات دمج المعاقين سمعيًا ومشكلاته .

1- معظم التجارب تضمنت الدمج الجزئي ، سواء في فصول خاصة ملحقة بالمدرسة أو من خلال بعض الأنشطة (الألعاب ، الرسم ، الموسيقى ، الفسحة ، طابور الصباح)

2- رفض فكرة الدمج الشامل في العديد من الدراسات خاصة من القائمين على العملية التعليمية .

3- عدم توافر إمكانية الدمج في المدارس (عدم توافر ورش العمل اللازمة للمعاق ، عدم توافر المعلم القادر على التعامل مع كل من التلميذ العادي والمعاق معًا .

4- إن الإعاقة السمعية تحتاج إلى لغة خاصة (الإشارات) مما يؤدي إلى عدم توافر اللغة المشتركة بين التلاميذ الصم والتلاميذ العاديين .

5- تقليد الطفل العادي لبعض السلوكيات الشاذة التي تحدث من زميله المعاق .

6- حدوث بعض المشكلات بين الأطفال العاديين والأطفال المعاقين ، مما يعرض المعاقين للاعتداء من قبل الأطفال العادين سواء باللفظ أو الإثارة، أو الضرب

7- عدم وضوح الهدف من الدمج في ذهن المعلمين .

8- رفض آباء الأطفال العاديين اشتراك المعاقين مع أطفالهم العاديين في أنشطة اللعب.

9- انخفاض اهتمام المعلمين بأطفالهم العاديين بعد دخول المعاقين معهم .

10- عدم اقتناع القائمين بالعملية التعليمية داخل المدرسة بالفكرة ن مما أثر سلبيًا في اتجاهات آباء الأطفال العاديين نحو المعاقين .

11- رفض بعض الأطفال العاديين مساعدة الطفل المعاق في شرح بعض الدروس ، أو حتى الاشتراك في حصص الألعاب كالرسم وباقي الأنشطة .

رابعًا :الاعتبارات الخاصة بدمج الأطفال ذوي الإعاقة البصرية .

-تخصيص مكان واسع نسبيًا لخزن الأجهزة الخاصة وآلة بريل والكتب المكبرة .

-تخصيص مقعد واسع نسبيًا يستطيع الطفل وضع آلة بريل والأدوات الأخرى عليه .

-المحافظة علة مستوى جيد من الإضاءة في غرفة الصف وتوفير مصادر إضاءة إضافية عند الحاجة .

-السماح للطفل بالجلوس في المكان الذي يمكنه من المشاركة في الأنشطة الصفية .

-السماح للطفل بالتعرف على غرفة الصف واستكشاف ما فيها واطلاعه على أية تغيرات تحدث فيها .

-إزالة الحواجز غير اللازمة في غرفة الصف .

-تعليم الأطفال ذوي الصعوبات البصرية باستخدام المنهاج العادي وعدم إجراء تعديلات إلا عندما يكون هناك حاجة ماسة .

-استخدام آلة برايل والأشرطة المسموعة والكتب المكبرة والمواد الأخرى اللازمة .

-تزويد الأطفال ببرامج تدريبية خاصة لتطوير مهارات التعرف والتنقل والنضج الاجتماعي الخ (وذلك ما يعرف بالمنهاج المساند أو الإضافي)

-التكلم في الصف بطريقة مسموعة وذكر كل شئ يكتب على السبورة أو تشتمل عليه الأوراق الموزعة)

-التعرف على المعينات والمعدات الخاصة المستخدمة .

-وصف الأحداث اليومية الروتينية وتوضيحها فالأطفال ذوو الصعوبات البصرية غير قادرين على التعلم بالملاحظة .

-التأكيد على توفير الخبرات العملية فمجرد وصف الخبرة لايكفي .

-تزويد الطفل بالإثارة السمعية الكافية والتواصل معه بشكل متكرر .

-تزويد الطفل بالتغذية الراجعة المناسبة .

-تخفيف المساعدة المقدمة للطفل ليصبح قادرًا على الاعتماد على نفسه .

-تكييف الامتحانات لتتناسب وطبيعة وشدة الضعف البصري .

خامسًا : الاعتبارات الخاصة بدمج الأطفال ذوي الاضطرابات السلوكية

-الإفادة إلى أقصى حد ممكن من دعم الأخصائيين الآخرين ، والمرشدين على وجه الخصوص ، للتعامل مع هؤلاء الأطفال وتعليمهم .

-محاولة فهم الأسباب الحقيقية التي تدفع الأطفال إلى القيام بما يقومون به ،والتعاطف معهم ومحاولة مساعدتهم .

-التعبير عن الثقة بقدرة هؤلاء الأطفال على التغير وقبولهم كأطفال يحتاجون إلى المحبة والاحترام والدفء.

-استخدام نظام ثابت في الصف .

-تقديم النماذج الكافية للسلوك التكيفي وتهيئة الظروف للأطفال ذوي الصعوبات الانفعالية /السلوكية لتقليده ومحاكاته .

-إتاحة الفرص لحدوث أنماط التفاعل والسلوك غير المرغوب فيها (مثل العمل التعاوني)

-القيام بدور مصدر دعم للوالدين ومشاركتهما في العملية التربوية .

-استخدام إجراءات منظمة وثابتة في التعليم الصفي .

-الثناء على الطفل وتشجيعه بشكل متكرر.

-ملاحظة سلوك الطفل وتحليله بموضوعية وذلك بغية اختيار الأهداف السلوكية الملائمة وتقييم فاعلية الإجراءات المستخدمة .

- الاعتماد على البرامج العلاجية ومشاركة الطبيب في تعديل سلوك الطفل وعرض الأطفال المضطربين سلوكيا بشكل دوري على الأطباء المتخصصين ، والاعتماد على الأدوية في العمل على تهدئة الطلاب وسهولة دمجهم .

- يجب أن يتمتع الأخصائي والمعلم وفريق الدمج بشكل عام وخاصة من يتعامل مع طلاب مضطربين سلوكيا بسعة الصدر والصبر على سلوكيات الأطفال واستخدام أساليب تعديل السلوك المناسبة بعيدا عن الضرب والانفعال وألا يكون الحل الأيسر لتعديل ودمج الطفل هو استخدام العنف .

سادسًا :الاعتبارات الخاصة بدمج الأطفال ذوي الإعاقة العقلية

-تنظيم المواد والتحكم بالمثيرات على نحو يستثير دافعية الطفل للتعلم ويحافظ على مستوى انتباهه للأحداث المهمة ويشجعه على تجاهل الأهداف غير المهمة .

-تجنب التدريب المكثف قدر المستطاع واستخدام التدريب الموزع حسبما تسمح الظروف .

-استخدام المستوى المطلوب من التكرار والإعادة (التعلم الزائد) ليستطع الطفل نقل أثر التعليم ولتنشيط ذاكرته .

-استخدام التعزيز الايجابي المنظم والملائم وكذلك التغذية الراجعة التصحيحية والايجابية .

-تحليل المهام التعليمية عند الحاجة والانتقال تدريجيا من مستوى الأداء إلى مستوى أخر وذلك وفق عملية تشكيل مخطط لها .

-استخدام الأدوات والوسائل الطبيعية في التدريب والتعليم إلى أقصى حد تسمح به الظروف .

-تدريب الأطفال ضمن مجموعات صغيرة عندما يكون التدريب اكاديميا وفي التدريب غير الاكاديمي يمكن دمج هؤلاء الأطفال بشكل كامل .

-استخدام لغة محددة ودقيقة والامتناع عن استخدام اللغة الغامضة قدر المستطاع .

-الاهتمام بتحقيق الأهداف الوظيفية (الأهداف التي يهيئ الطفل وتطور استعداده للعيش المستقل)

-الاهتمام الخاص بمهارات التواصل الوظيفية الأساسية سواء على مستوى الكتابة أو اللغة المنطوقة .

-تعليم الأطفال مهارات الحساب الوظيفية الأساسية وعدم التركيز على المفاهيم الحسابية المتقدمة .

المراجع

1- جمال الخطيب: تربية غير العاديين في مدارس العاديين ، دار وائل ، عمان ، الاردن ،2008، ص152 .

2- بطرس حافظ : في صعوبات التعلم الأكاديمية والنمائية ، دار الزهراء ، الرياض، 2008

3- زينب محمود شقير : الدمج الشامل ، دار الزهراء ، الرياض ، 2011

1- 4- عبد العزيز السرطاوي ، جميل الصمادي : الإعاقات الجسمية والصحية ، دار الفكر ، عمان ، الأردن ،2010

2- جمال الخطيب ، مني الحديدي مناهج وأساليب التدريس في التربية الخاصة ، مرجع سابق ص435

3- جمال الخطيب ، مني الحديدي مرجع سابق ص436

4- جمال الخطيب : مقدمة في الإعاقات الجسمية والصحية ،2004 ،دار الشروق،الأردن ص 113

5- جمال الخطيب : مقدمة في الإعاقات الجسمية ، مرجع سابق ص126

6- ماجدة السيد عبيد ، تعليم الاطفال ذوي الحاجات الخاصة (مدخل إلي التربية الخاصة) دار الصفاء ، عمان ، 2000 ، ص91

7- تيسير مفلح كوافحة: **صعوبات التعلم والخطوة العلاجية المقترحة**, دار المسيرة للنشر والتوزيع والطباعة, عمان, الأردن, 2003 ص19.

8- مصطفى النصراوي, يوسف القروي: **دليل المربي المختص في مجال الإعاقة الذهنية**, المنظمة العربية للتربية والثقافة والعلوم, إدارة التربية, تونس 1995 ص40

9- فيوليت إبراهيم : **مدخل إلى التربية الخاصة، مرجع، سابق ص44.**

10- محمد محروس الشناوي: **التخلف العقلي, الأسباب, التشخيص, البرامج,** مكتبة غريب للطباعة والنشر والتوزيع. القاهرة 1997 ص270.

11- عبد العزيز الشخص: **مدخل إلى سيكولوجية غير العاديين**, المكتبة الفنية الحديثة, القاهرة 1994 ص23.

12- فاروق صادق: **سيكولوجية التخلف العقلي**, مرجع سابق ص40

13- عبير فوزي الهابط: دراسة تجريبية لإكساب الأطفال المتخلفين عقليا القابلين للتعلم بعض سلوكيات الوعي البيئي, رسالة دكتوراه غير منشورة, معهد الدراسات العليا للطفولة, جامعة عين شمس،2004 ص17.

14- صالح هارون: **تدريس ذوى الإعاقات البسيطة في الفصل العادي**، دار الزهراء للنشر والتوزيع الرياض 2000 ص49- 50.

15- عبد العظيم شحاتة: **التأهيل المهني للمتخلفين عقليًا**, دار النهضة العربية, القاهرة 1991, ص43,44

الفصل الرابع

طرق تدريس ذوي الاحتياجات الخاصة

1- طرق تدريس ذوي صعوبات التعلم .

2- طرق تدريس ذوي الإعاقة العقلية .

3- طرق تدريس ذوي الإعاقة السمعـية .

4- طرق تدريس ذوي الإعاقة البصرية .

5 - طرق تدريس ذوي التوحـــــد .

يهدف هذا الفصل

إلى معرفة القارئ والباحث وأولياء الأمور بما يلي:

- طرق تدريس ذوي صعوبات التعلم .

- طرق تدريس ذوي الإعاقة العقلية .

- طرق تدريس ذوي الإعاقة السمعية   .

- طرق تدريس ذوي الإعاقة البصرية .

- طرق تربية وتدريب وتدريس ذوي التوحد.

مقدمة

من الأهمية بمكان قبل الشروع في الحديث عن طرق وأساليب تدريس ذوي الاحتياجات الخاصة ، أن نتعرض بشكل بسيط لتعريف بعض المفاهيم والمصطلحات التربوية ومنها التربية ، والتعليم ، والتعلم ،والمنهج التقليدي ،والمنهج الحديث و المنهج وأهميته لذوي الاحتياجات الخاصة .

- المقصود بالتربية

- التربية هي توجيه للحياة ، أو تشكيل طريقة المعيشة ، وتشمل جميع جوانب الحياة وكل الأنشطة التي تؤثر في قوى الفرد واستعداده .

- هي ذلك الفعل الذي تتعاون فيه كافة الجهود المجتمعية لتنمية وتزكية الإنسان وما لديه من قوى وإمكانات وقدرات لإكسابهم الخصائص الإنسانية (سعيد إسماعيل ، التربية الإسلامية ،2007)

- التربية في قواميس التربية تعني " تنمية الوظائف الجسمية والعقلية والخلقية حتى تبلغ كمالها عن طريق التدريب والتثقيف أما التربية في أذهان المربين فهى كل عملية تساعد على تشكيل عقل الفرد وخلقه وجسمه .

المقصود بالتعليم

يقصد به نقل المعلومات والمعارف من المعلم إلى المتعلم

ومن هنا نلاحظ أن التربية أشمل وأعم من التعليم فالتربية تشمل جميع نواحي وجوانب الإنسان تربية جسمية وعقلية وخلقية واجتماعية وغيرها أما التعليم هو محدود يتضمن نقل المعارف والمعلومات .

- التعلم

هو السلوك الذي يقوم به الفرد من أجل اكتساب المعرفة أو الخبرة التعليم عن طريق الفرد وهو المعلم أو المربي أما التعلم فهو نشاط من قبل الفرد يؤدي إلى تغير سلوك الفرد .

وتشير رمزية الغريب لعملية التعلم بأنها " التكيف لموقف معين ، يكسب الفرد خبرة معينة "

- المنهج

يمكن تعريف المنهج بشكله التقليدي بأنه " مجموعة المواد الدراسية أو المقررات اللازمة للتأهيل في مجال دراسي معين مثل منهج العلوم واللغة العربية والفيزياء وغيرها وإن كان عدد كبير من العلماء اعترضوا على تعريف المنهج بأنه المقرر الدراسي حيث إن المنهج مفهوم واسع جدًا حتى يكاد يشمل كل ما تحتويه التربية على العكس المقرر الذي لا ينطوي تحته إلا عنصر واحد من عناصر المنهج وهو المعرفة أو المحتوى .

ومن التعريفات التقليدية كذلك

- هي البرامج الدراسية التي يطلب من الطلاب تعلمها ودراستها.

- هي تسلسل من الخبرات المهمة التي تتبناها المدرسة لتربية الأطفال والشباب فكريًا وسلوكيًا - هي مجموع خبرات وحقائق ومفاهيم ومهارات وعادات وقيم وميول يتقبلها الطلاب أثناء تواجدهم في البيئة المدرسية ، وتصبح جزءًا من ذوا تهم وشخصياتهم .

والمفهوم التقليدي للمنهج كان يتناسب مع مجتمعات تقليدية تعتمد بشكل كبير على المعلومات والبرامج الدراسية المعرفية في تكوين التلميذ ولكن في العصر الحديث اختلفت وجهة نظر العلماء والمتخصصين نحو المنهج وظهرت العديد من التعريفات التي تحدثت عن المنهج الحديث واتجه المتخصصون لوضع تعريف يقضي على قصور وضعف المنهج التقليدي ويواكب التقدم العلمي الذي تمر به المجتمعات ومنها مناهج التربية ومن التعريفات الحديثة التي ذكرها(توفيق مرعي 2000)

1- هي جميع الخبرات (النشاطات أو الممارسات)المخططة التي توفرها المدرسة ، لمساعدة الطلاب على تحقيق النتائج التعليمية المنشودة إلى أفضل ما تستطيعه قدراتهم .

2- هي كل دراسة أو نشاط أو خبرة يكتسبها أو يقوم بها المتعلم تحت إشراف المدرسة وتوجيهها سواء أكان داخل الصف أم خارجه .

3- هي جميع أنواع النشاطات التي يقوم الطلاب بها أو جميع الخبرات التي يمرون فيها تحت إشراف المدرسة وبتوجيه منها سواء أكان داخل أبنية المدرسة أم خارجها .

4- هي مجموعة الخبرات المربية التي تهيؤها المدرسة للطلاب تحت إشرافها ، بقصد مساعدتهم على النمو الشامل وعلى التعديل في سلوكهم وتحقيق الأهداف التربوية المنشودة .

5- هي مجموعة الخبرات التربوية الاجتماعية والثقافية والرياضية والفنية والعلمية ... إلخ التي تخططها المدرسة وتهيئها لطلابها ليقوموا بتعلمها داخل المدرسة أو خارجها بهدف إكسابهم أنماطًا من السلوك أو تعديل أو تغير أنماط أخرى من السلوك نحو الاتجاه المرغوب ،ومن خلال ممارستهم لجميع الأنشطة اللازمة والمصاحبة لتعلم تلك الخبرات نساعدهم في إتمام نموهم .

منهج ذوي الاحتياجات الخاصة

وقد عرف الببلاوي وآخرون منهج ذوي الاحتياجات الخاصة بأنه " عبارة عن البرامج التربوية والتعليمية والعلاجية التي تصمم خصيصًا أو يتم تعديلها من المناهج القائمة وكذلك تعديل البيئة التعليمية بهدف توفير منهج خاص للطلاب الذين توجد لديهم حاجات تربوية خاصة بهدف تمكينهم من تطوير مهاراتهم والاستفادة منها في التحصيل والتكيف "

الفرق بين المنهج القديم والمنهج الحديث

1- المنهج القديم هو مرادف للكتاب المدرسي بينما في المنهج الحديث فتعتبر الكتاب المدرسي أو المقرر ، هو جزء من المنهج يمكن تعديله حسب ما تقتضيه الظروف حيث يمكن إدخال فيه ما يستجد من معلومات جديدة أي أنه قابل للزيادة والنقصان .

2- المنهج القديم يركز على كمية المعلومات التي تعطى للطفل سواء كانت مناسبة لقدراته أم غير مناسبة بعكس المنهج الحديث الذي يهتم بفائدة هذه المادة وكم هي مناسبة لمستوى التلميذ العقلي .

3- يقتصر إعداد المنهج القديم على المتخصصين في المادة الدراسية ومتخصصين في علم النفس وأهل البيئة المحلية والمعلمين والطلبة .

4- يعتمد واضع المنهج على ترتيب المادة الدراسية ترتيبًا منطقيًا بينما المنهج الحديث يهتم بالترتيب السيكولوجي .

5- محور المنهج الدراسي القديم المادة الدراسية بينما محور المنهج الحديث التلميذ فالاهتمام بالتلميذ أكثر من المادة الدراسية .

6- كل مادة دراسية هي محور منفصل عن غيره بينما المنهج الحديث يعتبر المنهج متكامل وليس منفصل إلى أن المواد الدراسية مترابطة وليست منفصلة .

7- التلميذ هنا سلبي لأن وظيفة المعلم هو تلقين المعلومات بينما في المنهج الحديث الطالب متفاعل ومشارك ونشط .

8- علاقة المعلم مع الطلبة علاقة تسلطية لا يراعي فيها الفروق الفردية حيث يشجع المعلم على التنافس بين التلاميذ في حفظ المادة مما يؤدي بالتلاميذ إلى الاعتداء على بعضهم بعكس المنهج الحديث الذي يركز على التعاون والمحبة والمشاركة بين التلاميذ . كما أن المعلم يهدد دائمًا الطلبة بالعقاب البدني المبرح وأمام التلاميذ بينما المعلم في المنهج الحديث زميل وصديق للمعلم يشجعه باستمرار ويختار الطرق المناسبة التي تتلاءم مع التلاميذ ويعتبر مرشد وموجه لهم جمعيًا .

9- لا يهتم المنهج القديم بالأسرة والبيئة المحلية فهي لا تعنيه وكل اهتمامه بالمعلومات التي يقدمها للطلبة وما هو موجود في المقرر بينما المنهج الحديث يركز على دور الأسرة في التعليم وإلى دور البيئة المحلية حيث يضمن المنهج ماهو مناسب لهذا البيئة من رعاية واهتمام مما جعل دور المدرسة يتغير من مكان لإعطاء أوتوصيل المعلومات إلى مركز إشعاع كامل للبيئة المحلية يمكن أن يقام فيها الاحتفالات والمناسبات والاجتماعية والقومية والدينية (جمال الخطيب ،مناهج وأساليب التدريس، 24)

تخطيط وبناء المنهج

يعرف تخطيط المنهج بأنه نوع من التصور لما ينبغي أن يكون عليه المنهج ، مع ربط هذا المجال التصوري بمجالات التطبيق والتنفيذ مع وضع إمكانية النجاح والفشل مراعيًا وللأهداف :

التصور يشمل :

- الأهداف

- المحتوى

- الخبرات

- النجاح والفشل التجريبي مع الأخذ بضرورة تجنب الفشل .

أهمية وفوائد تخطيط المنهج :

1- تحديد الأهداف أو أغراض المنهج .

2- استغلال الطاقات والإنسانية والإمكانيات .

3- تحديد محتوى وخبرات مناسبة .

4- اختيار طرق التدريس المناسبة .

5- اختيار عملية تقويم مناسبة .

6- توحيد المادة التعليمية .

شروط بناء وتخطيط المنهج :

1- تحديد أهداف المنهج مع مراعاة الأهداف الوطنية .

2- وجود خبرات مناسبة لجميع الفئات (الفئة المراد عمل منهج لها)

3- تحديد أساليب التعليم والتدريس.

4- مراعاة عملية الدمج .

5- مراعاة القدرات العقلية والعمر الزمني .

6- وجود برامج تعديل السلوك .

7- وجود المقرر الدراسي .

خطوات تخطيط المنهج :

1- معرفة طبيعة الفئة وخصائصها .

2- تحديد الأهداف .

3- تحديد المحتوى .

4- تحديد الخبرات .

5- أساليب التدريس .

6- التجريب .

7- التنفيذ .

8- التقويم .

9- التغذية الراجعة .

مستويات التخطيط

1- المستوى العام الشمولي

2- المستوى المحلي

3- المستوى الفردي

لجنة إعداد المنهج

1- متخصصو المناهج

2- متخصصو التربية الخاصة .

3- متخصصو علم النفس .

- المفتشون العاملون .

- أولياء الأمور .

- الطلبة .

تعديلات مناهج غير العاديين

هنالك عدة تعديلات للمناهج المصممة لغير العاديين ولكافة فئات الإعاقة المعروفة وهي بحد ذاتها تغيير ميزات أو سمات لهذا المناهج وأهمها :

1- استخدام مواد وأجهزة متنوعة ويشمل ذلك استخدام أجهزة ومواد لتحسين أداء الطالب لنعلم المهارة .

2- تعديل مستوى المهارة ويشمل صعوبة المهارة وطريقة التدريس وترتيب الأنشطة وتقليل المستوى المطلوبة .

3- تعديل المساعدة الشخصية واستخدام المساعدة المادية واللفظية .

4- تعديل القواعد والاستراتيجيات التدريسية لتعلم المهارات .

5- تعديل البيئة الصفية التي يتم التعليم فيها بما يناسب الفئة .

أنواع طرق التدريس بصفة عامة

- يمكن تقسيم طرق التدريس وفقًا لما يلي :

1- طرق التدريس التقليدية

2- طرق التدريس الحديثة

- ويمكن تقسيم طرق التدريس حسب دور المعلم إلى

1- طرق تدريس قائمة على جهد المعلم مثل المحاضرة والإلقاء .

2- طرق تدريس قائمة على جهد المتعلم (الطلاب) مثل التعلم الذاتي .

أهم استراتيجيات التدريس التي تستخدم مع ذوي الاحتياجات الخاصة سواء مع ذوي الإعاقاتأو الموهبة

1- إستراتيجية التعلم الفردي

2- إستراتيجية الألعاب التعليمية .

3- إستراتيجية الأدوار – لعب الدور .

4- إستراتيجية الألعاب اللغوية .

5- إستراتيجية التعلم التعاوني .

6- إستراتيجية التعلم الذاتي .

7- إستراتيجية حل المشكلات .

8- إستراتيجية التدريس بطريقة القصة .

9- خريطة المفاهيم .

10- تدريس الأقران .

أولًا استراتيجيات عامة لتدريس ذوي صعوبات التعلم

1- طريقة تحليل المهارة .

2- طريقة النمذجة .

3- طريقة الربط الحسي .

4- طريقة الترديد اللفظي .

5- طريقة الحواس المتعددة .

6- طرقة تبادل الأدوار .

إستراتيجية تحليل المهارة

- يقوم المعلم بـــــ

1- عرض المهارة .

2- تقسيم المهارة .

3- استخدام الوسائل التعليمية في تقسيم المهارة على السبورة أو باستخدام برنامج POWR POINT أو غيرها

4- إيضاح المهارة بشكل تام

5- يطلب من الطالب التطبيق في نفس المهارة ثم مهارات أخري.

مثال

جمع ثلاثة أعداد على عددين

400

65

─────────

- جمع الآحاد مع الآحاد .

- جمع العشرات مع العشرات .

- جمع المئات .

- يقوم الطالب بإعادة الحل

- يعطى الطالب نموذج من المسائل والمعلم يساعده .

- يحل الطالب بمفردة .

- زيادة صعوبة المسائلة 3 أعداد + 3 أعداد

أدوار معلم التربية الخاصة صعوبات تعلم

وقبل الحديث عن أدوار معلم صعوبات التعلم لابد من الحديث بشكل مختصر عن خصائص المعلم

1- التمكن من التخصص معرفة وتدريسًا.

2- الالتزام والأداء المميز .

3- الحس الإكلينيكي في العمل والحساسية للاحتياجات الفردية للآخرين .

4- الرغبة الصادقة في مساعدة الأطفال .

5- روح التعاون وعمل الفريق .

6- حب المعرفة والرغبة المستمرة في التعلم .

وذكر بطرس حافظ (346، 2008) أهم أدوار معلم صعوبات التعلم (غرفة المصادر) فيما يلي :

1- التقييم التربوي :

يتضمن التقييم التربوي جمع المعلومات عن الأطفال المحالين لفريق العمل غرفة المصادر وهناك وظيفتين لدور التقييم في التربية الخاصة أولهما هي التصنيف ، أما الثاني فهو الحكم على برامج ومناهج وطرق التدريس المستخدمة مع الأطفال بهدف تطويرها بما يتلاءم مع احتياجاتهم وإمكانياتهم . وقد يعتمد المعلم في تقييمه على اختبارات مقننة وغير مقننة ،وأن يكون التقييم رسميًا أو غير رسمي ,

2- رسم خطة للتدخل (التدريس داخل الغرفة)

ويمثل هذا الدور المساحة الأكبر لعمل معلم غرفة المصادر ولكن معظم معلمي غرف المصادر يكون همهم الأكبر هو خطة تعالج صعوبات التعلم مباشرة .

3- الاستشارات والتواصل مع معلم الفصل العادي :

فالتشاور بينهما مطلوب لعمل تعاوني خلاق ينتج عنه تقدم طفل غرفة المصادر وينقل المهارات الأكاديمية والسلوكية الجديدة إلى محصلة سلوكه في الفصل العادي . ومن المرغوب فيه زيادة التواصل بين المعلمين في الفصل العادي .

4- معلم غرفة المصادر كعضو في فريق العمل .

فهو يعمل مع الأخصائيين وأولياء الأمور وباقي مقدمي الخدمات للطفل ، ولذلك فإنه يجب أن يكون واعيًا لدوره وأدوارهم وكيفية التفاعل بينهم ، لصالح الطفل دون ازدواجية أو تباطؤ روتيني ، لتحقيق التقدم في تحصيل الطفل وسلوكياته .

- ولذا يفضل أسلوب تدريس المهارات الأساسية في المراحل المبكرة .

- يفضل أسلوب استراتيجيات التعلم في المستوى المتوسط والثانوي والوعي بالمهارات الاجتماعية والشخصية والمهنية مع دمجها .

5- بعض الأدوار الإضافية

- مسئوليات اختبارات التحصيل .

- مسئوليات الاستشارة .

- مسئولية كمصدر لباقي الكوادر .

- مسئوليات الانتقال والمساندة للطفل .

- مسئوليات أخرى في الاجتماعات وفريق العمل في تخصصات متعددة أو أي لجان أخرى .

ثانيا : طرق تدريس وتدريب الأطفال ذوي الإعاقة العقلية

هناك العديد من الطرق لتعليم وتدريب ذوي الإعاقة العقلية

1- طريقة تشكيل السلوك

أسلوب تشكيل السلوك من الأساليب المميزة في تعديل السلوك ويتضمن التشكيل استخدام التعزيز الايجابي والمحو وتكوين سلوك جديد ، فمن خلال التعزيز الإيجابي يؤدي التشكيل إلى زيادة تكرار الاستجابات المشابهة للاستجابات التي تم تعزيزها .

أما المحو فهو يؤدي إلى إضعاف الاستجابة ، وذلك من خلال التوقف عن تقديم التعزيز الذي كان يحافظ على استمرارية حدوثها في الماضي وهكذا فإن التشكيل (كونه يتضمن كل من التعزيز الايجابي والمحو)

ويقصد بأسلوب تشكيل السلوك ذلك الإجراء الذي يعمل على تحليل السلوك إلى عدد من المهمات الفرعية وتعزيزها حتى يتحقق السلوك النهائي ،ويتضمن تشكيل السلوك تعزيز الخطوات الفرعية والتي تقترب تدريجيًا من السلوك النهائي ، إذ يعمل تعزيز هذه الخطوات الفرعية على زيادة تكرارها حتى يتحقق السلوك النهائي ،وقد يتم استخدام هذا السلوك بشكل فعال مع الأطفال العاديين والمعاقين ، وفي تعليم عدد من المهارات التي يصعب استخدام أساليب أخرى من أساليب تعديل وتعليم السلوك التكيفي في معالجتها وتمثل مهارات – مثل مهارة القراءة والكتابة ، ومهارات الحياة اليومية ، ومهارات قيادة السيارات أو مهارة تشغيل جهاز التلفيزيون أو الفيديو (ناصر جمعة ، 246، 2011)

ومن إجراءات تشكيل السلوك

1- تحديد واختيار السلوك النهائي ، أو الهدف النهائي من استخدام هذا الأسلوب .

2- ملاحظة السلوك كيف يظهر غالبا.

3- تحليل السلوك المؤدي إلى السلوك النهائي إلى خطوات فرعية .

4- مفتاح التشكيل الناجح هو التعزيز في كل خطوة .

ويوضح ناصر جمعة (247، 2011) مثال تطبيقي لاستخدام أسلوب تشكيل السلوك في تعديل وتعليم الأطفال المعاقين عقليًا.

مهارة تنظيف الأسنان

الهدف النهائي : أن ينظف الطفل أسنانه باستخدام الفرشاة والمعجون وبدون مساعدة وبنسبة نجاح مقبول .

تحليل السلوك النهائي إلى خطوات فرعية

- أن يتوجه الطفل إلى المغسلة .

- أن يتناول الطفل الفرشاة من مكانها .

3- التواصل الكلي

وهي دمج كل ما سبق من لغة الإشارة والكلام وقراءة الشفاه وأبجدية الأصابع وغير ذلك .

- اقتراحات عملية لتدريس الأطفال المعاقين سمعيا :

1- يجب على المعلم أن يستحوذ على انتباه الطلاب عند التحدث إليه . ويجب على المعلم أن يتأكد أن الطالب الأصم يعرف مصدر المعلومات البصرية والسمعية جيدًا .

2- تحدث بصوت مسموع وبشكل عادي سرعة الكلام متوسطة ، أنظر بوجهك إلى وجه الطالب وتواصل معه بصريا ،ويجنب الحركة داخل الفصل الدراسي بسرعة .وحاول ألا تحجب وجهك وشفتيك عن الطالب بكتاب أو كراس أو بالنظر للسبورة أثناء الشرح .

3- استخدم المعينات البصرية إلى الحد الأقصى (الشفافيات والأقلام والسبورة وغيرها)

4- أعد صياغة العبارات وتأكد من فهم الطالب قبل أن تنتقل لعبارة أخرى .

5- شجع كل مهارات التواصل مع الطالب من كلام وقراءة شفاه وتهجئة أصابع وتواصل يدوي .

6- دع الطالب يجلس في المكان الذي يسمح له بالإفادة من المعلومات البصرية والطلاب الآخرين والمعلم .

7- عند تقديم المعلومات المهمة ، تأكد من فهم الطالب المعاق سمعيا لها ، فهناك حاجة إلى أن يقوم أحد الأشخاص بتكرار المعلومات التي تقدم عبر الإذاعة المدرسية أو الوسائل المسموعة الأخرى للتأكد من أن الطالب الأصم فهمها .

8- تعرف على المعينات السمعية فقد يكون باستطاعتك استبدال بطاريات السماعة الطبية أو خفض بعض أنواع الصوت ، وكن على معرفة بالتغيرات التي تطرأ على السمع بسبب الأنفلونزا أو التهابات الأذن أو الأمراض الأخرى . (جمال الخطيب ، مناهج وأساليب التدريس في التربية الخاصة، 2003)

رابعًا : طرق تدريس ذوي الإعاقة البصرية :

إن الإعاقة البصرية واحدة من المشكلات التي تواجه الإنسان فعندما يحرم الفرد منها كلياً أو جزئياً فإنها سوف تؤثر في خصائصه النفسية والعقلية والاجتماعية ويزداد حجم التأثير كلما ازدادت درجة الإعاقة، وبهذا تعد ظاهرة الإعاقة البصرية من الظواهر المنتشرة في عصرنا الحالي إذ يتفق العلماء على أن الإصابة بفقدان البصر يفسح المجال لظهور سمات شخصية غير سوية في شخصية الكفيف، لذلك ينبغي دراسة المتغيرات التي تؤثر على سلوك الفرد المعاق بصرياً، إذ يعد القلق من أبرز المشكلات النفسية التي يعاني منها المعاقون بصرياً ويمثل العدوان ظاهرة سلوكية ذات أخطار متشعبة على الفرد ذاته وعلى عائلته، وأن تكوين الشخصية بأبعادها المختلفة يتصل بمستوى الطموح. ومن المعلوم أن تدريس المعاق بصريا يتم في أكثر من وضع تعليمي منها ويتوقف ذلك على حالة الطفل شدة ضعف البصر أو تعدد الإعاقة أو غير ذلك من البدائل التربوية المقدمة لمعاق بصريا .

- الصف العادي أي دمج الطفل مع العاديين طول الوقت ويقوم معلم مستشار بتقدم النصح والإرشاد للمعلم العادي .

- غرفة المصادر حيث ينتقل الطفل من الصف العادي إلى غرفة المصادر لبعض الوقت .

- الصف الخاص حيث يجلس الطفل المعاق بصريا طوال الوقت في فصل خاص مجهزة خصيصا لحالته .

- المدرسة النهارية للمعاقين بصريا فقط

- المؤسسة الخاصة إقامة كاملة للتعليم وتطوير المهارات والحرف والتدريب .

ومن المهارات التي يجب التركيز عليها عند تعليم وتدريب الطفل المعاق بصريا

1- المهارات الإدراكية – الحسية :

لان الطفل يعتمد بشكل كلي على حاسة السمع بسبب الإعاقة البصرية لذلك يجب تقويم وتطوير كل من المهارات التالية

أ- المهارات السمعية من خلال:

- قياس حدة السمع

- تطوير التذكر السمعي واستعادة المعلومات المسموعة

ب- المهارات الحركية

الحركات الدقيقة والكبيرة لتأدية المهارات التعليمية المختلفة .

ج- مهارات اللمس

وهو قدرة الطفل على استخدام المعلومات التي يستقبلها من خلال حاسة اللمس .

د - استثمار القدرات البصرية المتبقية

ه- تطوير مهارات التنقل من خلال المرشد البصري ، والعصا البيضاء ،

و- تطوير مهارات التواصل

ويستخدم المعاق بصريا عدد من الأدوات في تدريبه على التعلم والقراءة والكتابة والتنقل منها

- نظام برايل

- آلات الكاتبة

- الكتب الناطقة

- مسجلات الأشرطة

- الدائرة التلفزيونية المغلقة

- أدوات التكبير

- جهاز كرزويل للقراءة .

وتقترح جير الدين شول (scholl,1986) عدد من الإجراءات لتعليم وتدريب المعاقين بصريا بغض النظر عن الوضع التعليمي أو طريقة التدريس المستخدمة

1- تذكر أن الوالدين أهم عنصر في حياة الطفل وأن تدخلك إنما هو تدخل مرحلي .

2- تذكر أن الخبرة الحقيقية أكثر فائدة للطفل من وصف الخبرة .

3- تذكر أن قدرة الطفل على التقليد وعلى التعلم التلقائي محدودة ولذلك فكثير من الأحداث تحتاج إلى توضيح .

4- يجب أن يتم التدريب على نحو وظيفي متسلسل .

5- خفف المساعدة التي تقدمها للطفل ليتعلم الاعتماد على نفسه .

6- كن ثابتًا واستخدم المصطلحات نفسها حتى لا تربك الطفل .

7- علم الطفل النشاطات في الأوقات المناسبة .

8- يجب أن تتصف بالتلقائية في تفاعلك مع الطفل .

9- اطرح القليل من الأسئلة وقدم الكثير من الأجوبة واستمع جيدًا .

10- خصص وقتا كبيرا للتواصل مع الطفل وزوده بالإثارة السمعية .

11- احتفظ بسجلات مناسبة حول نمو الطفل ونضجه .

12- زود الطفل بتغذية راجعة .

- التمييز السمعي للأصوات ، ودمج الأصوات.

رابعا : نصائح عامة في تدريس وتدريب وتأهيل الأطفال المصابين بالتوحد :

ذكر فادي شلبي في كتاب إعاقة التوحد المعلوم المجهول بعض النصائح التربوية المتضمنة لطرق وأساليب تدريس ومنها :

- قبل البدء برسم الخطوط العامة للخطة الفردية يجب على المدرسين وأولياء الأمور معرفة واكتشاف التصرفات والاهتمامات التي ينجذب إليها الطفل ، فإذا ما كان الطفل يبدي اهتماماً خاصاً بلعبة معينة ، أو شخص معين ، فذلك يفسح المجال أمامنا لتوظيف ذلك الاهتمام لحفز الطفل للقيام بما نريد

- يجب أن تحضر قائمة بتلك الاهتمامات وسوف أذكر بعض الأمور المهمة التي يجب معرفتها:

- التحفيز والتعزيز الغير مناسب

- يجب ألا نشجع الطفل على سلوك معين ، إذا ما كان حدوث ذلك السلوك فيما بعد يؤدي إلي إشكالات اجتماعية مثلاً (عندما ندرب الطفل على المصافحة باليد ، يجب تشجيعه على المصافحة إذا بادر أحد بمد يده، وليس بأن يكون المبادر بذلك ، بخاصة إذا ما كان الشخص غريبا وقد لا يقدر الوضع وربما هذا التصرف يزعج الآخرين

ويفسد علاقات الولد بمحيطه

- التحفيز والتعزيز المناسب

-إن مكافأة الطفل لحفزه على تكرار تصرفه في المستقبل ، وفي الوقت المناسب له دور أساسي في بناء سلوك الطفل أما إذا استمر ينا بتكرار تقديم تلك المكافأة دون الحاجة إلى ذلك ، فيمكن أن نؤدي إلى سلوك غير مقبول .

ملاحظة : يجب أن يراعى ذوق الطفل عند تقديم الحوافز المأكولة ويجب تنويعها ومن الأفضل الابتعاد عن السكريات.

-وضع الطفل في جو مريح

-يجب أن تكون قاعة التدريب مرتبة وجذابة وممتعة على أن لا تجعل منها مثارا للدهشة والتشتت. يستحسن وجود مواد أولية للعمل اليدوي من أجل دفع الولد إلى اكتشاف مزايا الأشياء بيديه

- عرض منتجات الأولاد

إن عرض منتجات الأطفال على جدران قاعة الدرس أو على لوحات خاصة في باحة المدرسة يعتبر من الحوافز القوية ومبعثا لسرور الولد وافتخاره .

- ضبط النفس

على ولي الأمر والمدرس المحافظة على الهدوء مهما حصل . عادة تكون ردة الفعل عنيفة عند الطفل إذا ما جاوبه بالصراخ . إن المرح في تلك الظروف أفضل بكثير - دون مكافأة طبعا .

- الحرص الزائد

يجب أن يفسح المجال للطفل بأن يعمل بحرية في مختلف النشاطات المدرسية ولكن بإشراف غير مباشر ،وذلك من شأنه أن يزوده بالثقة بالنفس وتحمل المسؤولية وذلك مع الحرص الزائد ومراعاة شروط السلامة.-

-التوجيه السهل والموجز

يجب أن تكون التعليمات المعطاة للطفل واضحة وعملية ، وان تكون بلغة بسيطة و موجزة وسهلة الفهم وتصف مقاييس السلوك المستهدف بدقة إن أداء الولد للسلوك

المستهدف يعتمد بشكل رئيسي على التوجيهات الدقيقة .

- إبداء الرفق والحنان .

فالتوجه إلى الطفل برفق وإبداء المحبة نحوه كإنسان كامل مهما كانت إعاقته يعتبر عاملا مهما في تعاون الولد ، فدفء العلاقة بين المدرس والطفل تجعل الطفل أكثر حيوية وأكثر اهتماما بأداء العمل المطلوب .

- يجب تجنب التمادي في الاحتضان والتقبيل لأن ذلك له مضاعفات غير مرغوب فيها في مرحلة الصبا والرجولة و علينا أن لا ندلل المعاق دلالاً زائداً .

- عدم التبذير في المواد .

مراعاة عدم التبذير في المواد واستعمال المواد المستهلكة ليست ذات قيمة مادية ولكن يمكن أن يكون لها قيمة تربوية . كاستعمال أوراق الجرائد المستعملة لتدريب الأطفال على تمزيق الورق باليدين أو قصه بالمقص واستعمال العلب الفارغة وغيرها .

- محاكاة الأطفال في كل مناسبة

ينصح باستعمال اللغة المناسبة ، والأصوات للتعبير عن الشعور مع الأطفال و خاصة مع الأطفال اللذين لا ينطقون جيداً . وأن التكلم مع الطفل بوتيرة واحدة يمكن أن يشد اهتمامه .

- اختيار المهارات المفيدة

ليس هناك من جدوى في إنشاء أبراج من المكعبات ، بل من الأفضل وضع هذه المكعبات بالتسلسل ، تدريب الطفل على إدخالها بثغرات مناسبة لحجمها وشكلها ، وذلك يمهد لتمكينه من إدخال يده في كم القميص وساقه في فتحة السروال

- تدريب أولياء الأمور أو المشرف المباشر .

ضرورة تعميم المناهج بين البيت المدرسة وتوحيدها وذلك عن طريق التنسيق المباشر وتدريب أولياء الأمور أو المشرف على الولد في البيت .

- مراعاة شروط التغذية .

من المهم تزويد الأطفال بالطعام والشراب المغذيين بدلاً من إغراقهم بالمواد عديمة الفائدة ، أن تقديم الحلويات والمرطبات الغازية و الأيس كريم لا يزود الطفل بغذاء

مفيد . ويستحسن عدم تقديم هذه المواد كحوافز . من الأفضل استبدالها بالفواكه الطازجة أو عصير الفواكه .

- تحمل المسؤولية.

يكتسب الطفل مهما كانت إعاقته نوعاً من المسؤولية إذا ما دربناه على تحملها كالحفاظ على نظافة الغرفة في البيت أو العناية الذاتية ونظافة طاولة الطعام في المدرسة

-توضيح الهدف عملياً   .

عند شرح كيفية القيام بعمل ما ، علينا إطلاع الطفل على الهدف من القيام بذلك مثلاً : يجب أن تعرف كيفية تعدل الحرارة الماء في المغسلة لكي لا تحرق يديك ووجهك عند غسلهما ، هيا نقم بذلك هيا ...

- التمثيل :

إن تأدية الأدوار والتمثيل تعتبر من أنجح الوسائل التربوية لحفز الطفل إلى تمثيل دوره الحقيقي في الحياة ومن المهم جداً تدريب الصغار على القيام بأدوار مختلفة من القصص الشعبية والأساطير ، كما يمكن أن يتدربوا على تأدية دور البوليس والأب والبطل والنجار والرسام والطبيب ، والطباخ والمدرس والخادم وقبطان الطائرة ونشرح له دور كل فرد وواجباته تجاه المجتمع. إن وجود مسرح دمى مهم جداً وذلك لما له من تأثير كبير في مزاج الصغار ورغباتهم .

- الموسيقى .

تؤدي الموسيقى دوراً كبيراً في تهدئة الأطفال أو في تحفيزهم على الحركة (الرقص) وأن الغناء يعتبر من أنجح الأساليب في التدريب على النطق ، إضافة إلى تأثير الموسيقى في الكثير من الأطفال بشكل إيجابي وخصوصاً الأطفال المصابين بالتوحد

- إهمال التصرفات السيئة .

علينا قدر المستطاع عدم إعطاء أي اهتمام ، حين يقوم الطفل بسلوك شاذ مثلاً : إذا ما اعتاد الطفل الثرثرة الزائدة ، نستطيع أن نخفف ذلك بعدم إعارته أي اهتمام حين يقوم بذلك لئلا نحفز الطفل على تكرار ذلك .

- الإبعاد.

يبعد الطفل المشاغب عن الصف أو قاعة الدرس ويوضع بمعزل عن الجميع لفترة قصيرة من الزمن على شرط إعلام الطفل عن أسباب إبعاده .

- ليكن المدرس مثلاً في تصرفاته .

إن الأطفال عادة ما يرغبون في تقليد أستاذهم ، فعلى المدرس أن يملك السلوك المقبول، خلال قيامه بالأكل بالكلام ، بالمشي بالحركات حتى بمظهره الخارجي وبعض الأطفال تروق لهم رؤية المدرس المثالي ، فيميلون إلي احترامه والانصياع لأوامره

كيفية وضع الأهداف في كل مرحلة تدريبية -:

يجب أن نكون واقعيين برسم الأهداف المطلوب الوصول إليها خلال كل مرحلة من مراحل التدريب ، فلا نضع أهدافا بعيدة المنال أو تستلزم مستوى أرفع بكثير من كفاءات الطفل مما يؤدي إلي خيبة الأمل للمدرس والطفل معا .

-التعليم تدريجياً .

يجب أن تجري برمجة موضوعية ، تطورية . ويجب اعتماد رزنامة لتطور الكفاءات الفردية يمكن استشارة اختصاصي في التطور لاستيضاح سلم الأولويات التطويري والتعرف على درجات التطور التدريجي ومراحله بوضع البرنامج بحيث يتمكن الطفل من النجاح بالخطوة المرسومة لينتقل للتدريب على الخطوة الأصعب

- المرونة في تنفيذ البرامج.

يجب مراعاة الأمور التي يمكن أن تطرأ خلال التطبيق العملي لبرنامج معين مثلاً : إذا ما أقدم الطفل على سحب صحن رفيقه خلال الوجبة يمكن إيقافه فوراً والشروع بتدريبه على التفرقة بين طعامي وطعامك ((مالي ومالك)) حتى لو اضطررت إلي تأجيل النشاط الذي كان من المقرر عمله بعد الوجبة إلي أن ننتهي من إيضاح تلك المعلومة ، وكثيراً ما نضطر إلى وضع البرنامج جانباً إلي فترة وجيزة لنتعامل مع تصرف سيئ وطارئ.

إن الظروف الطبيعية هي أفضل الظروف لتعليم الأطفال التصرف المناسب أما الظروف الاصطناعية فتكون غالبا أقل مساعدة على ذلك .

- توظيف الخبرات السابقة للولد.

إن البحث والسؤال عن الخبرات السابقة التي من الممكن أن يكون قد اكتسبها الطفل في البيت أو من مدرس آخر يجعل البرنامج أكثر فائدة وأفضل متعة الطفل ، ويمكن الحصول على معلومات عن طبيعة الخبرات السابقة من التقارير المدرسية أو المنزلية .

- عرض المهارة المراد تعلمها .

على المدرب أن يشرح التصرف المطلوب القيام به بالتفصيل وعرضه عملياً على الولد .

- الاستجابة الفورية .

بإظهار نتيجة سلوك الطفل فوراً بعد انتهائه من إنجازه وذلك بمكافئته فوراً بعد محاولة القيام بعمل معين بنجاح . وإذا ما لم يقم الطفل بإنجاز العمل المطلوب أو أنجزه خطأ ، يجب إيقافه من متابعة المحاولة و إبلاغهم عدم الرضا عما يقوم به وذلك بأي وسيلة يفهم بها ثم نقوم بعرض السلوك أو العمل أمام الطفل .

- الحماسة .

يجب إظهار الحماسة عند قيام الطفل بإحراز أي تقدم بما تتطلب منه من سلوك وان يبدو أحياناً تقدماً بسيطاً بالنسبة للمدرس هو خطوة جبارة بالنسبة للطفل .

- التصحيح .

إذا ما قام الطفل بتصرف سيئ(خلال اللعب) يجب عدم التعنيف أو الصراخ عليه ، بل يجب نهيه عما يقوم به وتوصيل الطريقة المثلى للعب ويمكن أن تكون باللعب معه.

- المظهر الخارجي .

علينا تدريب الطفل على حسن المظهر الخارجي ، بحيث يبدو طبيعيا قدر الإمكان وإذا ما كان مظهره وتصرفاته شاذة، ربما جعلته موضعاً للاستهزاء والسخرية خاصة من الأطفال .

- البرمجة الفردية الخاصة .

من المهم أن نأخذ بعين الاعتبار ، الفروق الفردية والمزايا المختلفة لكل طفل عن غيره ، يجب أن نرسم خطة فردية مناسبة لإمكانيات كل طفل بشكل منفرد .

- مراعاة مبادئ السلامة .

عند تدريب الطفل علينا الانتباه إلي احتمال حدوث أذى من جراء التدريب وذلك بعدم وضع أشياء حادة بين يدي الطفل أو استعمال مواد أولية ممكن أن تكون سامة إذا قام الطفل بتذوقها خلال العمل اليدو

- تعليمات تطبيقية

علينا تزويد الطفل بالمعلومات المتعلقة باستعمال المواد التي يراها أو بالتصرفات المناسبة في الوقت المناسب . كغسيل اليدين لدى الخروج من الحمام ، ويجب افتعال المواقف والتدرب عليها خلال ساعات التدريب . وعند التدرب على استعمال المعلقة والشوكة مثلاً ، يمكن دعوة ضيوف من الصفوف الأخرى ، وتطبيق التدريبات عملياً

- التقليد -:

يطلب من الطفل تقليد المدرس في حركاته لإتمام وظيفة ما ، ليكافأ الطفل إذا ما نجح في تقليد المدرس تدريجياً .

مثلاً : كأن يطلب من الولد تقليد المدرس في غسل اليدين وتنشيفها .

- استعمال المرايا لتعليم النطق

إن استعمال المرايا فكرة لا بأس بها لرؤية الحركات التي يؤديها الطفل ليعرف ماذا وكيف يعمل . إن المرايا تعد أداة أساسية في حصة تعليم النطق ، حيث يشاهد الطفل تفاصيل الحركات العضلية ويقارنها مع ما ينتج عنها من أصوات .

- مراعاة الخصوصيات- :

يجب أن نراعي خصوصيات المعاق فنسمح له بتمضية بعض الوقت وحيداً وعند تدريبه على التبول أو التبرز يجب مراعاة الخصوصية .

- الاختلاط مع الأطفال العاديين -:

من الأفضل أن يتم اختلاط الأطفال المصابين بالتوحد مع الأطفال العاديين من وقت للأخر للنجاح في تحقيق الاندماج للطفل .

البرامج التربوية المناسبة للطفل التوحدي :

هناك برامج تربوية مناسبة للطفل التوحدي منها:

1- **تيتش** **Treatment and Education of Autistic and Related** Communication Handicapped Children - TEACCH)

هو برنامج تربوي للأطفال التوحديين ومن يعانون من مشكلات تواصل ، وقد طوره الدكتور(إريك شوبلر) في عام 1972م في جامعة نورث كارولينا ، ويعتبر أول برنامج تربوي مختص بتعليم التوحديين وكما يعتبر برنامج معتمد من قبل جمعية التوحد الأمريكية.

هذا البرنامج له مميزات عديدة بالإضافة إلى التدخل المبكر فهو يعتمد على نظامSTRUCTURE TEACHING أو التنظيم لبيئة الطفل سواء كان في المنزل أو البيت حيث إن هذه الطريقة أثبتت أنها تناسب الطفل التوحدى و تناسب عالمه

من مزايا هذا البرنامج انه ينظر إلى الطفل التوحدى كل على انفراد ويقوم بعمل برامج تعليمية خاصة لكل طفل على حدة حسب قدراته الاجتماعية -العقلية -العضلية -واللغوية وبذلك باستعمال اختبارات مدروسة .

و برنامج تيتش يدخل عالم الطفل التوحدى و يستغل نقاط القوة فيه مثل اهتمامه بالتفاصيل الدقيقة وحبه للروتين . أيضا هذا البرنامج متكامل من عمر 3-18 سنة حيث أن تهيئة الطفل للمستقبل و تدريبه بالاعتماد على نفسه وإيجاد وظيفة مهنية له عامل جدا مهم.. لملا الفراغ .. وإحساسه بانه يقوم بعمل منتج مفيد .. قبل أن يكون وسيلة لكسب العيش.

إذن البيئة تعليمية لبرنامج تيتش بيئة تعليمة منظمة تقوم على المعينات والدلائل البصرية لكي يتمكن الطالب من التكيف مع البيئة لأنه يعاني بعضا من هذه السلوكيات :

-التعلق بالروتين .

-القلق والتوتر في البيئات التعليمية العادية

-صعوبة في فهم بداية ونهاية الأنشطة وتسلسل الأحداث اليومية بشكل عام .

-صعوبة في الانتقال من نشاط لآخر .

-صعوبة في فهم الكلام .

-صعوبة في فهم الأماكن والمساحات في الصف .

-تفضيل التعلم من خلال الإدراك البصري عوضا عن اللغة الملفوظة .

وتقوم البيئة التعليمية المنظمة على

-تكوين روتين محدد .

-تنظيم المساحات .

-الجداول اليومية .

- تنظيم العمل .

- التعليم البصري .

ويرتكز منهج تيتش التربوي على تعليم مهارات التواصل والمهارات الاجتماعية واللعب ومهارات الاعتماد على النفس والمهارات الإدراكية ومهارات للتكيف في المجتمع ومهارات حركية والمهارات الأكاديمية (http://www.teacch.com/)

2- برنامج لوفاس LOVAAS

هو برنامج تربوي من برامج التدخل المبكر للأطفال التوحديين لدكتور إفار لوفاس (Ivar Lovaas) وهو دكتور نفساني وبدأ رحلته في عالم التوحد في أواخر الخمسينات من القرن العشرين ، وقد بنى تجاربه على نظرية تعديل السلوك.

ويعتبر أول من طبق تقنيات تعديل السلوك في تعليم الأشخاص التوحديين.

ويقوم هذا البرنامج على التدريب في التعليم المنظم والتعليم الفردي بناء على نقاط القوة والضعف لطفل وإشراك الأسرة في عملية التعليم.

ويقبل الأطفال الذين شخصت حالاتهم بالتوحد ويعتبر العمر المثالي لابتداء البرنامج من سنتين ونصف إلى 5 سنوات وتكون درجات الذكاء أعلى من 40% ولا يقبل من هم أقل من ذلك، وقد يقبل لهذا البرنامج من هم في عمر 6 سنوات إذا لديه المقدرة على الكلام.

ويتم تدريب الطفل في هذا البرنامج بشكل فردي في حدود 40 ساعة أسبوعيا أي بمعدل 8ساعات يومياً، حيث يبدأ الطفل في بداية الالتحاق بالتدريب لمدة 20 ساعة وتزداد تدريجياً خلال الشهور القادمة حتى تصل إلى 40 ساعة أسبوعيا.

ومن طرق التعلم وأكثرها استخداماً لدى لوفاس التعزيز والتعليم من خلال المحاولات المنفصلة وبناء على ملاحظات لوفاس حول زيادة السلوك المرغوب بعد الحصول على التعزيز كشف برنامج لوفاس من استخدام المعزز ليس فقط للحد من السلوك السلبي

بل ليزيد أيضا من إمكانيات التعلم والتدريب للمهارات المختلفة.

حيث يحصل الطفل على شيء محبب له بعد قيامه بما يطلب منه مباشرة وبالكمية المناسبة للاستجابة وهذا بالطبع يشجع الطفل على الاستمرار بالتدريب والقيام بما يطلب منه.

ولاستخدام المعزز قوانين وإجراءات دقيقة ومفصلة ينبغي إتباعها كي يكون التعزيز أسلوبا فعالاً.

إما التعليم من خلال المحاولات المنفصلة فهو يتكون من ثلاثة عناصر أساسية:المثير والاستجابة وتوابع السلوك ومن خلال هذا الأسلوب يقوم المعلم بتعليم الطفل منهجا يشمل أكثر من 500هدف يتم ترتيبها من الأسهل للصعب.

حيث يعتبر السؤال الموجه للطفل مثير وإجابة الطفل استجابة وإعطاء الطفل شيء محبب له(قطعة شكولاته) عندما تكون إجابته صحيحة تعتبر توابع السلوك وتكرار هذه الطريقة لتعليم وتدريب الطفل على الكثير من المهارات.

ومن أهم الركائز لتطبيق برنامج لوفاس هي القياس المستمر لمدى تقدم الطفل في كل مهارة وذلك من خلال التسجيل المستمر لمحاولات الطفل الناجحة ومنها والفاشلة.

واهم المجالات التي يركز عليها لوفاس : (الانتباه - التقليد - لغة الاستقبال - لغة التعبير - ما قبل الأكاديمي -الاعتماد على النفس)ومع تقدم الطفل وتطور قدراته تزداد صعوبة الأهداف لكل مجال من المجالات السابقة وتضاف لها أهداف للمجالات الاجتماعية والأكاديمية والتحضير لدخول المدرسة. تتراوح مدة الجلسة الواحدة في برنامج لوفاس ما بين 60 -90 دقيقة للاطفال المبتدئين تتخلل الجلسة استراحة لمدة دقيقة أو دقيقتين كل 10 -15 دقيقة من التدريب وحين انتهاء الجلسة أي بعد 60 -90دقيقة يتمتع الطفل باستراحة أو لعب لمدة تتراوح ما بين 10 -15 دقيقة ويعود بعدها إلى جلسة أخرى وهكذا حتى تنتهي عدد الساعات المحددة للطالب يومياً ، وقد تطول مدة الجلسات للأطفال الغير مستجدين في البرنامج إلى 4 ساعات تتخللها فترات استراحة مدتها 1- 5 دقائق وتنتهي باستراحة مدتها 15 دقيقة.

(www.lovaas.com/index.html)

وذكر عبدالله الصبي بعض نصائح في برامج وطرق تدريس الطفل التوحدي ومنها أن التعليم والتدريب هما أساس العملية العلاجية لأطفال التوحد ، حيث إنهم يواجهون

الكثير من الصعوبات في المنزل والمدرسة ، بالإضافة إلى الصعوبات السلوكية التي تمنع بعض الأطفال من التكيف مع المجتمع من حولهم ، ولذلك يلزم وضع برنامج للتعليم خاص ومدروس ومناسب للطفل ، والذي بالتالي يؤدي إلى النجاح في المدرسة والحياة

والمقّوم الرئيسي لنوعية البرنامج التعليمي هو المدرس الفاهم ، كما أن هناك أمور أخرى تتحكم في نوعية البرنامج التعليمي ومنها:

1- فصول منظمة بجداول ومهمات محددة

2- المعلومات يجب إبرازها وتوضيحها بالطريقة البصرية والشفوية

3- الفرصة للتفاعل مع أطفال غير معاقين ليكونوا النموذج في التعليم اللغوي والاجتماعي والمهارات السلوكية

4- التركيز على تحسين مهارات الطفل التواصلية باستخدام أدوات مثل أجهزة الاتصالDevices

5- الإقلال من عدد طلاب الفصل مع تعديل وضع الجلوس ليناسب الطفل التوحدي والابتعاد عن ما يربكه.

6- تعديل المنهج التعليمي ليناسب الطفل نفسه ، معتمداً على نقاط الضعف والقوة لديه.

7- استخدام مجموعة من مساعدات السلوك الموجبة والتدخلات التعليمية الأخرى.

8- أن يكون هناك تواصل متكرر وبقدر كاف بين المدرس والأهل والطبيب . (عبدالله الصبي أطفال الخليج)

استراتيجيات للعمل مع التلاميذ ذوي التوحد من ذوي الأداء المرتفع

الإستراتيجيات المستخدمة مع التلاميذ ذوي التوحد من ذوي الأداء المرتفع كالتالي:

- كن أكثر اهتماماً بمهارات التفاعل الاجتماعي والمهارات الأكاديمية .

-صمم نظاماً للدرجات بحيث يعكس مدى التقدم الذي أحرزه الطالب. ناقشه مع الإدارة ووالدي الطالب.

-خصص للطالب أحد الأقران في الصف الدراسي لمساعدته على تنظيم العمل، وعمل الواجبات الدراسية وتدوين الملاحظات في وقت لاحق إذا دعت الحاجة.

-إذا كان بإمكان الطالب أن يتعاون، شجع العمل من خلال المجموعات.

-ركز على تطوير مهارات التواصل.

- ساعد الطالب على تعلم كيفية التعبير عن مشاعر عدم الرضا بشكل شفهي.

-زود الطالب بجدول يومي. إذا كان هنالك أية تغييرات في الجدول، وأبلغ الطالب بأسرع ما يمكن وأكد للطالب أن اليوم الدراسي سيكون على ما يرام .

-زود الطالب بقائمة الأنظمة والقوانين التي يجب إتباعها.

- أعط الطالب مجموعتين من الكتب، إحداهما للاستخدام المنزلي والأخرى للاستخدام المدرسي.

-جزء المهام إلى خطوات صغيرة مستقلة. وعندما يتقن الطالب إحدى الخطوات، انتقل إلى الخطوة التالية.

- وفر توجيهات وأمثلة لأية مهام يعتقد الطالب أنها صعبة.

- قم بزيادة عدد المهام التي على الطالب تنفيذها بشكل تدريجي.

-ركز على الشرح بالاستعانة بالمساعدات والأدوات البصرية للعمل الصفي الدراسي بدلاً من الشرح الشفهي لوحده .

-ركز على استخدام وتعزيز مهارات الحاسوب.

-سلط الضوء على المعلومات المكتوبة.

-أعرض مواقف واقعية حياتية.

-عرف الطالب بنقاط قوته.

-لا تعاقب الطالب على السلوك الذي يصعب السيطرة عليه .

- حاول الحصول على خدمات أي مساعد لمساعدة الطالب في تنظيم المهام اليومية إن أمكن.

- حدد جدولاً لمعالجة مشكلات النطق التي يعاني منها الطالب.

- قدم توصيات بإجراء علاج وظيفي وتهيئة وتدريب مهني للطلبة الأكبر سناً.

استراتيجيات للعمل مع التلاميذ ذوي التوحد من ذوي الأداء المنخفض

- حدد أسباب وضع الطالب في فصلك.

- احصل على خدمات مساعد معلم بحيث يقوم بتعليمية بشكل فردي (واحد- واحد) والذي
- يتحمل مسؤولية المحافظة على الأداء اليومي والسلوك المناسب للطالب.
- اطلب عدم إرسال الطالب إلى المدرسة إذا كان المساعد غائباً. ولا تقبل مساعداً بديلاً .
- ابلغ والدي الطالب إذا كنت تخطط للتغيب عن المدرسة .
- استعرض مع المعلم المساعد - بشكل دوري - سلوك الطالب ومدى تقدمه. ولا تخشى من النقد البناء عند التعامل مع المعلم المساعد.
- اعمل مع إدارة المدرسة ووالدي الطالب على وضع نظام للدرجات والذي يعكس مدى التحصيل الذي أحرزه الطالب.
- لا تعتبر عملية إكمال العمل الصفي أو الاحتفاظ بالتعلم هدفاً رئيسياً.
- ركز على توفير مناهج فعالة.
- شجع على التفاعل بين الطالب وزملائه.
-أشرك الطالب في عدة أنشطة صفية من تلك التي يستطيع الطالب التعامل معها.
-قم بتأسيس روتين للعمل.
-تجنب إرهاق الطالب. وأظهر للطالب أحد الأمرين التاليين (أداء ما يجب عمله أو إخباره فقط بما يجب عمله). ولكن لا تقم بكليهما في نفس الوقت. فربما يكون الطالب قادراً فقط على تقبل مجموعة واحدة من المثيرات في وقت واحد.
- اجعل التعليمات واضحةً قدر الإمكان. واعرض صوراً إذا كان بالإمكان .
-جزء المهام إلى خطوات صغيرة مستقلة. وعند إتقان إحدى الخطوات، انتقل إلى الخطوة التالية. ولا تسمح بتراكم المهام التي لم يتم إنجازها.
-قم بتطوير مهارات تواصل لغوية تعبيرية لفظية، واعمل على تطوير لوحات تواصل، وطرق تواصل بديله أيضاً مثل لغة الإشارة أو أية وسيلة أخرى.
-ركز على التعزيز من خلال استخدامه كحافز في المراحل الانتقالية للتعلم ولاتحاول إزالتها

-حاول استبدال السلوكيات النموذجية (التصفيق باليدين، الركل..الخ) بسلوكيات ملائمة أكثر وأكثر تواصل مقبولة.

-حاول استبدال سلوكيات التصرف بشكل غير مقبول وسلوك إيذاء الذات بسلوكيات تواصل أخرى مناسبة.

-أطلب، ولكن لا تتوقع دائماً، بأن يكون السلوك متناسباً مع المرحلة العمرية.

-عزز جميع حالات النجاح.

-إذا لم تكن عملية الدمج ناجحة، فاطلب من الإداري دعوة موظفين آخرين لتعديل الخطط الأصلية أو تغيير مكان الطالب . (نايف الزارع ، تعليم الأطفال التوحديين،2007)

المراجع

1- سعيد إسماعيل على : التربية الإسلامية ، المفهومات والتطبيقات ، ط3 ، مكتبة الرشد ، الرياض ص22،

2007

2- فتحية الفزاني وآخرون : أصول التربية الإسلامية ، دار الخريجي للنشر الرياض ،2004،ص 23

3- جمال الخطيب ، مناهج وأساليب التدريس في التربية الخاصة ،متبة الفلاح ، الكويت ، 2003 ،ص420

4- http://www.teacch.com/

5- www.lovaas.com/index.html

6- عبدالله الصبي :علاج التوحد موقع أطفال الخليج

7- إيهاب الببلاوي : مناهج وطرق تدريس ذوي الاحتياجات الخاصة . دار الزهراء ،2011

8- بطرس حافظ : صعوبات التعلم النمائية والأكاديمية : دار الزهراء ،2008

9- فاروق الروسان : قضايا ومشكلات في التربية الخاصة ، دار الفكر ، الأردن ، 2009

10- فادي رفيق شبلي : إعاقة التوحد المعلوم المجهول ، الكويت ، 2001

11- نايف الزارع ،تعليم التلاميذ التوحديين في برامج الدمج. ورقة عمل مقدمة لليوم العالمي للتوحد،

الاكاديمية الأردنية للتوحد. عمان. الأردن. 2007

12- ماجدة السيد عبيد : تعليم الأطفال ذوي الحاجات الخاصة (مدخل إلي التربية الخاصة) ،دار صفاء

عمان ،الأردن ،200،ص56

13- ايهاب عبدا لعزيز الببلاوي: توعية المجتمع بقضايا الإعاقة (الفئات الأسباب الوقاية)، دار الزهراء

، الرياض ،2006 ،ص16

14- منى السبهاتي : صعوبة تحديد حدوث الإعاقة لدى الأطفال قبل دخول المدرسة، جريدة الشرق الأوسط ، الجمعة 18 رمضان 1426 هـ 21 أكتوبر 2005 العدد 9824

15- محمد عبد العليم مرسي ، الأصول الإسلامية للتربية ، القاهرة00 20

16- وائل محمد مسعود : الأجهزة التعويضية والوسائل المساعدة لذوي الاحتياجات الخاصة ،دار الزهراء الرياض ،2009 ،ص65

17- إبراهيم أمين القريوتي : سيكولوجية المعوقين سمعيا ،مكتبة الإمارات العين 1994

18- عبد العزيز الشخص ،زيدان السر طاوي ، تربية الأطفال المراهقين والمضطربين سلوكيا ،دار الكتاب الجامعي ، الأمارات العربية المتحدة 1999

الفصل الخامس

الاتجاه نحو الدمج

- تعريف الاتجاه

- أنواع الاتجاهات نحو الدمج

- بعض الدراسات عن الاتجاهات نحو برامج الدمج

يهدف هذا الفصل إلى

1- تحديد المقصود بالاتجاه

2-أن يعرف الدارس الاتجاهات المختلفة نحو دمج المعاقين

3- أن يتعرف الدارس على أسباب الاتجاهات السلبية نحو الدمج

4- أن يتم تأصيل الاتجاه نحو الدمج بعدد من الدراسات الأكاديمية المعنية بقياس وتغيير الاتجاه

أولاً: تعريف الاتجاه.

تعددت واختلفت تعاريف الاتجاه ويوجد أكثر من توجه لتعريف الاتجاه فعلى الرغم من أهمية هذا المفهوم وكثرة تداوله فإنه لا يوجد اتفاق بين المشتغلين في الميدان حول تعريفه وتناوله إجرائيًا." وقد أحصى اجزين وفيشابين حوالي 500 تعريفًا إجرائيًا للاتجاه, تختلف عن بعضها تمامًا وتبين لهما أنه حوالي 70% من 200 دراسة تم تعريف الاتجاه فيها بأكثر من معنى ") Mcguine w.Attitude change, in (Lindzey, Earonsan 1985

ومن تعريفات الاتجاه:

1- أنه تنظيم من المعتقدات له طابع الثبات النسبي حول موضوع أو موقف معين, يؤدي بصاحبه إلى الاستجابة بشكل تفصيلي(عادل حسين 1988) ويلاحظ أن هذا التعريف ركز على الجانب المعرفي.

2- الاتجاه هو استعداد نفسي (عقلي/ وجداني) مكتسب, نسبي في ثبوته عاطفي في أعماقه, يدفع الفرد بقبول أو رفض فكرة دمج ذوي لاحتياجات الخاصة في المدارس العادية . (المركز القومي للبحوث التربوية 2000(

ثانيًا: أهمية الاتجاهات:

إن اتجاه الأفراد وميلهم سواء كان عاطفيًا أو سلوكيًا, أو معرفيًا تجاه قضية من القضايا, أو موضوع من الموضوعات, أو موقف من المواقف من العوامل المؤثرة في قبول أفراد المجتمع لهذا الموضوع أو رفضه. فإذا كان الاتجاه العام نحو قضية بالإيجاب فإن ذلك يؤدى إلى تأثير باقي الأفراد بهذا الاتجاه؛ وإذا كان بالسلب فإن ذلك يؤثر في نجاح هذه القضية – General Education Theacher Attitude Regarding the) use in their classes2006)

وإذا كان القائمون على الموقف لهم تجاه معين إزاء هذا الموقف أو الموضوع فإن الجميع يتأثرون بهذا الاتجاه.

ودراسة اتجاهات الأفراد نحو المعوقين لها مكانة خاصة, لاسيما لدى الذين يلعبون أدوارًا مؤثرة في حياتهم وذلك لما لهذه الاتجاهات من تأثيرات إيجابية أو سلبية في اتجاهات المعاقين, إزاء أنفسهم. وعلى نمط الخدمات والبرامج التي تقدم لهم(عبد المطلب القريوتي 1995)

وهناك ثلاثة اتجاهات نحو دمج ذوي الاحتياجات الخاصة مع العاديين:

الاتجاه الأول:

وأصحاب هذا الاتجاه يعارضون الدمج بشدة, حيث إن وجهة نظرهم أن يتعلم المعاقون في مراكز ومعاهد خاصة بهم لإبعادهم عن التطاحن والتنافس مع تلاميذ عاديين ولأن هذه المراكز تقدم للتلاميذ من ذوى الاحتياجات الخاصة كافة ما يحتاجون إليه من خدمات وأساليب تربوية مناسبة لهم, وبسبب كثرة المعوقات التي تواجه برامج الدمج . من مناهج وامتحانات لا تتناسب مع قدرات وإمكانيات الطفل من ذوى الاحتياجات الخاصة ،إلي نقص فى القوانين والتشريعات المؤيدة لبرامج الدمج إلي غير ذلك من المعوقات.

الاتجاه الثاني:

وأصحاب هذا المبدأ يؤيدون الدمج, لما له من إيجابيات في تعديل سلوكيات المجتمع نحو المعاقين, وبالتالي يتخلص المعاق من عزلته ومن الوصمة التي كان يوصم بها المعاق من عجز وقصور،ولأن الدمج يساعد على التقبل الاجتماعي لذوى الاحتياجات الخاصة والتعاون بينه وبين أقرانه من العاديين.

الاتجاه الثالث:

ويرى أصحاب هذا الاتجاه بأنه من المناسب المحايدة والاعتدال وضرورة عدم تفضيل برنامج على آخر, بل أن هناك فئات ليست من السهل دمجها ومن الأفضل تقديم الخدمات الخاصة بهم من خلال مؤسسات خاصة بهم. وهذا الاتجاه يؤيد دمج الأطفال ذوي الإعاقات البسيطة أو المتوسطة في المدارس العادية ويعارض فكرة دمج الإعاقات الشديدة ومتعدد الإعاقة. ومن خلال البحث وجدت الدراسة أن كثيراً من الدراسات التي طبقت على عينات مختلفة من أولياء أمور التلاميذ العاديين وذوى الاحتياجات

الخاصة والمديرين والمسئولين عن التعليم والمدرسين, والأخصائيين في كثير من دول العالم يؤيدون الدمج التربوي ومن هذه الدراسات دراسة (K Saliva Efvoshi and other's" Attitudes of Greek parents of primary school)

في اليونان ودراسة في أسبانيا وفي الولايات المتحدة الأمريكية وغيرها من الدراسات التي طبقت على البيئة العربية مثل دراسة علاء كفافي ودراسة نجيب خزام ودراسة محمد عبد الغفور وغيرها من الدراسات وهناك بعض الدراسات أوضحت أن بعض أولياء الأمور والمعلمين في البداية يرفضون فكرة الدمج نهائيًا, ولكن مع وضع برامج تدريبية لإدارة وتطبيق الدمج ومع وضع برامج للتوعية ومع زيادة الخبرة التربوية, تزداد لديهم القناعة بأهمية الدمج (- Tsofi timer: A study of school head ship in the context of inclusion of learning)

وأيضًا كثير من المدرسين تتغير اتجاهاتهم نحو الدمج؛ قبل الخدمة تكون اتجاهاتهم سلبية, وتتحول إلى اتجاهات إيجابية بعد الخدمة, لما يلاحظونه من إيجابيات أكثر من السلبيات, وبسبب نقص الخبرة والمعرفة عند هؤلاء المدرسين قبل العمل في مدارس الدمج أشارت بعض الدراسات في نتائجها, أن الأدبيات التي كتبت عن موضوع الدمج تلعب دورًا إيجابيًا في زيادة الاتجاه الإيجابي نحو دمج ذوي الاحتياجات الخاصة, لأن هذه الأدبيات أظهرت أن دمج ذوي الاحتياجات الخاصة, وخاصة الإعاقات البسيطة أفضل بكثير من عزلها.

وأجرت إيمان الكاشف وعبد الصبور منصور 1998 دراسة تقويمية لتجربة دمج الأطفال ذوي الاحتياجات الخاصة مع الأطفال العاديين بالمدارس العادية في محافظة الشرقية, وأسفرت الدراسة عن العديد من النتائج أهمها هو وجود اتجاه سلبي نحو دمج المعاقين والموافقة على أن أفضل أسلوب تعليم وتعلم للمعاقين هو في مدارس مستقلة خاصة بهم. كما أسفرت عن رفض الأطفال العاديين فكرة دمج الأطفال المعاقين معهم في فصل واحد أو حتى في الاشتراك معهم في حصص الأنشطة المدرسية(إيمان الكاشف 2003,

وهناك العديد من الدراسات التي عملت على قياس الاتجاه نحو الدمج سواء أكانت اتجاهات ايجابية أو اتجاهات سلبية وهناك عدد كبير من الدراسات التي اهتمت بطرق وأساليب تغيير الاتجاه نحو الدمج نحو الدمج وفي هذا الجزء سيتم تناول بعض الدراسات ومنها :

1- دراسة سيكنغ وثيوبالد التي استهدفت تقييم اتجاهات معلمي التربية الخاصة ومعلمي المدارس العادية إلى أن (40%) منهم يفضلون دمج المعاقين إعاقة بسيطة .

2- دراسة فتلر وفالنتينا استعداد 129 معلما من معلمي المرحلة الابتدائية لتدريس الأطفال المتخلفين عقليا القابلين للتعلم في الصفوف العادية ومن النتائج التي أكدت عليها الدراسة حاجة المدرسين للمعارف والخبرات الضرورية لتدريس تلك الفئة .

3- دراسة شوتل وآخرون التي استهدفت التعرف على اتجاهات معلمي المدارس العادية نحو دمج فئات الإعاقة المختلفة والمتمثلة بالتخلف العقلي والمضطربين سلوكيا وصعوبات التعلم إلى أن المعلمين يرغبون بدمج الأطفال الذين يعانون من صعوبة تعليمية بدرجة أكبر من دمج الأطفال المعاقين عقليا .

4- دراسة موريس وآخرون لاتجاهات 220 طالبًا من طلاب جامعة منسوتا عن اتجاهات أكثر سلبية نحو دمج الأطفال المضطربين سلوكيا مقارنة بالإعاقة الجسمية وأظهرت كذلك اتجاهات إيجابية نحو دمج الأطفال المعاقين سمعيا ولم تظهر الدراسة فروقا ذات دلالة إحصائية في الاتجاه نحو دمج المعوقين تبعا لمتغير الجنس والعمر والمعرفة .

5- دراسة بيير في تقييمها لأثر المعلومات والتدريب الذي يتلقاه المدرسون أثناء الخدمة على اتجاهاتهم نحو دمج الأطفال المضطربين سلوكيا في الصفوف العادية عن وجود تغير دال في اتجاهات المجموعة التجريبية المؤلفة من 16 مدرسًا نحو دمج المضطربين سلوكيا قبل وبعد برنامج التدريب .

6- دراسة ديسون وكابو وبينت عدم وجود فروق بين اتجاهات المعلمين ذوي الخبرة في العمل مع الأطفال المعوقين ، والمعلمين الذين لم يمروا بتلك الخبرة ، حيث تبين أن 76% من المعلمين العاملين مع الأطفال المعاقين يفضلون دمجهم في المدارس العادية دون

تحفظ ، في حين كان جميع المعلمين الذين لم يعملوا مع المعاقين نهائيا يفضلون دمجهم مع العاديين دون تحفظ ودلت الدراسة أيضا أن للمعرفة الشخصية للمعلمين العاملين في المدارس العادية أثر على تقبلهم لدمج المعاقين

7- تعارضت نتائج دراسة رميل مع ما توصلت إليه دراسة ديسون وكابو حيث أشارت إلى أن المعلمين الذين لم يسبق لهم معرفة المعاقين قد عارضوا بشدة العمل معهم وفضلوا العمل مع الأطفال العاديين ، وفي حين أبدى المعلمون الذين سبق لهم معرفة المعاقين والتفاعل معهم رغبة في العمل معهم .

8- أوضحت دراسة لارفي بأن المعارف والمعلومات التخصصية بالإضافة إلى التدريب الفعال ذات أثر في تغيير الاتجاهات نحو تربية وتدريس الأطفال المعاقين في المدارس العادية ، حيث عملت الباحثة مع 941 مدرسا لمدة عام ووجدت أن 95% من المعلمين الذين تلقوا معلومات متخصصة وتدريبا فعالا يرون ضرورة تقديم الفرصة للطلاب المعاقين للتعلم ضمن أقل البيئات تقييدا,

9- دراسة الموسى ويرى أن موضوع تربية وتعليم الأطفال المعاقين بصريا في المدارس العادية يعتبر من أهم القضايا التربوية في مجال الإعاقة البصرية ذلك أنه يمثل خيارا تعليميا من شأنه أن يخلق بيئة تربوية خالية إلى حد كبير من القيود الأكاديمية والاجتماعية والنفسية حيث يستطيع فيها الطفل المعاق بصريا من أن يحقق أسمى طموحاته ويستعمل أقصى قدرته كما أن هذه البيئة تهيئ الفرصة للأطفال المعاقين بصريا والأطفال العاديين أن يسيروا أغوار بعضهم البعض ، وأن يتعرف كل جانب على إمكانات وقدرات الجانب الآخر بشكل صحيح مما يؤدي إلى تكوين الاتجاهات الصحيحة تجاه بعضهم البعض ، فهو يرى بأن دمج الأطفال المعاقين بصريا في المدارس العادية ليس غاية في حد ذاته بقدر ما هو وسيلة تهدف إلى تسهيل مهمة المعاق بصريا وإلى تعزيز الدور الاجتماعي الذي يضطلع به في الحياة وقد استعرض الباحث في دراسته أهم أنظمة تقديم الخدمات في مجال الاعاقة البصرية المتمثلة ببرنامج المعلم المتجول وبرنامج غرفة المصادر وبرنامج المعلم المستشار مع تحديد أهم الايجابيات والسلبيات في كل برنامج .

10- ومن النتائج التي توصلت إليها دراسة السرطاوي وزملائه التي هدفت إلى التعرف على أراء المعلمين والمديرين في المدارس الابتدائية ومعاهد التربية الخاصة في مدينة الرياض نحو نمط الخدمة التربوية المفضلة للمعاقين ونحو دمجهم وعلاقة ذلك ببعض المتغيرات المتمثلة بفئة الإعاقة والجنس والمستوى التعليمي وسنوات الخبرة وطبيعة العمل وذلك في عينة اشتملت على 2582 مدرسا ومديرا :

1- تعتبر المراكز الداخلية أكثر أنماط الخدمة التربوية مناسبة للأطفال المعاقين عقليا في حين أشارت النتائج إلى أن المراكز النهارية هو النمط المناسب للمعوقين سمعيا وبصريا وحركيا ، وقد رأى ما نسبته 10% تقريبا بأن دمج الطلاب المعاقين حركيا في الصفوف العادية يعتبر أفضل البدائل التربوية لتعليمهم ، في حين كانت 2,5% و1,6% للمعاقين بصريا والمعاقين سمعيا على التوالي .

2- هناك أثر ذا دلالة إحصائية لمتغير سنوات الخبرة والمستوى التعليمي والجنس على مدى تقبل دمج الأطفال المعاقين في المدارس العادية في حين لم تظهر النتائج أثرا لمتغيري طبيعة العمل ومكان العمل على الدمج .

11- دراسة الدماطي والشناوي لأنماط الاتجاهات نحو المعاقين بدنيا لدى طلاب جامعة الملك سعود وبعض المدرسين ومدى التقبل الاجتماعي لدى عينة بلغت (485) طالبا نحو مجموعة من حالات الإعاقة فقد أسفرت النتائج عن ايجابية نسبية في اتجاهات الطلاب المتخصصين في تربية وتعليم المعاقين كما أسفرت عن غياب عنصر التباين الفارق بدرجة دالة بين اتجاهات الغالبية العظمى في المجموعات المشاركة في الدراسة مما يوحى إجمالا بشيوع عنصر اتجاهي فيما بينهم ، انطلقت منه اتجاهاتهم جميعا نحو المعاقين بدنيا ألا وهو اتجاهات المجتمع في إطاره العام نحو المعاقين عموما . وفي مجال التعرف على مدى التقبل الاجتماعي الموجود لدى مجموعة الطلاب المتخصصين في التربية الخاصة لمجموعة من حالات الإعاقة (المتضمنة في مقياس الاتجاهات نحو الدمج) فقد جاءت مرتبة كالتالي مرض السكر كف البصر ، ثقل سمعي شديد ، ضعف بصري شديد ، النطق والكلام والصمم التخلف العقلي الصرع.

أما مجموعة الطلاب غير المتخصصين فقد جاء تقبلها لمجالات الاعاقة وفق الترتيب التالي مرض السكر ، ضعف البصر، ثقل سمعي ، كف بصري ، النطق والكلام ، الصمم ، الصرع ، التخلف العقلي .

12- دراسة عبدا لعزيز الشخص يرى أن إلحاق الطلاب المعاقين بدرجة بسيطة بالفصول العادية مع إمدادهم بخدمات التربية الخاصة مثل أسلوب التعليم الفردي أو حجرة المصادر أو غيرها من الأساليب يعود عليهم بالنفع الكبير في الجوانب الأكاديمية والجوانب الشخصية المختلفة إذا قورن بإيداعهم في فصول خاصة طوال الوقت ، أو إلحاقهم بالفصول العادية دون تقديم خدمات خاصة لهم فعلى الرغم من أن اهتمام الباحثين يوجه إلى كل فئات المعاقين تقريبا إلا أن فئات الإعاقة البسيطة المتمثلة بالمتخلفين عقليا بدرجة بسيطة ومن يعانون من صعوبات في التعلم ومن يعانون من اضطرابات سلوكية بسيطة ممن يشكلون نسبة كبيرة من الطلاب المعوقين الذين عزلوا في مؤسسات أو مدارس خاصة هي من يتوجب دمجها في المدارس العادية .

13- وقد توصل عبدالجبار من خلال دراسته لتقبل المداره والمعلمين لدمج الطلاب المعاقين دمجا شاملا في المدارس العادية في عينة بلغت (221) مديرا ومدرسا إلى وجود فروق دالة في اتجاهات المدراء والمعلمين نحو الدمج الشامل نتيجة لمتغير الجنس حيث كانت اتجاهات المعلمات والمدراء أكثر ايجابية من اتجاهات المعلمين الذكور وكان لمتغير القرابة أو الصداقة مع الأشخاص المعاقين أثر دال أيضا حيث كانت اتجاهات من لهم قرابة أكثر ايجابية نحو الدمج الشامل في حين لم يظهر لمتغيرات الدراسة العادية وقد تمثلت تلك المتغيرات بالعمر وسنوات الخبرة والمستوى التعليمي والمرحلة التعليمية ودراسة مقررات في التربية الخاصة وطبيعة العمل بالإضافة إلى مستوى المعرفة حول الطلاب المعوقين بصريا وسمعيا والمتخلفين عقليا.

وأخيرا الاعاقة الجسمية .وقد أظهرت الدراسة بأن اتجاهات المدراء والمعلمين نحو الدمج الشامل مقبولة إلى حد ما وكانت الاتجاهات نحو الإعاقات الجسمية أكثر ايجابية في حين كانت سلبية نحو دمج المتخلفين عقليا .

ومن الدراسات التي اهتمت بتغيير الاتجاهات السلبية نحو الدمج دراسة (عبدالباقي محمد 2012) غير منشورة وهدفت الدراسة لمعرفة اثر تدريس مقرر تربية غير العاديين في مدارس العاديين على تغيير اتجاه طلاب المستوى الخامس قسم التربية الخاصة كلية التربية جامعة المجمعة نحو الدمج وقام الباحث بعمل استبانة تم تطبيقها على طلاب المستوى الرابع من قسم التربية الخاصة والذين لم يدرسوا مقرر ثم قام بتطبيق نفس الاستبانة على طلاب المستوى الخامس ممن درسوا المقرر وكانت نتائج الدراسة وجود فروق دالة إحصائية بين اتجاه طلاب المستوى الرابع والمستوى الخامس تجاه برامج الدمج لصالح طلاب المستوى الخامس ومما يذكر أن الباحث استخدم العديد والعديد من البرامج وورش العمل لتغيير اتجاه طلاب المستوى الخامس نحو برامج الدمج منها :

1- عمل زيارات ميدانية لمدارس الدمج المختلفة

2- عرض نماذج ناجحة لعدد من الطلاب المدمجين في برامج الدمج المختلفة

3- عرض تجارب الدول الناجحة في برامج الدمج ومنه الولايات المتحدة الأمريكية وأنجلترا والنمسا وغيرها

4- القيام بعمل ورش عمل وحلقات نقاشية لتوضيح فوائد الدمج للطفل المعاق والطفل السليم وفوائده كذلك لأسر الطفل المعاق والطفل العادي وفوائد الدمج كذلك بالنسبة للمعلمين و للمجتمع ككل وتم عرض ايجابيات الدمج من الناحية الأكاديمية والناحية الاجتماعية والناحية الاقتصادية وغيرها من النواحي المختلفة

ونخلص مما سبق إلى أن الاتجاهات نحو الدمج متباينة بين مؤيد, ومعارض, ومتردد. وأن كانت كثير من الدراسات في الفترات الأخيرة بل الغالبية فيها تعتقد أن الدمج في الفصل الدراسي العادي ملائم, وهو الأسلوب الأفضل للمعاق ويجب أن تتاح برامج الدمج لكافة الإعاقات, ويجب أن يؤخذ القرار بناءً على احتياجات الطفل وأقرانه وعلى قدرة النظام على تلبية تلك الاحتياجات.

المراجع

1- Mcguine w.Attitude change, in Lindzey, Earonsan (eds) the hand book of social psychology, vol 2 pp 232-340-NEW YORK Random House 1985

2- Rokeach,M: Belief's, Attitudes and values: Atheary of organization and changes, San Francisco. Jossey Boss 1976 p 112. نقلاً عن عادل حسين: قياس اتجاهات طلاب المرحلة الثانوية نحو النشاط المدررسي دراسة مقارنة, المركز القومي للامتحانات والتقويم التربوي, المؤتمر الدولي الخامس, مركز الإرشاد النفسي, جامعة عين شمس 1-13 ديسمبر 1998 ص765.

3- المركز القومى للبحوث التربوية: آليات دمج ذوي الاحتياجات الخاصة, مرجع سابق ص21.-

4- General Education Theacher Attitude Regarding the use in their classes of assistive. Tecnoloy, by students with learning disabilities.htt:// www. electronic. Journal of inclusive education inter html, 2/5/2006

5- عبد المطلب القريطي: اتجاهات طلاب كلية التربية نحو المعوقين, **مجلة معوقات الطفولة** العدد 1 سنة 1993 ص20.-

6--K Saliva Efvoshi and other's " Attitudes of Greek parents of primary school children without special education Needs to inclusion" . European journal of special Needs Education,Volume22.No3.p295-.313. 2007 http://www.aric.org2/6/2007 -

7- Tsofi timer: A study of school head ship in the context of inclusion of learning disabled student's. as perceivel by school staff in mainstream secondary schools in Israel telaviv university p1-15. 2003.http:// www.Electronic. Journal. Of inclusive education, 2/5/2006

8- أيمان الكاشف ، عبدالصبور منصور ،دراسة تقويمية لتجربة الدمج في مصر،2003

9- Rand, Y. and Rauschenberg: In mazurka and weir. Ma. Comparative studies in special education Gallaudet university press Washington.1998

10- Richard w.Brimer: students with sever disabilities. Current perspective and practices. (California My field publishing company 1990) .

11-Rokeach,M: Belief's, Attitudes and values: Atheary of organization and changes, san Francisco. Josses Boss pod 1976 .

12- Specialro. Dgiuing Viewing , Roskilde – Country , Services To young Children with Sever Disabilities . Steps . Stories ,or inclusion in early childhood education – UNESCO – France – 1998.

الفصل السادس

كفايات معلم الدمج

- المقصود بالكفاية

- الكفايات الخاصة بمعلم التربية الخاصة .

- الكفايات الخاصة بمعلم التربية الخاصة في برامج الدمج

- الكفايات الخاصة بالمعلم العادي في برامج الدمج

يهدف هذا الفصل إلى :

1- يتعرف الدارس والقارئ على المقصود بالكفاية وأنواعها

2- يتعرف الدارس على الكفايات الخاصة بمعلم التربية الخاصة

3- يتعرف الدارس على الكفايات الخاصة بمعلم التربية الخاصة في برامج الدمج

4- يتعرف الدارس على الكفايات الخاصة بالمعلم العادي في برامج الدمج

كفايات معلم الدمج

من المعلوم أن برامج الدمج استحدثت أدوارًا جديدة للمعلم ، سواء أكان معلم تربية خاصة أو معلم عام ، والمعلم لا يستطيع أن يمارس أدواره إلا إذا تمكن من إتقان مجموعة من الكفايات الأساسية والتي بدونها يمكن أن ينحصر دوره في تلقين المعلومات ،فالمعلم مطالب بمسايرة التغيير والتطور باستمرار ، حيث إن نموه في المهنة مرتبط تمامًا بنموه العلمي والمهني ،ومن هنا فإن دور المعلم الكفء القادر على توجيه وقيادة العملية التربوية يبرز من خلال قيامه بالجمع بين النظرية والتطبيق وذلك بتوصيل الممارسات التطبيقية والعلمية للتلاميذ من خلال العملية التعليمية ، ولهذا أصبح الاهتمام بتنمية كفاءات المعلمين وتطويرها أحد أهم الاتجاهات الحديثة في مجال العملية التربوية ، كما أصبح الاهتمام مركزًا على (العائد من التربية) وموجهًا إلى المهام الوظيفية للمعلم وتحليلها وتقويمها وإعداده للقيام بها (نعمت ، 1989، 346)

ومصطلح الكفايات له معان متعددة منها على سبيل المثال :

- هي عبارة عن مجموعة معارف ومهارات تدريسية تجعل مدرس المرحلة الثانوية العامة قادرًا على أداء مهنته ضمن مواصفات مناسبة تستطيع كلية التربية تكوينها لدى طلابها. (جمال وصباح ،1987، 278)

- هي القدرة على التمكن من المعلومات ، والمهارات ، والاتجاهات ، أو القدرة على عمل شيء أو إحداث نتاج متوقع . (Houston & Howsam 1974:3)

- القدرة على عمل شيء بمستوى معين من الأداء يتسم بالكفاءة والفاعلية (توفيق ،1983، 25)

أو هي عبارة عن عدة صفات أو خصائص أو مهارات ومعارف واتجاهات يفترض أن تنعكس على أداء المعلم أو المدرس في الموقف التعليمي من أجل تحقيق تدريس أفضل (عبد الراضي ،1989، 35)

والكفاية في معناها الواسع هي : المعرفة العلمية أو اكتساب المهارات ، كما أنها تعني قدرة الفرد على ترجمة ما تعلمه في مواقف حياتيه فعلية بعد انتهاء الدراسة (De Landsheere)

وتوضح بهادر : (بهادر، 1981) مفهوم الكفاية في التدريس على وجه التحديد فتقول (إن الكفاية في التدريس تمثل جميع الخبرات والمعارف والمهارات التي تنعكس على سلوك المعلم المتدرب ، والتي تظهر في أنماط وتصرفات مهنية ، خلال الدور الذي يمارسه ذلك المعلم عند تفاعله مع جميع عناصر الموقف التعليمي .

إن توجه التربية الخاصة نحو تطبيق فلسفة الدمج تفرض متطلبات جديدة على كل من معلمي الفصول العادية ومعلمي التربية الخاصة ، ولعل التوجيه التقليدي ، قبل حركة التربية الخاصة المعاصرة ،كان يتوقع من معلمي التعليم النظامي العادي أن يكونوا على معرفة بمفاهيم ومسببات الإعاقة   حتى يستطيعوا التعرف على الأطفال المعوقين ، لتحويلهم وإحالتهم من المدارس أو الفصول العادية إلى مواقع التربية الخاصة ،وفي نفس الوقت كان معلم التربية الخاصة مدربًا على العمل بشكل مباشر مع الأطفال المعوقين في مواضع خاصة منعزلة ولكن في ظل فلسفة الدمج يكون المعلمون أي معلمو الفصول أو المدارس العادية ومعلمو التربية الخاصة ، مطالبين بأدوار مختلفة من كل منهم على سواء فالاتجاه السائد في إعداد وتدريب معلمي التربية الخاصة للإطلاع بالأدوار غير المباشرة لما يعرف ب(المعلم المرجع)، بدلًا من أن يكون إعدادهم على أساس من التخصص الدقيق ،يعد اتجاها فعالًا في كثير من مراكز إعداد معلمي التربية الخاصة ، وتلازما مع هذا الاتجاه ، تتوجه برامج إعداد معلمي الفصول أو المدارس العادية إلى تدريبهم على التعرف علي صعوبات التعلم ومظاهر الإعاقة .

ولذلك فإن البرامج القائمة على الدمج قد جعلت المعلمين في المدارس والفصول العادية وفي التربية الخاصة ، يتشاركون الأدوار المهنية ، ولم يعودوا منعزلين في فصول منفصلة   (طلعت ، 1994، 65)

ومما يهدد برامج التربية الخاصة في تحقيق أهدافها في تنمية وتطوير الطفل المعاق أن يتم إسناد مهمة تعليم وتربية الأطفال المعاقين إلى معلمين غير مؤهلين للعمل مع الطفل

المعاق سواء أكان معلم تربية خاصة أو معلما عاديا في برنامج دمج ومن هنا تأتي أهمية التدريب وتنمية المهارة والكفايات لقيام المعلم بأدواره على أكمل وجه .

وقد حددت الكثير من الدراسات ومراكز البحوث قائمة من الكفايات التربوية التي يتوجب على المعلمين اكتسابها والتأكد من ذلك قبل السماح لهم بمزاولة المهنة ،ومن هذه الكفايات كفايات خاصة بعملية التقويم وتنمية مفاهيمها مع إفراد كفاية خاصة ببناء الاختبارات ،وأشار دافيد (1995) أن المعلم يجب أن يؤهل ليكون مشرفًا على مدرسته (مدير) ويحتاج إلى مهارات إدارية أخرى تساعد في إدارة الجانب التدريسي وتقديمه بشكل ناجح .

وذكرت خديجة السياغي (2000، ص250) أن دائرة التربية في ولاية فلوريدا بالولايات المتحدة الأمريكية قامت بوضع فهرس فلوريدا لتصنيف كفايات المعلم وهو يحتوي على 1301 جملة تحدد الكفايات التي يجب أن تتوافر في معلم المدرسة الابتدائية مصادر الكفايات والمواد التي انتجت لتطويرها ، وكان مصطلح الكفاية التي استخدمته القائمة كالتالي (جملة تصنيف قدرة المعلم على عمل) وقد تكون الفهرس من تصنيفين تندرج تحتهما الكفايات .

وقد توصل كل من (HASS&TAYLO,1977) قائمة كفايات يجب توافرها لدى المعلم منها : الكفايات المعرفية ، المهارات والتخطيط ،استخدام الاستقصاء وأدواته في تدريس المواد الدراسية المختلفة .

وفي دراسة (TOBIN&FRASER,1990) توصلت الدراسة إلى الكفايات التالية (قدرة المعلم على استخدام التدريبات العملية بفاعلية ، قدرة المعلم على تنويع أساليب التدريس ،قدرة المعلم على تهيئة المناخ العلمي الاجتماعي والنفسي السليم داخل حجرة الصف)

ومن الكفايات التي ذكرتها بعض الدراسات كذلك (مهارات الاتصال ، المعلومات الأساسية ، المهارات الفنية ،المهارات الإدارية ، مهارات العلاقات الشخصية)

ودراسة أخرى ذكرت (كفايات معرفة المفاهيم الأساسية في تربية الموهوبين ، كفايات القياس والتقييم للموهوبين ، كفايات البرامج التربوية وأساليب التدريس

للموهوبين ، الكفايات الشخصية للمعلم ، كفايات الخصائص السلوكية للموهوبين)(الروسان 2000،646)

وقدم رونالدز (Ronalds,1980) وصفًا للعديد من المهارات التي يجب أن تتوفر في مدارس التربية الخاصة ومنها : تصميم المناهج ،المهارات التدريسية ،إدارة الصف ،العلاقة مع أسر المعوقين ،القيم والأخلاق المهنية ، التدريس الفردي ، تقييم الطلبة المعوقين وتوفر مدى واسعًا من المعلومات الأساسية حول الإعاقة ومفهومها .وقد أشار كلا من هورنر وولككس (Horner&Wilcox,1977) إلي تصنيفين أساسيين للكفايات التعليمية وهما : الكفايات المعرفية الأساسية والمهارات الأدائية . وتتألف المهارات المعرفية من مكونات ومحتويات التدريس الأكاديمية .

أولا : كفايات معلم التربية الخاصة

وهي المعارف والمهارات التي يجب أن تتوافر في معلم التربية الخاصة لكي يكون مؤهلا للقيام بدوره في تدريس التلاميذ ذوي الإعاقة .

ومن الكفايات التي توصل إليها عبدالعزيز السرطاوي في دراسة بعنوان بناء مقياس للكفايات التعليمية لمعلم التربية الخاصة ، قسم الكفايات اللازم توفرها في المعلم المتخصص في التربية الخاصة إلى:

أ- معلومات أساسية ويندرج تحتها

1- معرفة بنظريات التعلم الرئيسية وتطبيقاتها في التربية الخاصة.

2- الإلمام بمراحل نمو الأطفال بصورة عامة والمعاقين منهم بصورة خاصة وخصائص كل مرحلة ومتطلباتها .

3- معرفة بخصائص وحاجات المعاقين وكيفية إعداد البرامج التربوية المناسبة .

4- معرفة بالاتجاهات الحديثة في التربية الخاصة .

5- معرفة كيفية إعداد البروفيل الشخصي للطفل المعاق .

6- معرفة بالتطور التاريخي لميدان التربية الخاصة ومدى ملاءمته للتطورات الحديثة في المجال .

7- مراعاة الواقع الإداري للتربية الخاصة في المجتمع المحلي .

8- الاستفادة من ثقافة المجتمع في تنفيذ برامج التربية الخاصة .

9- معرفة بالمفاهيم والمصطلحات الأساسية في التربية الخاصة .

10- معرفة طبيعة الاتجاهات المحلية نحو الاعاقة وكيفية التعامل معها.

11- معرفة جيدة بعملية التشخيص والتقييم في التربية الخاصة ونظرياتها المختلفة .

ب- تخطيط البرامج والأنشطة وتنفيذها :

12- القدرة على تخطيط البرنامج الفردي بما يتناسب مع مستوى أداء الطفل المعاق .

13- ربط البرنامج الفردي بحياة الطفل المعاق واهتماماته وحاجاته .

14- تعديل وتنقيح البرنامج الفردي في ضوء التقييم المستمر .

15- صياغة أهداف عامة وأهداف تعليمية خاصة لكل خطة تربوية فردية .

16- إعداد دروس يومية تحقق الأهداف الخاصة للخطة التربوية الفردية .

17- اختيار أنشطة تعليمية تتلاءم مع حاجات الأطفال المعوقين .

18- تصميم أنشطة تنمي القدرة على التفكير والتأمل .

19- توفير مواقف تدريبية آمنه لا تعرض الطفل المعوق للخطر .

20- الاستفادة من المصادر المختلفة المتاحة في تطوير برامج المعوقين .

21- إعداد الوسائل المساعدة والمعينات التعليمية لتنفيذ الأنشطة المختلفة .

22- توظيف الإمكانات البيئية والمحلية لتحقيق أهداف برامج المعوقين .

23- مهارة في اتخاذ القرارات والبدائل التربوية العلاجية طبقًا للحاجات الفردية .

ج- التواصل

24- الالتزام بالاشتراك مع أولياء أمور المعاقين في عملية تقييم أبنائهم .

25- الاستفادة من المعلومات المختلفة التي يمكن أن توفرها أسر المعاقين في إعداد وتنفيذ البرنامج.

26- فهم ردود فعل أسر المعاقين ومشاعرهم وكيفية مواجهتها .

27- مساعدة أسر المعاقين في التعرف والاستفادة من الخدمات التي يقدمها المجتمع للمعاقين .

28- تيسير عملية تفاعل أسر المعاقين مع المسولين بالمدرسة والمساعدة في حل بعض المشكلات الطارئة

29- تشجيع أسر المعاقين على متابعة البرامج الفردية .

30- استخدام طرق وأساليب مناسبة للتعامل مع أسر المعاقين .

31- تطوير واستخدام استمارات خاصة للاتصال مع مختلف المختصين .

32- توظيف فعال لمهارات وخبرات مختلف العاملين في تنفيذ البرامج التربوية للمعاقين.

33- بناء علاقات ايجابية مع مختلف العاملين والمختصين في المدرسة وخارجها .

34- تطوير برامج مبسطة لتوعية المجتمع بالإعاقة والوقاية منها .

د- التقويم

35- تقييم استعداد الأطفال المعاقين لتعليم مهارات محددة .

36- اختيار بطارية الاختبارات أو أدوات التقييم المناسبة .

37- استخدام أساليب التقييم المختلفة .

38- تصحيح الاختبارات وتفسير نتائجها .

39- الاستفادة من نتائج التقييم والمعلومات الأخرى في اتخاذ القرارات .

40- إجراء التقييم المستمر لمعرفة مدى نجاح الطفل المعاق وتقدمه .

41- تقويم مدى فعالية البرنامج طبقًا للأهداف العامة .

42- الاستفادة من نتائج تقويم البرنامج التربوي في تعديله وتنقيحه.

43- استخدام أسلوب التغذية الراجعة في التقويم .

هـ - طرق وأساليب التدريس

44- مهارة في استخدام أسلوب تحليل المهمة.

45- تطوير برامج تعديل السلوك وتنفيذها .

46- تهيئة الأطفال المعوقين مسبقًا للمهارة الجديدة .

47- تعديل البيئة الصفية بما يتناسب مع خصائص وحاجات المعاقين .

48- استخدام أسلوب المساعدة الجسدية.

49- استخدام أسلوب الإيماء والإشارة .

50- استخدام أسلوب النمذجة (عرض السلوك المرغوب)

51- استخدام أسلوب المساعدة اللفظية .

52- استخدام أسلوب لعب الدور.

53- تدريب الأطفال المعاقين على مهارة الضبط الذاتي .

54- الثبات والدقة في تنفيذ البرنامج العلاجي .

55- توفير خبرات تساعد الطفل المعاق على النجاح .

56- استخدام المثيرات الحسية المختلفة .

57- تشجيع التفاعل الصفي فيما بين الأطفال المعاقين .

58- عرض المادة التعليمية والأنشطة بشكل مسلسل ومنظم.

59- استخدام أسلوب التدريس التشخيصي - العلاجي .

60- تطوير مهارات الاستكشاف والتجريب.

61- تنمية مقدرة الأطفال المعاقين على تقييم أدائهم.

62- توفير مواقف تدريبية تنمي الاستقلالية واحترام الذات وتقبلها.

63- استخدام الأمثلة المادية المحسوسة عند الضرورة .

ومن الكفايات التي يجب أن يتمتع بها معلم التربية الخاصة كذلك ما يلي:

1ـ القدرة على تحديث المعلومات التربوية والنفسية وتجديدها من خلال تجديد المعلم لمعلوماته باستمرار والإطلاع على ما هو جديد ومستحدث في المجال العلمي والتعليمي والتربوي وخاصة في مجال عمله واختصاصه .

2ـ اتساع الخبرات وتنوعها : وهي صفة لازمة للمعلم فعليه مسؤولية مساعدة ألأطفال بصفة عامة والمعاقين بصفة خاصة، وأن يحقق لهم حياة أكثر تنوعاً ولا يستطيع أن يعمل ذلك إلا إذا كانت خبرته واسعة، وتخرج عن إطار الكتاب والمواد المكتوبة فقط

4 ـ القدرة على تعليم الآخرين : أن يكون له القدرة على تعليم الأطفال مع اختلاف مستوياتهم وطريقة تدريسهم .

5- القدرة على التفكير العلمي : حتى يتمكن من حل المشكلات التي تواجهه بإيجابية وأن يحسن التصرف والاختيار، وأن يتصف بذكاء وظيفي، وأن يستخدم مهاراته في استنباط أفضل الوسائل لحل المشكلات وتذليل الصعوبات .

6- القدرة على التفسير : أن يكون قادراً على تفسير خبرات الطفل والمجتمع الذي يعيش فيه، وتفسير ماضي الطفل وحاضره. (أحمد يحيى، 2006، ص413)

ومن الكفايات كذلك :

1- تحديد الأهداف السلوكية الملائمة لكل تلميذ حسب إعاقته .

2- الإسهام في بناء البرامج الخاصة المتصلة بقدرات التلميذ المعاّق ومستقبله .

3- استخدام طرق التدريس الخاصة المناسبة لكل تلميذ معاق .

4- تقديم المهمات التعليمية بشكل فردي لكل تلميذ معاّق .

5- استخدام الأساليب المختلفة في تشخيص حالات الإعاقة

6- استخدام برنامج مستمر من التقييم للمهارات والقدرات والأهداف المختلفة للتلاميذ المعاقين .

7- تدريب التلميذ على تقبل ذاته وإعاقته.

8- العمل على تطوير الروح الاستقلالي لدى التلميذ المعاّق .

9- العمل على عقد لقاءات دورية مع المعلمين لمناقشة القضايا التربوية .

10- تبادل الآراء مع الزملاء المعلمين في المصادر المتنوعة التي تتعلق بنمو التلاميذ المعاقين وتربيتهم وبرامج تأهيلهم .

ثانيًا : كفايات معلم التربية الخاصة في برامج الدمج .

لمعلم التربية الخاصة كفايات بشكل عام يمتلكها ويعمل بها في برامج التربية الخاصة ومعلم التربية الخاصة عندما يعمل في برامج دمج المعاقين يجب عليه أن يمتلك كفايات ومهارات لكي ينجح في تطبيق برامج الدمج ومنها:

1- أن يحب مهنة التدريس .

2- أن يتصرف بإيجابية في جميع المواقف التي أتعرض لها .

3- أن يتحلى بقدر كاف من الصبر والسماحة .

4- أن يؤمن بقدرة الطفل المعاق على التعلم إذا ما اتيحت له الظروف المناسبة .

5- أن يؤمن بمبدأ الدمج .ليس فقط بل ويعمل بكل ما يملك من أجل تطبيق الدمج والنجاح فيه .

6- أن يكون لديه معرفة كافية بالخصائص النمائية للأطفال من العاديين والمعوقين ويعمل على تطويرها وتحديثها بشكل متكرر بل ويتطلع على كل ما هو جديد من الأبحاث الخاصة بمجال تخصصه .

7- أن يستطيع تفسير المعلومات الواردة في التقارير الطبية والتربوية حول الأطفال وخاصة تقارير القياس السمعي والبصري ومستوى الذكاء ودرجة الإعاقة والاضطرابات السلوكية وغيرها

8- أن يلاحظ ويسجل سلوك الطلاب في المواقف الصعبة المختلفة بل ويتمرس على استخدام أساليب جمع المعلومات المختلفة ليستفيد بها في تشخيص درجة الإعاقة والوقوف على مدى التقدم في الخطط الفردية .

10- أن يمتلك المهارات اللازمة للقيام بعمليتي القياس والتشخيص .

11- أن يستطيع بناء الخطة التربوية الفردية.ليس فقط بل وينفذها ويتابعها ويعدلها للوصول لأفضل صيغ التعامل مع الطفل المعاق تعليميا وتربويا .

12- أن يستطيع صياغة الأهداف السلوكية الملائمة لكل تلميذ حسب إعاقته .

13- أن يراعي الفروق الفردية بين المعاقين أثناء اختيار طريقة التدريس .

14- أن يكون لديه خبرة كافية بالوسائل والمعينات التي يمكن استخدامها لتسهيل عملية التدريس .

15- أن يستطيع تأهيل بيئة تعليمية مثيرة ومحفزة لكل من العاديين والمعاقين .ويستخدم أساليب التحفيز المختلفة الخارجية والإدراكية والاجتماعية والسلوكية .

16- أن يطبق نظم تعزيز متنوعة أثناء الدرس.وخاصة عند وضع خطط لتعديل السلوك ولزيادة الدافعية نحو التعلم .

17- أن يحرص على تهيئة بيئة مريحة داخل الصف (إنارة ـ تهوية ـ تدفئة)

18- أن يستخدم برنامج مستمر من التقييم للمهارات والقدرات المختلفة للتلاميذ المعاقين .

19- أن يوزع وقت الحصة الدراسية بشكل مناسب بين الشرح والمتابعة والتصحيح والواجب واستخدام الوسائل وغيرها .

20- أن يسعى لتعديل اتجاهات التلاميذ العاديين نحو زملائهم المعاقين بل ويحرص على استخدام أساليب تعديل الاتجاهات المختلفة وتغيير القناعات من خلال النقاش والحوار واستخدام المداخل المناسبة سواء كانت علمية أو إيمانية أو اجتماعية أو فلسفية وغيرها لضمان تغيير الاتجاهات نحو الأفضل في التعامل مع المعاقين.

21- أن يقوم بتدريب الطفل المعاق على تقبل ذاته وإعاقته .

22- أن يكون لدي المعلم المعرفة الكافية بتنظيمات تعديل السلوك .

23- أن يمتلك خبرة كافية في مجال التدخل المبكر .

24- أن يؤمن بالعمل الجماعي ضمن فريق متعدد والتخصصات .

25- أن يعمل على بناء علاقات إيجابية مع أسر الأطفال المعاقين .

26- أن يشارك في تنظيم دورات إرشادية لأسر الأطفال المعاقين .

27- أن يطوّر خبراتي بإتباع دورات متخصصة بالأطفال ذوي الحاجات الخاصة .

28- أن يوفر فرص الترويح الهادف للتلميذ ذي الاحتياجات الخاصة .

ومن الكفايات والخصائص التي يجب أن يمتاز بها معلم التربية الخاصة في برامج الدمج والتي ذكرها بطرس حافظ 2008 ما يلي :

-التمكن من التخصص معرفة وتدريسًا.

-الالتزام والأداء المميز .

-الحس الإكلينيكي في العمل والحساسية للاحتياجات الفردية للآخرين .

-الرغبة الصادقة في مساعدة الطفل .

-روح التعاون وعمل الفريق .

-حب المعرفة والرغبة في التعلم المستمر.

-حب العطاء وبذل الجهد في مساعدة الآخرين

-ومن أهم احتياجات المعلم التدريبية :

-التعرف على طبيعة اضطراب أو إعاقة الطفل .

-تحديد أهداف حقيقة للصغار طالما أنهم في الفصل العادي .

-طرق ومواد ملائمة للتدريس.

-طرق لتقويم تقدم الأطفال في الدمج .

-كيفية التواصل والمشاركة مع الوالدين .

-تنظيم وجدولة أنشطة الفصل العادي بطريقة فاعلة .

-إتقان البرنامج الفردي نمطيًا وتنفيذًا وتقييمًا .

-تحمل مسئوليات معلم التربية الخاصة .

ثالثًا : كفايات المعلم العادي في برامج الدمج

ومن الكفايات التي ذكرتها خديجة السياغي (2000)في دراستها عن الكفايات اللازمة للمعلم في ظل نظام رعاية ودمج ذوي الاحتياجات الخاصة في مدارس العاديين (كفايات خاصة بصعوبات التعلم ، وكفايات خاصة بالتربية الخاصة ،وكفايات خاصة بأساليب التعلم ، كفايات خاصة بالصحة النفسية والإرشاد النفسي)كفايات خاصة بالنمو ، كفايات خاصة بالاختبارات والمقاييس النفسية)

ذكر جمال الخطيب (تعليم غير العاديين ،2008 ،ص 148) بعض الكفايات العامة الضرورية لمعلمي الصفوف العادية لدمج الأطفال ذوي الاحتياجات الخاصة ومنها:

- القدرة على ملاحظة وتسجيل سلوك الأطفال في المواقف الصفية المختلفة .

- القدرة على العمل كعضو فاعل في الفريق متعدد التخصصات الذي يصمم وينفذ ويقيم برامج الدمج.

- التمتع بمستوى مقبول من المعرفة حول فئات الاحتياجات الخاصة وأسبابها وأبعادها التربوية والنفسية.

- معرفة خصائص النمو الطبيعي في مراحل الطفولة .

- معرفة مبادئ وأساليب تطوير البرامج التربوية الفردية .

- القدرة على تفسير أهم المعلومات الواردة في التقارير الطبية والنفسية التربوية حول الأطفال.

- بناء علاقات عمل مناسبة مع الجمعيات والمؤسسات التي تعني بتدريب وتربية الأطفال ذوي الاحتياجات الخاصة

- معرفة المبادئ الأساسية لصيانة المعدات والأدوات الخاصة والكيفية التي يستخدمها الأطفال ذوو الاحتياجات الخاصة .

- القدرة على تكييف الاختبارات وأدوات التقييم المختلفة بما يتلاءم وطبيعة الاحتياجات الخاصة .

- التمتع بالمعرفة الكافية حول النشاطات المرغوب فيها والنشاطات الممنوعة لكل فئة من فئات الاحتياجات الخاصة

- القدرة على بناء علاقات عمل بناءة ومفيدة مع أسر الأطفال ذوي الاحتياجات الخاصة .

- معرفة الطرق الفعالة لتعديل اتجاهات الأطفال نحو زملائهم ذوي الاحتياجات الخاصة .

- القدرة على تنظيم البيئة الصفية على نحو يسمح للأطفال ذوي الاحتياجات الخاصة بالإفادة والمشاركة في الأنشطة التعليمية إلى أقصى حد ممكن .

- القدرة على تكييف الوسائل التعليمية لتتلاءم وطبيعة الاحتياجات الخاصة للطفل.

- القدرة على تكييف عناصر المنهاج عند الحاجة .

ومن الكفايات التي ذكرتها عبير جما ل (2007 ، 12)

- الإيمان بأن كل الأطفال قادرون على التعلم .

- الاعتقاد الجازم بأنه مسئول مسؤؤلية مباشرة عن جميع الطلبة داخل الصف وبأن دوره الأساسي مساعدة كل منهم على تحقيق أعلى مستوى من الأداء والانجاز .

- القدرة على توظيف ميول وقدرات الطلاب لمساعدتهم على اكتساب المهارات التي يحتاجون لتعلمها بشكل يزيد من دافعيتهم وثقتهم بالذات كنتيجة للخبرات الناجحة التي مروا بها داخل الصف .

- القدرة على تقييم قدرات وميول وحاجات الطلاب باستخدام أدوات تقييم غير رسمية (مثلا الملاحظة المباشرة ، المقابلة ، نتائج الطلاب في الامتحانات المدرسية ،أعمال ومشاريع الطلبة ....الخ)

- القدرة على تكييف محتوى المنهاج (المدخلات التعليمية) واختيار الاستراتيجيات التعليمية وإعداد الوسائل التعليمية وتصميم الواجبات والاختبارات (المخرجات التعليمية) بما يتلاءم مع القدرات الفردية للطلبة .

- القدرة على تنظيم وإدارة البيئة الصفية على شكل محطات أو أركان تعليمية متنوعة بحيث يمكن مراعاة أنماط التعلم والحاجات التعليمية لجميع الطلبة داخل حجرة صفية واحدة .

- القدرة على إعداد الخطة التربوية الفردية الخاصة بكل طالب من ذوي الاحتياجات الخاصة وذلك بالتعاون مع الفريق المسئول عن حالة الطالب مع الحرص من قبل جميع أعضاء الفريق على التوثيق المستمر لجميع ما يقدم من خدمات والتغيير الذي يطرأ على أدائه بشكل منظم ومستمر .

- القدرة على العمل الجماعي ضمن فريق متعدد الاختصاصات يكون من مهامه التخطيط لبرنامج الدمج الشامل وتنفيذه والتقييم المستمر له .

- امتلاك صفات شخصية كالمرونة الفكرية والضبط الانفعالي والدافعية العالية في العمل بالإضافة إلى الحرص على التعلم والتدريب المستمر من خلال المشاركة في الندوات والمؤتمرات والاضطلاع على الدوريات والمراجع المتخصصة والتواصل مع الآخرين ممن يطبقون برامج مماثلة .

- استخدام استراتيجيات تدريس فعالة مثل التدريس الجماعي ، التعلم من خلال الأقران تكييف المناهج وغيرها مما سوف يرد ذكره لاحقا.

ولتحقيق الكفايات والأدوار الجديدة التي سيقوم المعلم بها في ظل التربية للجميع والمدرسة الشاملة اقترح بيان سلامنكا 1994 المنعقد للتعليم للجميع إلى جملة من المقترحات والإجراءات فيما يتصل بإعداد المعلمين ومنها

- التركيز في برامج إعداد المعلمين أثناء الخدمة على تطوير المواقف الإيجابية من الأطفال ذوي الاحتياجات الخاصة .

- التأكيد على المهارات والمعارف اللازمة لتعليم هؤلاء الأطفال وهي نفسها ذات المهارات والمعارف المطلوبة للتعليم الجيد .

- الاهتمام بمستوى كفاية المعلم في التعامل مع الأطفال ذوي الاحتياجات الخاصة عند منح شهادة مزاولة مهنة التعليم .

- تنظيم الحلقات الدراسية وتوفير المواد المكتوبة للمديرين والمعلمين ذوي الخبرة الواسعة ليقوموا بدورهم في دعم وتدريب المعلمين الأقل خبرة .

- تنفيذ برامج التدريب أثناء الخدمة المنظمة والفاعلة لجميع المعلمين .

- دمج برامج إعداد معلمي التربية الخاصة في برامج إعداد معلمي الفصول العادية .

- الابتعاد بقدر الإمكان عن التدريب التصنيفي (الموجه نحو إعاقة بعينها)

- إشراك الأشخاص المعاقين المؤهلين في النظم التعليمية ليكونوا نموذجًا يحتذى ومثلًا يقتدى به .(صالح هارون ،ص31) ومن خلال الاقتراحات التي قدمه بيان سلامنكا نلاحظ أنه من الأهمية بمكان الاهتمام بتدريب المعلمين بشكل كاف سواء أكان معلم تربية خاصة أم معلم عادي ، ويجب أن نهتم بالتدريب قبل الخدمة بشكل واضح وألا يقتصر التدريب على نهاية المستوي الثامن والأخير من منح الطالب المعلم شهادة ممارسة الخدمة كما يحدث في عدد كبير من الدول العربية ومنها المملكة العربية السعودية والأردن وغيرها بل يجب أن يكون التدريب كما يحدث في عدد كبير من الدول ومنها مصر أن يكون في السنة الثالثة أو المستوي السادس حتى قبيل التخرج والهدف من إطالة فترة التدريب هو إعطاء فرصة كافية للطالب المعلم للتعرف على أخطائه ومحاولة تصويبها وعرض المشكلات التي تواجهه أثناء التدريب على المتخصصين من الأساتذة في الجامعة لوضع الحلول الكافية ، من ناحية ومن ناحية أخرى أن تكون فترة التدريب طويلة بالشكل الكافي ومتنوعة بين تدريب متصل وتدريب منفصل وأن يكون التدريب كما اقترح بيان سلامنكا متنوعا ولا يقتصر على فئة واحدة لان الطالب المعلم سيتعامل مع فئات متعددة في المستقبل على

سبيل المثال طفل لديه صعوبات تعلم ومشكلات سلوكية أو طفل لدية إعاقة ذهنية بسيطة وضعف سمعي أو طفل لديه شلل دماغي واضطرابات نطق وكلام وغيرها ، فمن الأهمية أن يتنوع تدريب الطالب حتى ولو كان الطالب المعلم متخصص في إعاقة واحدة .

- ومن الملاحظ أن بيان سلامنكا يطالب بدمج برامج إعداد معلمي التربية الخاصة في برامج إعداد معلمي الفصل العادي ، ويمكن أن يتم ذلك في برامج إعداد معلمي رياض الأطفال ومعلمي التعليم الأساسي ،وذلك لأنه في ظل برامج الدمج يتعامل المعلم العادي مع كل فئات الإعاقات البسيطة القابلين للتعلم في المدرسة العادية مثل الإعاقة العقلية البسيطة ، والإعاقة السمعية البسيطة ، وكذلك صعوبات التعلم ، والمضطربين سلوكيًا ، والإعاقات التخاطبية البسيطة وغيرها من التصنيفات فكيف يتعامل المعلم مع تلك الفئات في المدرسة العادية بدون الإعداد الكافي .وكذلك كيف يتعامل معلم التربية الخاصة في المدرسة العادية مع الأطفال العاديين وهو لم يدرس مناهجهم وطرق تدريسهم ، ولذلك قامت بعض الجامعات بوضع مناهج تثقيفية ومقررات إعداد المعلم العادي لبعض برامج معلم التربية الخاصة مثل طرق تدريس الرياضيات واللغة العربية وغيرها . وكذلك تقوم بعض الجامعات بوضع بعض المقررات الخاصة بذوي الاحتياجات الخاصة في كليات إعداد المعلم العادي لتأهيله وتثقيفه للعمل مع ذوي الاحتياجات الخاصة.

- وقام كل من (ريدان وبلاكهيرست 1978) في دراسة لهما باشتقاق 31 كفاية مركزية ذات علاقة مباشرة بالدمج التربوي من بين 271 كفاية خاصة بتعليم المعاقين ، ومن ثم وزعها على ستة مجالات وظيفية تتضمن اتخاذ التوجيهات الإستراتيجية اللازمة لتحقيق أهداف دمج المعاقين وتكاملهم مع العاديين وقياس الاحتياجات وتحديد الأهداف ،وتخطيط الاستراتيجيات التدريسية ،واستخدام المصادر ، وتيسير الدرس وتقويم التعلم على النحو التالي .

1- أن يتخذ التوجيهات والاستراتيجيات اللازمة لتحقيق أهداف دمج ذوي الاحتياجات الخاصة وتكاملهم مع العاديين من خلال :

-الاشتراك في الأنشطة المدرسية لتحقيق الدمج .

- وضع خطة للتدريب توفر تعليمًا إضافيًا في المجالات التي يبدي فيها ذوو الاحتياجات الخاصة قصورًا عن أقرانهم العاديين .

- الاشتراك في البرامج التوجيهية للآباء وللمجتمع بشأن ذوي الاحتياجات الخاصة ورعايتهم .

- السعي للحصول على الاستشارات اللازمة من خلال علاقات مهنية مع الأخصائيين أو مع الهيئة التدريسية .

- إعداد برنامج في الوقت المناسب لتهيئة ذوي الاحتياجات الخاصة للالتحاق ببرنامج الدمج التربوي .

- تهيئة التلاميذ العاديين في الفصول العادية للالتحاق بذوي الاحتياجات الخاصة في الفصول العادية .

1- أن يقيس الاحتياجات ويحدد الأهداف من خلال :

- جمع المعلومات اللازمة لتحديد الاحتياجات التعليمية لكل تلميذ .

- تقييم مستوى الأداء الحالي للتلاميذ .

- تحديد أهداف ملائمة وواقعية وقابلة للقياس لكل تلميذ في الفصل .

- تحديد أهداف لجماعة الفصل ككل ولجماعات فرعية داخل الفصل .

- إشراك الوالدين في تحديد الأهداف الخاصة بابنهما وبالفصل ككل.

2- أن يخطط للاستراتيجيات التدريسية وأن يستخدم المصادر من خلال :

- تصميم نظام للإجراءات التدريسية التي تتواءم مع الفروق الفردية للتلاميذ .

- تحديد وإعداد مجموعة من الأنشطة المتنوعة والمرنة والتي تشمل الفصل كله وتتوزع في فئات (تجمعات) من التلاميذ .

- تحديد وتصميم مجموعة من الاستراتيجيات التدريسية البديلة .

- بناء خطة لاستخدام المصادر الإنسانية والموارد المتاحة .

- تحديد جدول زمني يتفق مع الاحتياجات التعليمية والجسمية والاجتماعية والنفسية لكل تلميذ .

- توفير مناخ مناسب داخل الفصل من خلال الترتيبات والإجراءات اللازمة لمواءمة الفصل لظروف التلاميذ ومتطلبات تعليمهم .

3- أن ينفذ الاستراتيجيات التدريسية وأن يستخدم المصادر من خلال :

- اختيار واستخدام مجموعة من طرق التدريس القائمة على التعزيز لتعليم كل تلميذ وفق المستوى الفعلي لأدائه .

- تحديد وتنظيم مجموعة من الأنشطة المتنوعة التي توفر الفرص الملائمة للتلاميذ لتحقيق الأهداف العامة الاجتماعية والأكاديمية لجماعة الفصل .

- الإفادة من الجهود المختلفة لـلـهيئة التدريسية في أنشطة الفصل الدراسي .

- توفير وتكييف وتطوير المواد اللازمة لتحقيق أهداف التعلم .

- تخطيط وتنفيذ نظام لاستخدام المساعدات المختلفة المقدمة من المتطوعين (التلاميذ الآخرين والوالدين وغيرهم)لتعزيز وتوفير أنشطة الصف الدراسي.

- بناء أنشطة التعلم لطفلهم ولغيره من الأطفال داخل الفصل.

4- أن ييسر ويسهل التعلم من خلال :

- التحديد والتمييز بين مجموعة من الطرق الملائمة لضبط السلوك وتعديله سواء بالنسبة للفرد أم جماعة الفصل .

- اختيار وتطبيق الطرق والإجراءات الملائمة لضبط السلوك وتعديله لتلبية أهداف التعلم المقررة بالنسبة للفصل ولكل فرد .

- التعرف على الأنماط الجيدة للسلوك لدى كل تلميذ بهدف استثارته للاستمرار في تعلم وتعزيز تلك الأنماط من السلوك .

- القيام بأنشطة الفصل بطريقة تشجع التفاعل بين التلاميذ .

- التخطيط لتوفير مناخ اجتماعي – نفسي صحي داخل الفصل يركز على أساليب التعزيز الإيجابي في التعامل مع التلاميذ.

5- أن يقيّم التعامل من خلال :

- أن يكون لديه نظام لجمع وتسجيل البيانات التي يستخدمها لتقييم تقدم التلميذ نحو الأهداف المنشودة .

- أن يكون لدية نظام للتغذية الراجعة (المرتدة) تزود التلاميذ والمعلمين والوالدين بالبيانات والمعلومات المستمرة في اتجاه تحقيق الأهداف المنشودة

المراجع

1- الخطيب، جمال والحديدي، منى (2003)، مناهج وأساليب التدريس في التربية الخاصة، مكتبة الفلاح، دولة الإمارات العربية المتحدة .

2- أحمد يحيى، خولة، (2005)، البرامج التربوية لأفراد ذوي الحاجات الخاصة، دار المسيرة للنشر والتوزيع، عمّان .

3- موقع أطفال الخليج، مقالة بعنوان «رؤية مستقبلية لإعداد معلم ذوي الاحتياجات الخاصة

4 - دياب ،أسماعيل وآخرون (1995) مهنة التعليم ، كلية التربية بدمنهور ، جامعة الأسكندرية

5- راشد محمد أبو صواوين : الكفايات التعليمية اللازمة للطلبة المعلمين تخصص معلم صف في كلية التربية بجامعة الأزهر من وجهة نظرهم في ضوء احتياجاتهم التدريبية ، مجلة الجامعة الإسلامية (سلسلة الدراسات الإنسانية) المجلد الثامن عشر، العدد الثاني ،ص359- 398 يونيو 2010-

6- محمد الدريج : الكفايات في التعليم http llwww.khayma.comlalmoudel ressl eduik ffayat

7- محمد الغزوات: الكفايات التعليمية المتوافرة لدى الطلبة المعلمين تخصص معلم مجال اجتماعيات ، في جامعة مؤتة ،من وجهة نظر معلمي الدراسات الاجتماعية المتعاونين في مدارس محافظة الكرك/الأردن وأثره في تحصيل الطلاب الدراسي

8- راشد أبو صواوين : الكفايات التعليمية اللازمة للطلبة المعلمين تخصص معلم صف بجامعة الأزهر من وجهة نظرهم في ضوء احتياجاتهم التدريبية ، مجلة الجامعة الإسلامية ، المجلد الثامن ، العدد الثاني ،ص359- 398 ،يونيو 2010

9- بريجيت نبيل مراد:الكفايات الأساسية اللازمة لمعلمي الطلبة الموهوبين في المرحلة الثانوية في عينة أردنية ،رسالة ماجستير منشورة في كتاب دراسات وبحوث في

التربية الخاصة ،الطبعة الأولى، دار الفكر للطباعة والنشر والتوزيع ،عمان الأردن 2000

10- أحمد نائل هزاع العزيز (1991):الكفايات التربوية لمعلمي الأطفال المعاقين في الأردن ،رسالة ماجستير منشورة بكتاب دراسات وبحوث في التربية الخاصة ،الطبعة الأولى،دار الفكر للطباعة والنشر ،عمان ،الأردن   2000

11- ليلى بنت عبدا للـه المزروع :معلم الفئات الخاصة (الموهوبين)صفاته وأساليب إعداده،مجلة الإرشاد النفس،جامعة عين شمس ،العدد الثاني عشر 2000

12 - خديجة أحمد السياغي : الكفايات اللازمة للمعلم في ظل نظام رعاية ودمج ذوي الاحتياجات الخاصة في مدارس العاديين 2003 جامعة تعز

13 - عبدالعزيزمصطفى السرطاوي :بناء مقياس في الكفايات التعليمية لمعلمي التربية الخاصة ، مجلة كلية التربية جامعة الإمارات ، السنة التاسعة ، العدد العاشر ، يونيو ،1994

14- زينب محمود شقير : الدمج الشامل ، دار الزهراء، الرياض ، 2011، ص123

15-   Vive Germans . Knouts and is The Ethnic child care Family and Community Services Co. operative : inclusive early childhood education programs in new South Wales , Australia and New Tsaubouniaris , 1997 , UNESCO.

16- Volker Rutted (integration models for elementary and Secondary school in Australia) , Making it happen Examples of good practice in Special needs Education & Community Bajed Programs, 1997, Paris, UNESCO, France

17- Janette Kettmann, and others - inclusion or pull-out· witch do students prefer? Journal of learning disabilities volume 31, N 2, March, April 1998.

18- Johnson Ville: The Encyclopedia American international Education Vol,9 , Gruber in Corporate U,S, A,1992 . .

الفصل السابع

أدوار المعلم في برامج الدمج

1- دور المعلم بشكل عام

2- دور معلم التربية الخاصة

3- دور معلم الدمج

4- فريق الدمج وأدواره

يهدف هذا الفصل إلى بنهاية دراسة الطالب لهذا الفصل يصبح قادرا على

1- تحديد وفهم أدوار المعلم التقليدية بشكل عام

2- يتفهم أدوار معلم التربية الخاصة

3- يحدد أدوار معلم الدمج ومهامه للنجاح في برامج الدمج .

4- يتعرف على فريق الدمج ومهامه

تطور أدوار معلم التربية الخاصة

دارت حركة التغيير وانطلقت ولا يستطيع أحد أن يوقفها، بل من أراد أن يكون في ركب التغيير والتطوير عليه أن يستعد ويتهيأ لأن يكون في المقدمة قبل أن يصبح بمفرده خارج السرب ، وكما هو معلوم أن حركة التطوير والتنمية والتغيير التي حدثت وما زالت تحدث في برامج التربية الخاصة وفي مقدمتها برامج الدمج تحتاج إلى معلمين أكفاء يلعبون دورًا رئيسًا في تلك البرامج ولما لا والمعلم هو حجر الزاوية في برامج التطوير والتنمية ، ومن خلال البحث في أدبيات التربية الخاصة نلاحظ أن التغيير في رعاية ذوي الاحتياجات الخاصة انتقلت من برامج الرفض والعزل ومراكز التأهيل إلى برامج التطبيع والتكامل والاندماج في المجتمع ، وأصبحت برامج الدمج واقع ملموس في مختلف بلدان العالم ،بل إن دولًا مثل ايطاليا والسويد لم يتبق بها مدرسة للتربية الخاصة فقط بل كل البرامج قائمة على الدمج ، ومن خلال الدراسات والأبحاث المتعددة التي طبقت وحاولت استكشاف اتجاهات المجتمع نحو الدمج تغيرت الكثير من الاتجاهات الرافضة وأصبحت ايجابية نحو تطبيق الدمج ،وحتى الاتجاهات التي كانت سلبية تجاه الدمج أصبحت ايجابية تجاه فكرة الدمج وهي لا ترفض الاندماج كمبدأ ولكن ترفض طرق التطبيق بسبب عدم الإعداد الكاف لتطبيق الدمج ، وفي الصفحات التالية سوف نتناول بشكل من التفصيل أهم الكفايات والصفات التي يجب أ ن يتمتع بها معلم برامج الدمج وما هي التدريبات والدورات التأهيلية التي يجب أن يلتحق بها وكذلك سوف نستعرض المهارات التي يجب أن يتمتع بها وقبل أن أبدأ في الحديث عن الكفايات والمهارات والصفات التي يجب أن يتمتع بها المعلم في مجال دمج ذوي الاحتياجات الخاصة لابد أولًا أن تتحدث الدراسة عن أدور معلم التربية الخاصة بشكل عام ثم أدوار معلم برامج الدمج بشكل خاص.

أولًا أدوار المعلم بشكل عام

منذ قديم الأزل ونظرة المجتمع للمعلم نظرة تقدير و تبجيل واحترام وتوقير ، ينظر له على أنه صاحب رسالة مقدسة وشريفة وكيف لا وهي مهنة أصحاب الرسالات ولقد

أوتي النبي صل الـلـه عليه وسلم مجامع الكلم فلخص رسالته في قوله صلى الـلـه عليه وسلم (إنما بعثت معلما).

فمهنة التعليم الذي اختارها المعلم وانتمى إليها إنما هي مهنة أساسية وركيزة هامة في تقدم الأمم وسيادتها ، وتعزي بعض الأمم فشلها أو نجاحها في السلم والحرب إلى المعلم وسياسة التعليم القائمة كما أنها تعزي تقدمها في مجالات الحضارة والرقيّ إلى سياسة التعليم أيضاً. وأشارت العديد من أدبيات وأبحاث علوم التربية إلى أن للمعلم أدوارًا تتطور وتزداد بمرور الوقت ، ويضاف إليها العديد من المهام والمسئوليات في ظل تضاعف العلوم والمعارف ، وفي ظل النهضة العلمية الرهيبة وثورة الاتصال ، والتكنولوجيا والاستشعار واستشراف المستقبل.

وفي الصفحات التالية نستعرض أدوار المعلم العادي التقليدية لنعقد مقارنة واعية بين أدوار المعلم العادي ومعلم التربية الخاصة ثم معلم برامج الدمج

1- دور المعلم كناقل معرفة

في هذا الدور لم يعد المعلم موصلاً للمعلومات والمعارف للطلاب ولا ملقناً لهم ، لقد أصبح دور المعلم في هذا المجال مساعدا لطلاب في عملية التعلم والتعليم ، حيث يساهم الطلاب في الاستعداد للدروس والبحث والدراسة مستنيرين بإرشادات وتوجيهات معلمهم الكفء الذي يعي الأساليب التقنية وتكنولوجيا التعليم ولديه القدرة والمهارات الهادفة في معاونة الطلاب على توظيف المعرفة في المجالات الحياتية المتنوعة هذا إضافة إلى قدرة المعلم على صياغة الأهداف الدراسية والتربوية والعمل على تحقيقها من خلال الدرس والحصة والنشاطات الصفية واللا صفية ، لذا فإن المعلم في هذا المجال يحتاج إلى التطور والتجدد باستمرار ليحقق الأهداف التعليمية . وفي ظل التطور في أساليب التعليم وطرق التدريس الحديثة أنتقل دور المعلم من الإلقاء والحاضرة إلى دور الموجه والمرشد ،وتحولت طريقة المحاضرة إلى طريقة الحوار والنقاش وغيرها من الطرق .

2- دور المعلم في رعاية النمو الشامل للطلاب

في ظل التطور الرهيب في طرق التنمية البشرية وإعداد القائمين بالتدريب والتعليم لم يعد دور المعلم التقليدي القائم على تنمية مهارات التعليم فقط لان أهداف التعليم حدث بها كثير من التعديل والتطوير بدلًا من الاهتمام بالنمو المعرفي فقط أصبح هناك هدف النمو الشامل للطالب وبل من الاعتماد على تنمية المهارات القائمة على الحفظ والتلقين فحسب بل تطور وتغير دور المعلم في مجال رعاية الطلاب في مهارات التعليم إلى رعاية الطلاب رعاية شاملة من الجانب العلمي والأخلاقي والاجتماعي والرياضي والنفسي ، أي أصبح المعلم منوط برعاية الطالب رعاية شاملة قائمة على التكامل والتكافل والتعاون وتحقيق المساواة وتكافؤ الفرص بين جميع الطلاب ،

(ومن المعروف في العصر التربوي الحديث أن الطالب محور العملية التربوية بأبعادها المتنوعة وتهدف هذه العملية أولاً وأخيراً النمو الشامل للطالب " روحياً وعقلياً ومعرفياً ووجدانياً " وبما أن المعلم فارس الميدان التربوي والعملية التربوية فهو مسئول عن تحقيق هذه الأهداف السلوكية من خلال أدائه التربوي الإيجابي سواءً أكان خلال الموقف التعليمي داخل غرفة الصف أو خارجها في المجتمع المدرسي والمحلي كل ذلك يتطلب من المعلم أن يضمن خططه سواءً أكانت يومية أو أسبوعية أو شهرية أو سنوية ، ولتحقيق الأهداف السلوكية التي تساعد في النمو المتكامل للطالب وتنشئته تنشئة سليمة وفي هذا المجال أيضاً يتطلب من المعلم أن يكون قادراً على تحليل المناهج والمقررات التي يدرسها عاملاً على إثرائها وتوظيفها لخدمة الطلاب ، كما ويترتب عليه وضع الخطط الهادفة للأنشطة الصفية واللاصفية التي تساعد في توظيف المعرفة وربطها بالواقع الحياتي الذي سيساهم به الطالب عندما يصبح أهلاً لذلك . ويطلب من المعلم في هذا الدور أن يكون ذا علاقات إنسانية طيبة مع الطلاب والمجتمع المدرسي بأكمله ليتمكن من تحقيق إيجابيات هذا الدور).

3- دور المعلم كخبير وماهر في مهنة التدريس والتعليم

من المعلوم أنه حدث الكثير والكثير من التطوير في برامج إعداد المعلمين وأصبح من الأهداف التربوية الهامة في مجال إعداد المعلمين إعداد المعلم الخبير والمعلم المتميز

في مجال التدريس ولم يعد الهدف إنتاج معلم وحسب بل معلم خبير بطرق التدريس وبناء المناهج وأساليب التقويم معلم خبير بقواعد ونظم التعليم المختلفة والقوانين والتشريعات المتعلقة ببرامج التعليم وحقوق الطلاب وحقوق العاملين في مجال التعليم ولم يعد دور المعلم متوقف على شرح الدرس وتأدية الحصة بالشكل التقليدي بل أصبح الهدف أعداد معلم قادر على القيادة والإدارة والتنظيم والبحث والنقد والتطوير،(بل ويجب أن يسعى المعلم دائماً للنمو المهني والتطور والتجديد في مجال الاطلاع على خبرات المهنة الحديثة والمتجددة كما وبجدر به ويتطلب منه أن يعي الأساليب والتقنيات الحديثة ليقوم بنقل الخبرات المتطورة إلى طلابه بشكل فعال وإيجابي ، كما ويطلب منه أن يكون عصرياً في توظيف تكنولوجيا التعلم والتعليم المبرمج والأجهزة الإلكترونية الأخرى، ومتجدداً ومسايراً لروح العصر في أساليبه ومهاراته التعليمية ليستطيع بالتالي من المساهمة الفعالة في تحقيق الأهداف السلوكية التربوية المرجوة.

دور المعلم في مسؤولية الانضباط وحفظ النظام.

يلعب المعلم دورًا لا يمكن الاستغناء عنه في حفظ الانضباط والنظام داخل المدرسة ، وكيف لا هو المنوط به عملية الضبط الاجتماعي للطلاب داخل وخارج الفصل الدراسي بما يملك من سلطات وأدوات تمكنه من عملية الانضباط وحفظ النظام ، والمعلم يمتلك الكثير من الأدوات التربوية والقانونية التي تمكنه من عملية الضبط والنظام داخل الفصل وخارجة مثل أساليب الترغيب والترهيب وأساليب الثواب والعقاب، وغيرها من طرق وأساليب تعديل السلوك وحفظ النظام

4- دور المعلم كمسئول عن مستوى تحصيل الطلاب وتقويمه

من الأدوار التي لا يمكن أن نغفلها عند الحديث عن أدوار المعلم دورة في التحصيل الدراسي للطلاب وتقويم مستوي التحصيل الأكاديمي لدى الطلاب وتحديد مستوي الطالب ، بل المعلم هو المسئول الأول عن تحديد ما إذا كان من حق الطالب الانتقال إلى المستوي الدراسي الأعلى أم لا(إن مستوى التحصيل الجيّد في المجالات التربوية المتنوعة معرفية و وجدانية و مهارية يعتبر هدفاً مرموقاً يسعى المعلم الناجح لمتابعته

وتحقيقه مستخدماً كل أساليب التقنية وتكنولوجيا التعليم في رعاية مستوى تلاميذه التحصيلي على مدار العام الدراسي بل والأعوام الدراسية وذلك في مجال ما يدرسه من مناهج ومقررات . فالمعلم الناجح هو الذي يوظف اللوائح المتعلقة بتقويم الطلاب في المجالات المعرفية والوجدانية والمهارية بشكل موجه وفعال ويلزمه في هذا المجال فتح السجلات اللازمة لتوثيق درجات الطلاب حسب التعليمات هذا إضافة إلى فتح السجلات التراكمية لمتابعة سلوك الطلاب وتقويمهم كما ويتطلب منه أيضاً وضع الخطط اللازمة لمعالجة حالات الضعف وحفز حالات التفوق .

كما أن على المعلم في هذا المجال ، القيام بأبحاث ودراسات إجرائية لحالات التأخر في مجالات التحصيل المعرفي أو المجالات ا لسلوكية الأخرى متعاوناً بذلك مع زملائه وإدارة المدرسة ومع الأسرة . وتجدر الإشارة في هذا المجال أن يتبع المعلم الأساليب المتطورة والحديثة في مجالات القياس والتقويم ويجب أن يكون المعلم حاكماً نزيهاً وقاضياً عادلاً في تقويمه لطلابه.

5- دور المعلم كمرشد نفسي.

كثير من الطلاب عند الالتحاق بالمدرسة وخاصة في السنوات الأولى يتعرضون لهزات ومشكلات نفسية شديدة والذي يستطيع أ ن يخرج الطالب من هذه الحالة هو المعلم ، لأنه يجلس مع الطالب في الفصل الدراسي والمدرسة أكثر مما يجلس ولي أمر التلميذ

5- دور المعلم كنموذج .

المعلم هو القدوة ، وإذا سألت تلميذا أو تلميذة في المر احل الأولى من التعليم عن قدوتها لبادرت بقولها معلمتي هي قدوتي وهي مثلي الأعلى ، ومن المتعارف عليه كذلك أن التلميذ دائما ما يقلد معلمه في كثير من الأمور في ملبسه ومشربه وطريقة حديثه وأخلاقياته

6- دور المعلم كعضو في مهنته.

يطـور مـن مهاراتـه وإمكانياتـه في ضـوء احتياجاتـه المهنيـة ، ويبحـث عـن كـل مـا هـو جديـد في مجـال مهنتـه ويطلـع عـلى طـرق التـدريس الحديثـة وأسـاليب التقويـم والتـشخيص

والجديد في المناهج والجديد في الروابط المهنية والجمعيات وغيرها مما هو متعلق بمهنته كمعلم.

7- دور المعلم كعضو في المجتمع .

لابد أن يسهم المجتمع بدور فعال في خدمة المجتمع فالمعلم يعمل على تربية وتأديب وتعليم الطلاب داخل وخارج المدرسة والمدرسة من ضمن أهدافها خدمة المجتمع وكيف لا ومن أهم الأدوار التي يهتم بها المعلم خدمة المجتمع وتقديم الوعي والنصح والإرشاد والتدريب والتوعية لكل عناصره .

8- دور المعلم كمرشد أكاديمي

ويظهر هذا الدور بشكل فعال في المراحل الدراسية التي تحتاج إلى اختيار مواد دراسية أو المراحل التي تحتاج إلى التخصص أو التشعيب و اختيار المسار المناسب مثل مرحلة الثانوية العامة والتي يفاضل فيها الطالب بين القسم العلمي أو الأدبي أو داخل القسم الواحد ويتوقف الطالب متحيرًا بين علمي رياضيات أو علمي علوم ، وكذلك يظهر دور المعلم في الإرشاد الأكاديمي عند توجيه الطالب للكلية التي تتناسب مع قدراته ومهاراته وميوله وإمكاناته. ولا يتوقف دور المعلم كمرشد للطلاب على ذلك بل يعمل المعلم على توعية الطلاب ويضع الحلول المبتكرة لمشكلات الطلاب المختلفة حتى قبل ظهور هذه المشكلات.

ثانيًا : أدوار معلم التربية الخاصة

لا تختلف أدوار معلم التربية الخاصة عن أدوار المعلم العادي بشكل كبير فهناك اتفاق في بعض الأدوار وهناك اختلاف في أدوار أخرى ومن الأدوار التي يقوم بها معلم التربية الخاصة ما يلي :

1- دور معلم التربية الخاصة كمربي

2- دور معلم التربية الخاصة كمرشد أكاديمي

3- دور معلم التربية الخاصة كأخصائي وسائل تعليمية

4- دور معلم التربية الخاصة كأخصائي وسائل مساعدة

5- دور معلم التربية الخاصة كأخصائي تكنولوجي

6- دور معلم التربية الخاصة في تعديل السلوك

7- دور معلم التربية الخاصة في وضع ومتابعة الخطط الفردية

8- دور معلم التربية الخاصة كمرشد وموجه لأسر المعاقين

9- دور معلم التربية الخاصة في استقبال التلاميذ الجدد

10- دور معلم التربية الخاصة في أدارة المدرسة

11- دور معلم التربية الخاصة في التقييم والتشخيص

13- دور معلم التربية الخاصة في التعاون مع جمعيات المجتمع المحلي

14- دور معلم التربية الخاصة كأخصائي نطق وتخاطب

15- دور معلم التربية الخاصة كمحفز للطلاب

16- دور معلم التربية الخاصة في توعية المجتمع بقضايا الإعاقة

17- دور معلم التربية الخاصة في تغيير الاتجاهات السلبية نحو الإعاقة

18 – دور معلم التربية الخاصة في تخفيف الألم والحزن عن أسر المعاقين

19- دور معلم التربية الخاصة في متابعة الخطط الفردية مع أسر المعاقين

20- دور معلم التربية الخاصة في مساعدة المعلمين الجدد للعمل مع المعاقين

21- دور معلم التربية الخاصة في الاستشارات المختلفة الخاصة بقضايا الإعاقة

22- دور معلم التربية الخاصة في القيام بالأنشطة اللاصفيه للمعاقين

23- دور معلم التربية الخاصة في حل المشكلات التي تواجه أبنائه من ذوي الإعاقة .

24- دور معلم التربية الخاصة كقدوة في التعامل مع المعاقين

25- دور معلم التربية الخاصة في بث الأمل في نفوس المعاقين وأسرهم

26- دور معلم التربية الخاصة في الإشراف التربوي على برامج التربية الخاصة .

27- دور معلم التربية الخاصة في تقديم الخدمات المساندة .

28- دور معلم التربية الخاصة في برامج الدمج المختلفة

29- دور معلم التربية الخاصة في التأهيل النفسي والتربوي والاجتماعي للطفل المعاق وأسرته والقيام

بعملية الإرشاد النفسي كذلك لأسر الطفل المعاق .

30 - دور المعلم في تطوير مهارات وقدرات الطفل المعاق .

ثالثًا : دور معلم التربية الخاصة في دمج ذوي الاحتياجات الخاصة

لابد من أن يكون معلم التربية الخاصة المعني بعملية دمج الأطفال ذوي الاحتياجات الخاصة في المدرسة أن يكون قد تم إعداده تربويا وتعليميا بطريقة جيدة وقادر على تقديم أوجه العون والمساعدة للمعلم العادي ويكمن هذا الدور في النقاط التالية:

1- تقديم العون والمساعدة للمعلم العادي من خلال تحديد مستوى الأداء الحالي للطالب ذوي الاحتياجات الخاصة ، وكذلك طبيعة المشكلات الصحية / السلوكية / التربوية التي يعاني منها الطالب .

2- مساعدة المعلم العادي على الطرق المختلفة للتعامل و التواصل مع الطالب من ذوي الاحتياجات الخاصة .

3- مساعدة المعلم العادي في تفهم خصائص الطالب ذوي الاحتياجات الخاصة وذلك استنادا إلى مراعاة الفروق الفردية ومراحل النمو التي يمر بها الطالب.

4- وضع بعض الأهداف التي يراد تحقيقها سواء كانت طويلة المدى أو قصيرة المدى

5- توفير التعليم الزائد.

6- إعداد الخطط الدراسية والعلاجية للمعلم العادي.

7- دوره في عملية التقييم والتشخيص .

8- دوره في وضع الخطط العلاجية .

9- دوره في العمل مع فريق الدمج بالمدرسة .

10 - دوره كمتخصص في تدريس فئة معينة معلم صعوبات تعام (غرفة مصادر)الخ

الدور الذي يمكن أن يقوم به المعلم العادي في فصول ومدارس الدمج

- تعديل محتوى المنهاج ولو بشكل مبسط أو مبدئي.

- التركيز على تعليم مهارات أساسية للطلبة ذوي الاحتياجات الخاصة لا يتضمنها البرنامج التدريبي العادي .

- توفير بيئة صفية تختلف عن البيئة الصفية العادية

- تغيير استراتيجيات التدريس مع الطلبة ذوي الاحتياجات الخاصة والتركيز على التدريس الفردي.

- التركيز على نقاط الضعف التي يعاني منها الطلبة ذوي الاحتياجات الخاصة وتقوية الجوانب الإيجابية ونقاط القوة للطالب.

- عدم التركيز على جوانب القصور التي يعاني منها الطالب ذو الاحتياجات الخاصة

- تطوير اتجاهات إيجابية نحو الطلبة ذوي الاحتياجات الخاصة.

- ضرورة التنسيق الفاعل مع إدارة المدرسة لتذليل العقبات التي تعترض تقدم الطالب في مختلف الجوانب الأكاديمية والشخصية والاجتماعية.

- إقامة علاقة إيجابية واتصال دائم مع أولياء أمور الطلبة ذوي الاحتياجات الخاصة في ضوء البرامج التعليمية والتربوية المفتوحة له.

- تقديم التعزيز اللفظي والمادي للطالب ذوي الاحتياجات الخاصة في ضوء تقدمه الأكاديمي والسلوكي والانفعالي والاجتماعي.

- تعزيز عملية التفاعل الإيجابي بين الطلبة ذوي الاحتياجات الخاصة وزملائهم العاديين.

- التنسيق الفاعل بين المعلم العادي ومعلمي التربية الخاصة كلما دعت الضرورة لذلك.

- تطبيق المناهج باستخدام أساليب وطرق فعالة.

- تقييم تحصيل الطلبة من المعارف والمهارات والقيم بواسطة الاختبارات الشفهية والتحريرية.

- اختيار أساليب فعالة في التشويق تناسب حالة كل إعاقة

من أدوار المعلم في مدارس الدمج

-وضع الخطط التربوية الفردية للطلاب اختيار طريقة التدريس المناسبة

-المساهمة في تطوير المناهج بما يتناسب وقدرات الطلاب

-تنمية مهارات الطلاب

-تطوير قدرات التلاميذ الشخصية

-تكوين العلاقات الاجتماعية

-إرشاد وتقديم الاستشارات المعلم العادي

-المساهمة في ضبط وحفظ النظام بالمدرسة

-التوجيه النفسي للطلاب

-تقويم الطلاب

ويذكر ((stephens et al.,1982) من أدوار المعلم في تقييم الطلاب وتحديد الأهداف التعليمية لهم .

-جمع المعلومات لتحديد الحاجات التربوية للطلبة ذوي الحاجات الخاصة .

-تحديد مستوى الأداء الراهن للطلبة ذوي الحاجات الخاصة .

-تحديد أهداف طويلة المدى وأهداف قصيرة المدى للطلبة ذوي الحاجات الخاصة تتصف بكونها مناسبة ، وقابلة للقياس ،وواقعية .

-إشراك أولياء الأمور في تحديد الأهداف لأطفالهم

-تحديد أهداف جماعية للطلبة في الصف وأهداف للمجموعات الفردية فيه .

ومن المعلوم أن عملية التقييم من العمليات الهامة والتي يترتب عليها الكثير من مسارات الحياة للطفل ذي الإعاقة فالطفل الذي يتم تشخيص حالته بأن لديه إعاقة ذهنية فإن حياته تأخذ مسارا مختلفا تمامًا عن الطفل الذي يشخص بأنه سوي وعادي ومن هنا تظهر أهمية التقييم ، ويأخذ التقييم أشكال متعددة منها النفسي والتربوي والسمعي والبصري والسلوكي والاجتماعي ونستخدم في عملية التقييم العديد من الأدوات منها أدوات جمع المعلومات مثل الملاحظة والمقابلة والاستبانة ودراسة الحالة وغيرها من أدوات جمع المعلومات وهنا ك العديد من أدوات القياس مثل الاختبارات والمقاييس النفسية ومقاييس الذكاء ومقاييس التكيف الاجتماعي,وبعد عملية التقييم يتم وضع البرنامج الفردي ويذكر جمال الخطيب(تعليم غير العاديين في المدارس العادية مرجع سابق ،ص189) أهم أدوار ووظائف المعلم في عملية التقييم ما يلي:

تقييم المناهج وتطويرها

إرشاد أولياء الأمور

دور المعلم في استخدام الأساليب تكنولوجية التعليم لذوي الاحتياجات الخاصة

تدريب التلاميذ على استخدام الأجهزة والمعينات

تنمية وتطوير المهارات الشخصية والاجتماعية للتلاميذ

عمل مقابلات شخصية لتحديد مدى تطور قدرات الطلاب

العمل مع فريق الدمج

وضع الاختبارات

المساهمة في إدارة المدرسة

توجيه أولياء الأمور للتعامل السليم مع أبنائهم من المعاقين

تقييم برامج الدمج ومدي تحقيق أهدافها

تفهم خصائص الطلاب من ذوي الاحتياجات الخاصة

القيام بتشخيص بعض حالات الإعاقة

اللإلمام بطرق القياس والتشخيص

القيام بعمل وسائل تعليمية مناسبة

الأدوار المهنية

دورة في توفير متطلبات الدمج

تقديم الدعم لنجاح الدمج

دورة في توفير مناخ وبيئة مدرسية وصفية مناسبة للدمج(حواره مع الطلاب ، منح الثقة ، طريقة حديثة مع أولياء الأمور ، تنظيم الفصل ، اختيار طريقة الجلوس ، اختيار ألوان الفصل وشكل المقاعد ، وطريقة إدارة النقاش والحوار ، غرس التفاؤل في نفوس الطلاب ، تحقيق التقبل الاجتماعي والنفسي للمعاقين ، استخدام أساليب تعزيز السلوك الإيجابي ، دورة في المساهمة في تعديل الاتجاهات الإيجابية تجاه الدمج (المعلمين ،أولياء الأمور ، الطلاب ، الإدارة المدرسية)

دورة في تنمية المهارات الحياتية للطلاب

دورة في تنمية العناية بالذات

دورة في تنمية التفاعل و الحوار

دور المعلم في تعديل السلوك

ويلعب المعلم دورًا لا يمكن الاستهانة به مع الأخصائي النفسي والاجتماعي والأسر في تعديل سلوك الطلاب في برامج الدمج واستراتيجيات تعديل السلوك هي الأسس التي تبنى عليها برامج تعديل السلوك فنجاح أو فشل برامج تعديل السلوك تتوقف وتعتد إلى حد كبير على مدى تحديد تلك الاستراتيجيات

(الخطوات المتبعة في تنفيذ برامج تعديل السلوك)

أ- تحديد السلوك المراد تعديله ويتم تحديد السلوك من خلال:

دراسة السلوك في ضوء المعايير السلوكية المعتمدة

مشاركة الأشخاص ذوي العلاقة في عملية تعديل السلوك

ترتيب المشكلات حسب الأولوية

مراعاة المعايير الأخلاقية

ب- تعريف السلوك الذي تم تحديده بدقة

وصف السلوك على هيئة استجابات إجرائية قابلة للقياس والملاحظة

التأكيد من التعريف المعتمد لذوي العلاقة

صياغة الأهداف السلوكية المرجوة

ج- جمع المعلومات الصحيحة عن السلوك المراد تعديله .

تحديد أساليب جمع المعلومات (الملاحظة المقابلة ، الاستبانة قوائم التقدير ،دراسة الحالة ، المقاييس والاختبارات وغيرها

تحديد مواعيد جمع المعلومات

تحديد الأشخاص الذين سيقومون بجمع المعلومات وطرق تسجيلها

د- تصميم برامج تعديل السلوك

اختيار الأساليب المناسبة إذا كان الهدف هو تشكيل سلوك جديد

اختيار الأساليب المناسبة إذا كان الهدف هو تدعيم سلوك جديد

اختيار الأساليب المناسبة إذا كان الهدف هو خفض سلوك غير مناسب

هـ_ تنفيذ برنامج تعديل السلوك

تحديد الوضع (المكان والزمان)

وضع خطة للتأكيد من صحة التنفيذ

الاستمرار بعملية جمع المعلومات

و- تقييم فاعلية تعديل السلوك

الحكم على التغيرات في السلوك المستهدف

اتخاذ القرارات الملائمة في ضوء النتائج

ومن أهم أساليب تعديل السلوك التي ذكرها (فاروق الروسان 2009)

من الأساليب التي يستخدمها المعلم في تعديل السلوك أساليب تعمل على تقوية العلاقة بين المثير والاستجابة ومنها

1- التعزيز الإيجابي

ويقصد بـذلك الأسـلوب تقـديم كـل المعـززات المرغـوب فيهـا والتـي تـلي حـدوث الاستجابة المرغوب فيها ، وتعمـل عـلى تقويـة العلاقـة بـين المثير الاستجابة مثـل المعـززات الأوليـة (

الأطعمة ، الوجبات ، المشروبات ،الحلويات ويجب مراعاة الحالة الصحية والجسمية والإشباع والحرمان عند تقديم المعززات الأولية والمعززات الاجتماعية ومنها:

اللفظية مثل أحسنت ، ممتاز ، شاطر ......الخ

المعززات غير اللفظية مثل: الابتسامة ، الاتصال البصري ، تعبيرات الوجه ،تقبيل الطفل ، عناقه وتقبيل اليدين

ومن المعززات الرمزية: قطع النقود ، العلامات الدرجات النجوم.

التعزيز السلبي

ويقصد بذلك الأسلوب تقديم كل المعززات التي تعمل على وقف حدوث الاستجابات غير المرغوب فيها ، والتي تعمل على تقوية العلاقة بين م - س ويتمثل في إيقاف حث مؤلم ، والسلوك الهروبي والسلوك التجنبي.ومن المعززات السلبية الأولية التي ترتبط بالحاجات الأولية وتعمل على بقاء الطفل سليما كإيقاف حالات الصداع وتجنب البرد والحرارة الشديدة .....الخ

المعززات السلبية الثانوية : مثل تجنب الفشل وتجنب العقاب وإزالة الأحداث المؤلمة ، والسلوك التجنبي مثل ارتداء الملابس الشتوية تجنبًا للبرد وتشغيل المكيف تجنبا للحر وعدم تناول الأطعمة الفاسدة تجنبا للمرض

تشكيل السلوك

ويقصد بذلك الأسلوب ، تقسيم أو تحليل السلوك إلى عدد من الاستجابة (المهمات) الفرعية المتتابعة وتعزيزها حتى يتم تحقيق السلوك النهائي المرغوب فيه ، ويعمل هذا الأسلوب على تقوية العلاقة بين م و س .

بعض الأمثلة التي توضح تطبيقات عملية لاستخدام أسلوب تشكيل السلوك في تعديل سلوك الأطفال غير العاديين و العاديين .

مثل مهارة تنظيف الأسنان ، أو تنظيم حجرته أو المشي لمسافة دون مساعدة الآخرين أو نطق بعض الكلمات وغيرها

2- تسلسل السلوك

ويقصد بذلك الأسلوب ربط عدد من أشكال السلوك المتتابعة (الاستجابات) معًا ، وتعزيز السلوك النهائي ، ويعمل هذا الأسلوب على تقوية العلاقة بين م – س وبخاصة عند بناء إشكال جديدة من السلوك. ويعد أسلوب تسلسل السلوك أسلوبًا مكملًا لأسلوب تشكيل السلوك ويمكن توضيح إجراءات تسلسل السلوك فيما يلي :

- تحديد الهدف النهائي من هذا الأسلوب أو للسلوك المراد تعديله

- تحليل الهدف النهائي إلى عدد من أشكال السلوك المتسلسلة والمترابطة معًا في سلسلة هي تسمى سلسلة السلوك أو سلسلة الاستجابات المترابطة معا في حلقات .

- تعزيز السلوك النهائي أو الاستجابة النهائية

- صعوبة الانتقال من استجابة أو سلوك إلى آخر في سلسلة الاستجابات أو أشكال السلوك دون النجاح في الحلقة السابقة

ومن الأمثلة على مهارة تشكيل السلوك مثل مهارة ارتداء الملابس أو مهارة القراءة

وتتكون مهارة القراءة من

1- مهارة تقليب الصفحات

2- مهارات التعرف على الأشكال والصور

3- مهارة التعرف على الكلمات

4- مهارة الإصغاء إلى الكلمات

5- مهارة مطابقة الكلمات.

6- مهارة القراءة الجهورية للكلمات / والجمل

7- مهارة القراءة للفقرات في الكتاب .

8- مهارة القراءة لعدد من الصفحات في كتاب .

9- مهارة القراءة الصامتة .

10- مهارة القراءة الاستيعابية

3- النمذجة .

- والمقصود بالنمذجة كأسلوب من أساليب تعديل السلوك .

- ويسمى أحيانًا أسلوب التعلم عن طريق التقليد وفيه يتعلم الطفل تعديل السلوك نتيجة لتقليد ومحاكاة سلوك الآخرين من خلال الملاحظة والتغيير في السلوك وتعديل عن طريق التقليد ومن أنواع النمذجة

- النمذجة الحية تقليد سلوك واقعي يحدث أمام المتعلم

- النمذجة المصورة تقليد ومحاكاة سلوك مصور أفلام

- أسلوب الضبط الذاتي

- وهو من أكثر أساليب تعديل السلوك فاعلية ولا نبالغ إذا قلنا أن الهدف من برامج تعديل السلوك هو وصول الطفل والفرد لمرحلة من الضبط الذاتي لتصرفاته وتعد هذه المرحلة من أهم أدوار المعلم في العملية التعليمة

- ومن أساليب الضبط

- ضبط المثيرات

- ملاحظة الذات

- تعزيز الذات وعقابها

- ومن ادوار المعلم في تعديل السلوك كذلك العمل على ضعف ومحو السلوك الغير مرغوب فيه ويتم ذلك عن طريق

4- أسلوب العقاب ومن أنواع العقاب:

- العقاب اللفظي (التوبيخ أو التهديد ،واستخدام العبارات الجارحة أو تعبيرات الرفض)

- العقاب الاجتماعي (حرمان الطفل من الفسح والرحلات وزيارة الأصدقاء ،وحرمانه من مشاهدة برامج التلفاز أو استخدام أجهزة الكمبيوتر.

- التصحيح الزائد مثل طلب الطفل بكتابة أخطائه في الإملاء خمس مرات أو كتابة الدرس أكثر من مرة

- العقاب الجسدي (الضرب على اليدين أو غيرها ولنا ملاحظات كثيرة على العقاب البدني)

أسلوب المحو

- ويقصد بأسلوب المحو إجراء سلوكي يتمثل في وقف التعزيز جزئيًا أو كليًا عن استجابة أو استجابات سبق وأن عززت مما يؤدي بالتالي إلى إعادة العلاقة بين المثيرات والاستجابات إلى حالة من الحياد أو إضعاف العلاقة بين م و س جزئيًا أو نهائيًا .

ويمكن تلخيص أدور ومهام معلم التربية الخاصة في برامج الدمج فيما يلي :

أولا : دور المعلم في التدريس

وهو الدور الأساسي في الدرس فهو أهم أدوار المعلم على الإطلاق وما دونها أدوار مكملة لدورة في التدريس ودور المعلم في التدريس يحتاج إلى برامج إعداد ويحتاج إلى شروط في اختيار المعلم ليقوم بمهامه على أكمل وجه ويمكن تلخيص دور المعلم في التدريس في

1- دراسة الأهداف التعليمية لموضوع المقرر المكلف بتدريسه .

2- تحديد الأهداف الخاصة بكل درس من الدروس .

3- إعداد دفتر التحضير بالشكل المناسب والاهتمام بعملية التحضير وفق الأسس العلمية والتربوية المتفق عليها في خطط واستراتيجيات التدريس.

4- توزيع موضوعات المقرر الذي يقوم بتدريسه على الحصص الدراسية طوال الفصل الدراسي وفق الخطط الدراسية .

5- تدريس مقرر مادة تخصصه وفق أفضل الأساليب التربوية .

6- تحديد الوسائل المستخدمة في الدروس والمساهمة في إعدادها بالتعاون مع أخصائي الوسائل التعليمية .

7- تحديد طرق التدريس واختيار المناسب منها لكل حصة دراسية .

8- تحديد الأنشطة الصفية واللاصفية .

9- تحديد الدرس في ضوء الخطة الفردية

10- تحديد طرق التقويم .

11- تقسيم وقت الحصة على الدرس .

12- تحديد دور الطلاب في الحصة .

13- تحديد البرنامج التربوي المناسب لكل طالب من الطلاب .

14- الحرص على التعاون مع فريق التربية الخاصة بالمدرسة .

15- تحديد الخدمات المساندة اللازمة للمساعدة في تحقيق أهداف الخطة التربوية الفردية .

16- الحرص على مشاركة أولياء الأمور في الخطة التربوية الفردية وفي كل ما يتعلق بالطالب .

17- تحديد طرق التدريس والوسائل المساعدة لكل طالب .

18- متابعة كل طالب على حده وفق الخطة التربوية ووفق الهدف من التحاقه بالمدرسة .

19- استخدام أساليب تعديل السلوك المناسبة بالتعاون مع المنزل وأخصائي تعديل السلوك .

20 – التعاون مع كل من الأخصائي الاجتماعي في جمع المعلومات والاستفادة منها في تعليم التلميذ .

21- التعاون مع أخصائي النطق والتخاطب في توجيه بعض التلاميذ لوضع الخطط المناسبة والبرامج الملائمة .

22- المساهمة مع الزملاء في لجان الاختبارات ووضع وتطبيق الاختبارات وفق القواعد المنصوص عليها .

ثانيا : دور المعلم القيادي

ويتضح دور المعلم القيادي فيما يلي:

1- دور المعلم في قيادة طلابه فهو الذي يقود طلابه لتحقيق أهداف الدرس بل وأهداف العملية التعليمية كلها .

2- المعلم يقود طلابه في ممارسة الأنشطة المختلفة سواء داخل الفصل أم خارجة .

3- المعلم قائد للمجموعات الطلابية المختلفة داخل الفصل في استخدام طرق التدريس المختلفة وخاصة في التعلم التعاوني والتعلم القائم على نشاط الطلاب .

4- المعلم هو القائد لطلابه في المشاركة في برامج المدرسة المختلفة

5- المعلم هو القدوة في قيادة طلابه وغرس الصفات القيادية بداخل طلابه .

ثالثا : دور المعلم الإداري

يقوم المعلم بمهام إدارية على مستوى المدرسة وأدوار إدارية على مستوى الفصل الذي يدرس له ومنها :

1- إدارة وضبط الفصل الدراسي .

2- تنظيم جلوس الطلاب على المقاعد سواء على شكل صفوف أو أعمدة أو على شكل حرف u وفقا للإعاقة التي يعاني منها الطلاب .

3- متابعة حضور وانتظام الطلاب بالمدرسة من خلال حصر غياب وحضور الطلاب أثناء الحصص الدراسية .

4- متابعة العجز في الكتب الدراسية ومخصصات الطلاب مع الجهات الإدارية والمالية في المدرسة .

5- متابعة استكمال الأجهزة والوسائل التعليمية مع قسم العهدة بالمدرسة أو المعهد .

6- المشاركة في بعض الجان الإدارية سواء الخاصة بمتابعة توزيع الكتب أو لجنة الأجهزة والوسائل ، أو لجنة الأثاث المدرسي .. الخ

7- المشاركة في لجان جمع المصروفات في البلدان التي تكون من لائحتها تحصيل قدر من المصروفات الدراسية من الطلاب .

8- المشاركة في لجان توزيع المكافآت في النظم التعليمية التي تحدد مكافآت مالية للطلاب , لأسر الطلاب من ذوي الإعاقة .

9- متابعة وصول الخطابات والتكليفات التي ترسل مع الطلاب لأولياء أمورهم بخصوص توجيهات معينة أو بخصوص طلبهم لحضور اجتماعات محددة .

رابعا : دور المعلم الإشرافي

يقوم المعلم بما يلي :

1- الإشراف على استقبال الطلاب ذوي الاحتياجات الخاصة في بداية اليوم الدراسي

2- قيام المعلم بالإشراف على الأنشطة اللاصفية (الرحلات ، المعسكرات ....الخ) ذات العلاقة بمادة التخصص .

3- توجيه الطلاب وإرشادهم بإتباع السلوكيات المقبولة من خلال توضيح مخاطر السلوك السلبي ومزايا السلوك الإيجابي .

4- توجيه الطلاب بطرق المذاكرة الجيدة .

5- تنظيم الندوات واللقاءات الإرشادية والتوجيهية للطلاب ذات العلاقة بمساعدتهم على القدرة على التوافق الشخصي والاجتماعي والدراسي .

6- المشاركة في الإشراف اليومي على الطلاب .

7- تنظيم اللقاءات مع باقي معلمي مادة تخصصه لتبادل الخبرة .

8- توجيه باقي معلمي مادة تخصصه بأفضل طرق وأساليب التدريس .

9- ريادة الفصل الذي يسند إليه من قبل لجنة توزيع أنشطة ريادة الفصول والقيام بالدور الريادي المناسب .

10- القيام بعملية الإرشاد الأكاديمي .

11- الإشراف اليومي على طابور الصباح وطابور الفسحة .

12- الإشراف على انصراف الطلاب في نهاية اليوم الدراسي(عبدالعزيز السرطاوي ، جميل الصمادي)

ومن المعلوم أن المعلم بمفرده لن يستطيع أن يقدم الكثير في مجال دمج ذوي الاحتياجات الخاصة بشكل خاص وفي مجال تربية ذوي الاحتياجات الخاصة وتعليمهم وتدريبهم بشكل عام ولابد من توفير فريق كامل ومتكامل للعمل في برامج الدمج ومن هنا يمكن أن نتحدث عن فريق الدمج

فريق الدمج

ويتكون فريق الدمج من

- المدير

مدير المدرسة يلعب دورا رئيسيا في برامج الدمج لا يمكن التهوين منه ولا يمكن الاستغناء عنه فهو القائد في الميدان وهو الذي يمد جسور التواصل بين جميع الجهات الإدارية والمالية والوظيفية والاجتماعية وهو المسئول عن كل كبيرة وصغيرة تتم داخل المدرسة وهو الشخصية الاعتبارية التي تشارك في كل عمل بالمدرسة وخاصة قضية الدمج ، فهو المخطط للبرامج وهو المشرف على التطبيق وهو المتابع للتنفيذ وهو المنظم للمهام وهو من يعيد تقييم الأمور ويرفض بعضها بمعاونة الفريق ويضع خطط جديدة ويطور القديمة فالمدير هو المايسترو في المدرسة يساهم في وضع الخطط التربوية للمعاقين إشرافا وتنفيذا ، ويتابع تقييم وتشخيص الطلاب ويتابع مدى التحسن أو التأخر في مستوى الطلاب .

- معلم التربية الخاصة .

- دور معلم التربية الخاصة في وضع ومتابعة الخطط الفردية

- دور معلم التربية الخاصة كمرشد وموجه لأسر المعاقين

- دور معلم التربية الخاصة في استقبال التلاميذ الجدد

- دور معلم التربية الخاصة في أدارة المدرسة

- دور معلم التربية الخاصة في التقييم والتشخيص

- دور معلم التربية الخاصة في التعاون مع جمعيات المجتمع المحلي

- دوره في إرشاد وتوجيه المعلم العادي وغيرها من الأدوار التي ذكرت سابقًا.

- المعلم العادي .

كما ذكرنا سابقًا فإن دور المعلم العادي في برامج الدمج لا يمكن الاستغناء عنه وخاصة في بعض الإعاقات التي يلتحق الطفل المعاق فيها طوال الوقت في الفصل العادي مع الطلاب العاديين مثل صعوبات التعلم فالمعلم العادي يلعب دورًا أساسيا في تعليم وتدريب وتعديل سلوك الطفل ويقوم معلم التربية الخاصة باستكمال هذا الدور داخل غرفة المصادر

- معلم غرف المصادر

هو العمود الأساسي في بنيان غرفة المصادر أكثر منه في أي بديل تربوي آخر ، فمعلم غرفة المصادر يقوم بأدوار متعددة منها تعليم التلاميذ وتحديد مستوى التلميذ ، ويتابع تطبيق البرنامج الفردي ، ويقوم بتحديد مشكلات التلاميذ والقيام بتعديل سلوكهم ، وقد يعمل المعلم مع مجموعة من التلاميذ أو تلميذ واحد ، ويجلس الطفل فترة في غرفة المصادر ثم يعود إلى فصله الأساسي ويستثمر وقت الحصص الإضافية أو حصص المجالات أو الأنشطة في حضور أطفال الغرفة من فصولهم العادية حسب جدول معين ، مرتين أو ثلاث مرات أسبوعيًا لمدة ساعة أو ساعتين أو أكثر من ذلك إذا احتاج الأمر ، يأتي الطفل للغرفة في الوقت المناسب ويكون معلم الغرفة جاهزًا بتدريبات مناسبة فردية أو جماعية ، مع استخدام الوسائل التعليمية والتكنولوجيا المناسبة ، ويقوم معلم الغرفة بالاتصال بمعلم الفصل العادي في فترات متقاربة زمنيًا لمراجعة أحوال الطفل ومستواه في الفصل العادي حتى درجة الكفاية التي يعود بعدها الطفل إلى الفصل العادي نهائيًا ، مع المتابعة المستمرة .(بطرس حافظ، صعوبات التعلم النمائية 2008)

المعلم المستشار .

يقدم الاستشارة في حالة وجود عجز في معلمي التربية الخاصة حيث يقوم هذا المعلم بمتابعة عدد كبير من المدارس في منطقة سكنية معينة انظر (ناصر الموسى ، دمج المعاقين في المملكة العربية السعودية 2004)

معلم التربية الرياضية .

يقوم بتنفيذ برامج التربية الرياضية في المدرسة للطلاب من ذوي الاحتياجات الخاصة داخل المدرسة أو في مركز رياضي قريب ويساهم معه في وضع الخطة التربوية البدنية للطلاب معلم التربية الخاصة والطبيب وولي الأمر وعدد من فريق الدمج بالمدرسة (عبدالحكيم مطر التربية البدنية الخاصة 2007)

الأخصائي النفسي .

يقوم الأخصائي النفسي بدور هام في رعاية ذوي الاحتياجات الخاصة في برامج الدمج حيث يقوم بحصر طلاب المدرسة من خلال التنسيق مع فريق الدمج ، ويقوم بتحديد أسباب الإعاقة خاصة لو إعاقة تعليمية مثل صعوبات التعلم ونوع الإعاقة ثم يقوم بوضع البرامج الإرشادية والتربوية لمساعدة أفراد تلك الفئة في التغلب على مشاكلهم ، ومن أدواره كذلك تطبيق المقاييس والاختبارات النفسية والعقلية ، ويقوم الأخصائي بتحديد القدرات العامة والخاصة ، يساهم مع فريق الدمج في وضع الخطط الفردية ومتابعتها وحل المشكلات التي تواجه التلاميذ في تطبيق عملية الدمج (عبدا لرحمن سليمان التقييم والتشخيص في التربية الخاصة 2007)

الأخصائي الاجتماعي .

يلعب الأخصائي الاجتماعي دورًا مهما في عملية دمج الأطفال المعاق مع العاديين حيث يقوم بإعداد دراسة حالة عن الطفل المعاق وأسرته،ويقدم المشورة كأحد فريق الإرشاد المدرسي،ويساعد في تعديل وتهيئة التلاميذ العاديين لتقبل فكرة الدمج ،و يساهم في تقديم الخدمات المختلفة داخل المدرسة للنجاح في الدمج مثل توفير الوسائل المساعدة وتقديم الدعم المادي والاتصال بالمراكز الطبية ومراكز العلاج الطبيعي ومراكز التأهيل ويسهم بشكل فعال في إرشاد أسر التلاميذ المعاقين والعاديين للنجاح في برامج الدمج .

أولياء الأمور

يساهم أولياء الأمور (سواء للتلاميذ العاديين ،أو المعاقين) بشكل فعال في نجاح وتحفيز الطلاب على النجاح في برامج الدمج المختلفة من خلال التهيئة والموافقة على التحاق التلميذ ببرامج الدمج ومن خلال المتابعة وتطبيق الخطط الفردية وبرامج تعديل السلوك في المنزل

المراجع

1- رويدة حسن،تقويم المعلم في ضوء ميثاق التعليم مجلة المعرفة العدد 167

2- فاروق الروسان : تعديل السلوك ، دار الفكر ، عمان ،2009 ، ص89

3- عبدالصبور منصور : الإدارة والإشراف في التربية الخاصة ، دار الزهراء ، الرياض ،2010 ،ص 214 سيد صبحي: الإعاقة العقلية, دراسات الصحة النفسية, مرجع سابق ص80.

4- عبد العزيز الشخص : اضطراب النطق والكلام ، القاهرة ، مطابع جامعة عين شمس ،2004 ،ص150 ،180

5- عادل عبدالله محمد : مدخل إلى التربية الخاصة ، علم نفس ذوي الإعاقة والموهبة،دار الزهراء ، الرياض ،2011، ص 290،296

5- دليل التدخل المبكر والتدريب الارتقائي ، وزارة الشئون الاجتماعية مشروع مبادرات الحماية الاجتماعية ، مرجع سابق ص27

6- جمال الخطيب ،مني الحديدي : مناهج وأساليب التدريس في التربية الخاصة ،مرجع سابق ص313

7- عبد الرحمن سيد سليمان وآخرون : التقييم والتشخيص في التربية الخاصة ،دار الزهراء ،الرياض ،2007،ص287

8- ماجدة السيد عبيد : مرجع سابق ص238

9- ماجدة السيد عبيد :نفس المرجع ص 240

10- ***Autism History, Stephen Edelson, Center For Study of Autism.***

12- نبيل صلاح حميدان : دليل الفاحص الملف النفس تربوي الإصدار الثالث ، النسخة المعربة ، مركز والدة الأمير فيصل بن فهد للتوحد الرياض

11- ماجدة السيد عبي ، مرجع سابق

12- 15- جمال الخطيب ، الشلل الدماغي والإعاقة الحركية دليل المعلمين والآباء ،دار الفكر ،عمان الأردن، 2003.

13- عبدالرحمن سليمان ، وآخرون ، التقييم والتشخيص في التربية الخاصة ، دار الزهراء ، الرياض 2007،

14-   Prasad sonata. Mainstreaming 15- and interaction An observational study of elementary – aged children designated as educable mentally retarded dissertation abstracts international (discs, abs, inter,) vol. 50m GM arch 1990.

15-   Richard L- Simpson and Brenda smith Parents Mainstreaming Modification Performances for children with educable mental Handicaps Behaviour disorders and learning dies abilities special education. 39 the and rainbow blvd. university of Kansas psychology in the schools volume 26 July 1989 .

16-   Sharon Vaughn and others, social outcomes for students with and with out Leering disabilities in inclusive classrooms Journal of Learning disabilities. Volume 31. n5 September, Oct, 1998 .

17-   Thomas p. Lombardi and others perceptions of parents. Teachers and students regarding an integrated Education inclusion program the high school journal of the university of North Carolina press April May 1994.

الفصل الثامن

المناخ المحفز للنجاح في برامج الدمج

- المقصود بالمناخ

- المقصود بالمحفز

- أشكال وتطبيقات المناخ المحفز .

- دور المجتمع

- دور الأسرة

- دور المدرسة

- الجوانب المادية في المدرسة لخلق مناخ محفز للدمج .

- الجوانب البشرية في المدرسة لخلق مناخ محفز للدمج .

يهدف هذا الفصل إلى :

- تعريف مناخ الدمج

- فهم صور المناخ المحفز

- تطبيق بعض أشكال المناخ المحفز

- معرفة دور المجتمع في خلق مناخ محفز للنجاح في الدمج

- معرفة دور الأسرة في خلق مناخ محفز للنجاح في الدمج

- معرفة دور المدرسة في خلق مناخ محفز للنجاح في الدمج

- التعرف على العوامل المادية والبشرية داخل المدرسة للنجاح في برامج الدمج

مقدمة

المقصود بالمناخ في برامج الدمج:

هي الحالة العامة التي يشعر بها الطفل المعاق وولى الأمر أثناء تطبيق برامج الدمج من حيث معاملة إدارة المدرسة والمعلمين والطلاب للطفل للمعاق وأسرته ومن حيث تعديل البيئة الهندسية وتوفير الاعتبارات والمعايير الخاصة بدمج كل فئة من فئات الإعاقة ومن حيث توفير الوسائل المساعدة و تكنولوجيا التعليم والوسائل التعليمية وغرف المصادر والإمكانات المختلفة المحفزة والمشجعة على نجاح برامج الدمج .

المقصود بالمحفز

هو ما يقدم للطفل بغرض إثارة دوافعه نحو التعلم والاندماج ، من محفزات مادية وغير مادية و من مكافآت ومعززات وهدايا وحتى كلمات تشجيعية ومواقف تعليمية محفزة لتحقيق النجاح والحافز يختلف عن الدافع فالدافع منبه مثير للسلوك ذو طبيعة بيولوجية ذاتية داخلي يهدف لتحقيق حاجات مادية (جسمية) من الدرجة الأولى أما الحافز فهو الوقود الذي يشعل البشر فتراهم في حركة مستمرة لتحقيق الهدف المنشود في الوقت والفاعلية والأنشطة المناسبة لذلك ويمكن أن يكون ماديًا ونفسيًا وذاتيًا وخارجيًا بما يساعد الطفل وأسرته على الاندماج وتحقيق الهدف منه.

أشكال وتطبيقات المناخ المحفز والمشجع للنجاح في الدمج

أولا- المجتمع ودوره في تشجيع برامج الدمج :

المجتمع بوعيه وقيمة وثقافته وحرصه على تحقيق تكافؤ الفرص والعدالة الاجتماعية وبحرصه على تطبيق منظومة القيم الاجتماعية يمثل المجتمع اللاعب الأساسي في تحقيق برامج الدمج وفي المساهمة الجادة والفاعلة لتحقيق النجاح في تطبيق برامج الدمج والقدرة على تحقيق الهدف منها والمجتمع يشمل المؤسسات والجمعيات والمراكز وغيرها مما يدخل تحت منظومة المجتمع .

ثانيا: البيت ودوره في تشجيع مناخ الدمج .

عندما يكون الوالدين والأخوة والأخوات متفهمين لاحتياجات الطفل المعاق وحقه في الاندماج مع العاديين والعيش معهم ، بل ليس التفهم وحده لأن النية بمفردها لا تصلح الأمر ولكن لابد من أن يتابع هذا الفهم عمل مستمر وشاق في سبيل إسعاد الطفل المعاق وشعوره بالحب والتفاؤل وأن إعاقته ليست عائقا أمامه في الاندماج والتعاون والتشارك مع من هو في عمره ولذلك الأسرة لديها دور عظيم لا يمكن تغافله ولا يمكن الاستغناء عنه في سبيل تحقيق بيئة محفزة ومشجعة للدمج.

ثالثا : المدرسة

ويمكن تقسيم دور المدرسة في تحقيق مناخ مشجع للنجاح في برامج الدمج من خلال :

الجوانب المادية

1- شكل الفصل الدراسي

لابد من التخلص من الأشكال التقليدية العقيمة في شكل الفصل بل من الممكن أن نبدع ونبتكر في شكل الفصل بما يدخل الانبهار والسرور والمتعة على الطفل وممكن أن يكون شكل الفصل على شكل دائرة وليس مربع بل ممكن أن يكون شكل الفصل على شكل سفينة أو يخت أو على شكل لعبة من الألعاب من الخارج ومن الداخل نبتكر ونهندس ما يناسب الطفل وإعاقته ويسبب نوع من التشوق والإقبال على الدراسة .

2- الألوان

لابد أن نغير في الألوان التقليدية ونبتكر أنواع من الديكورات والألوان الممتعة والمشوقة وفي نفس الوقت تتوافق مع معايير الرؤية السليمة والبعد عن إثارة العينيين بل ألوان هادئة وشيقة وعلى شكل أشكال متنوعة منها حديقة الحيوان ومنها أشجار الفاكهة ومنها السيارات وغيرها ولكن بداخل الفصل نوع من الديكورات المتعددة التي نختار ما يتناسب مع الحصة الدراسية فحصة الرسم تحتاج إلى ألوان وأشكال

متعددة وحصة الحساب تحتاج إلى الألوان الهادئة وهذا لا يمكن تحقيقه ألا بتوفير الدعم المادي المناسب .

3- المقاعد وترتيبها ونوعيتها

لابد من تغيير شكل المقاعد من الشكل التقليدي إلى أشكل متنوعة ومتجددة يمكن أن يكون شكل الكرسي على شكل حصان صغير وفوقه منضدة صغيرة تناسب الطفل للكتابة عليها ، بل ممكن أن يكون شكل المقعد على شكل فاكهة أو كرة قدم وغير ذلك من الأشكال المبهجة ، ولابد من ترتيب المقاعد بما يتناسب مع كل إعاقة من الإعاقات فالمعاق بصريا يختلف عن المعاق سمعيا في ترتيب المقاعد هل هي على شكل حرف v أو على شكل حرف u أو غير ذلك .

- الوسائل التعليمية

لابد من تحديث وتنويع الوسائل المناسبة لكل إعاقة من الإعاقات بما يحقق الهدف من الوسيلة دون حدوث تشتت للطفل وفي نفس الوقت تصبح ممتعة للطفل أثناء التعلم عليها وأثناء استخدامه مثل أشكال الحروف على شكل حيوانات أو على شكل الطيور والفواكه ،وغيرها وهذه الوسائل تتخطى حواجز الزمان والمكان والإمكانات البشرية في الرؤية والسمع أو غيرها من الحواس وصدق القول بإن شعار الوسيلة التعليمية " رب صورة خير من ألف كلمة " (إبراهيم مطاوع ، التربية العملية ،1981)

أهمية استخدام الوسيلة في صنع مناخ محفز للدمج

إن استخدام الوسائل التعليمية بطريقة فعالة يساعد على حل أكثر المشكلات ويحقق للعملية التعليمية عائدا كبيرا وقد أثبتت البحوث أهمية الإمكانيات التي توفرها الوسائل التعليمية للمدرسة ومدى فعاليتها في عملية التعليم إذ أنها

أولا : تساهم في تعلم أعداد كبيرةمن المتعلمين في صفوف مزدحمة:

فالوسائل التعليمية تساعد على حل مشكلة تعليم هذه الأعداد المتزايدة من التلامذة فبواسطة هذه الوسائل (الوسائل السمعية والبصرية مثلا) يستطيع الدارسون الحصول على تعليم أفضل وبذلك نضمن تكافؤ الفرص للتلاميذ.

ثانيا : تثير انتباه التلاميذ نحو الدروس وتزيد من إقبالهم على الدراسة

فالوسائل التعليمية بطبيعتها مشوقة ن إذا ما توفرت فيها العناصر المطلوبة لأن المادة التعليمية تقدم من خلالها بأسلوب جديد مختلف عن الطريقة اللفظية التقليدية ، فقد يكون في عرض نماذج أو أفلام قصيرة ، أو مجموعة صور متعلقة بالدرس ، يثير اهتمام التلاميذ إلى الدرس ومتابعتهم له.

ثالثا : تساعد الوسيلة التعليمية على زيادة سرعة العملية التربوية

إن استخدام الوسائل يوفر قدرا غير قليل من وقت المعلم ، فعرض وسيلة كالخريطة أو صورة للتلميذ يتيح فرصة للحصول على قدر معين من الخبرة التي لا يستطيعون الحصول عليها في المدة نفسها لو اعتمد المعلم على الشرح اللفظي وحده.

رابعا : تعالج مشكلة الفروق الفردية بين التلاميذ

فقد يستطيع المعلم عن طريق الوسائل تقديم مثيرات متعددة بطرق وأساليب مختلفة تؤدي إلى استثارات وجذب التلاميذ من مختلف القدرات والخبرات والمواهب وكما يستطيع المدرس أن يعني بحاجات تلاميذه كل حسب ميوله.

خامسا: توفر الوسائل التعليمية تنوعا مرغوبا في الخبرات التعليمية وهذا ما يحبب التلاميذ بالموقف التعليمي ، ويضع أمامهم مصادر متنوعة للمعلومات تتناسب مع قدرتهم على التعلم (ميسر الخلايلة ، 1981).

خصائص وشروط الوسيلة التعليمية الجيدة

1- أن تكون الوسيلة مثيرة للانتباه والاهتمام ، وأن تراعى في إعدادها و إنتاجها أسس التعلم ، ومطابقتها للواقع قدر المستطاع

2- أن تكون محققة للأهداف التربوية .

3- إن تكون جزء لا ينفصل عن المنهج .

4- أن تكون مراعية لخصائص التلاميذ ومناسبة لعمرهم الزمني والعقلي

5- أن تكون مناسبة مع الوقت والجهد الذي يتطلبه استخدامها من حيث الحصول عليها والاستعداد و كيفية استخدامها .

6- أن تتسم بالبساطة والوضوح وعدم التعقيد .

7- أن تتناسب من حيث الجودة والمساحة مع عدد التلاميذ في الصف وأن تعرض في

وقت مناسب كي لا تفقد عنصر الإثارة فيها .

8- يفضل أن تصنع من المواد الأولية المتوفرة حالياً ذات التكاليف القليلة

9- أن تحدد المدة الزمنية اللازمة لعرضها والعمل عليها لتتناسب مع المتلقين

10- أن تكون متقنة وجيدة التصميم من حيث تسلسل عناصرها وأفكارها وانتقالها من هدف تعليمي إلى آخر ، مع التركيز على النقاط الأساسية في الدرس .

الثمار التربوية لاستعمال الأدوات التعليمية

- تنمي في المتعلمين حب الاستطلاع وتخلق في نفوسهم رغبة في التحصيل والمثابرة على التعلم بشوق ونشاط .

- توسع مجال الحواس و إمكاناتها فتسهل على المتعلمين التفاعل مع البيئة التي يطالعونها أو يدرسونها والكون الذي يعيشون فيه .

- تتيح للطالب الفرص الجيدة لإدراك الحقائق العلمية والاستفادة من خبرتهم وتعينهم على القيام بتجارب ذات علاقة بواقع حياتهم ومعيشتهم أثناء التعلم بطريقة مبسطة

- تقوي العلاقة بين المعلم والمتعلم، فتزيد من إيجابية المتعلم واستجابته للتوجيهات والحقائق المجردة

- تخلق حيوية مستمرة في جو غرفة الصف مما يساعد المعلم على الوصول بسهولة إلى الأهداف التي رسمها لدرسه.

- تثبت المادة الجديدة في ذهن المتعلم لمدة طويلة فيستعيدها عند الحاجة لتطوير خبراته بسهولة وبسرعة .

- تدفع المتعلم إلى التعلم بالعمل وهو خير طريق للتعلم الصحيح .

- تحرر المعلم من دوره التقليدي وتزيد من فعاليته .

المعلم : الوسيلة التعليمية الأساسية

هل أنت معلم لأطفال ذوو احتياجات خاصة ؟

هل أخذت الوقت اللازم للتفكير في سبب عملك مع هذه الفئة من الناس ؟

هل تشعر أن هذا العمل مناسب لنمط حياتك ؟

سوف يكون كذلك إذا شعرت يوماً بالمشاركة الوجدانية والشفقة ، والتقمص

العاطفي، والاهتمام، الرغبة العميقة في مساعدة الآخرين ، وتتصف بالصحوة والإبداع في تنويع الأنشطة التعليمية . فهذا يعني أنك على الطريق الصحيح لـ " تقبل الذات " وعندما تتقبل ذاتك سوف تتقبل الآخر أيا كان ومهما كانت حالته وسوف تكسبك هذه الصفات الثقة بالنفس لاكتساب مهارات وخبرات أكثر والبحث الدائم عن سبل تحسين الجوانب الشخصية والمهنية.

دور المعلم في اختيار الوسيلة المحفزة

- على معلم التربية الخاصة أن يستخدم ما يتوفر له من وسائل تعليمية حتى ولو كانت تقليدية بدلا من عدم استخدام وسيلة من الأصل .

- تظهر مهارة المدرس في القدرة على تنويع الوسائل التعليمية وعدم التوقف على وسيلة تقليدية واحدة

- من مظاهر التحفيز أن يشارك المعلم التلميذ في عرض الوسيلة وتشغيلها والتعليق عليها وحبذا لو أمكن أن يقوم التلميذ بعمل بعض الوسائل التعليمية البسيطة بمساعدة الأسرة وتحت إشراف المعلم .

- تظهر مهارة المدرس في استخدام الوسيلة كجزء من الدرس وليس منفصلة عنه .

- على المعلم أن يختار الوسيلة التي تندرج في مدى الخبرة المباشرة للتلاميذ .

- تظهر مهارة المدرس في استغلال البيئة المدرسية والبيئة المحيطة بالمدرسة في اختيار الوسيلة المناسبة .

الفوائد التي تنشأ عن استخدام الوسيلة التعليمية مع الطفل من ذوي الاحتياجات الخاصة

1- توفر الوسيلة الأساس المادي المحسوس للتفكير .

2- تساعد الوسيلة على التحفيز للتعلم بل وتثير الاهتمام بموضوع الدرس.

3- تساعد الوسيلة على إثارة الانتباه والنشاط وعدم التشتت.

4- توفر خبرة واقعية ملموسة وخاصة لذوي الإعاقة .

5- تساعد على تكوين ثروة علمية ولفظية وتزيد من سعة ذاكرة التلميذ .

6 - تساعد الوسيلة على علاج الكثير من العيوب والمشكلات التعليمية .

تكنولوجيا التعليم

وهي ليست الوسائل التعليمية أو الأجهزة التعليمية ويعتبر مدخل تكنولوجيا التعليم من المداخل المنطقية لتصميم التعليم ومعالجة مشكلاته ، لأنه يصمم عناصر منظومة التعليم ويراعي خصائص التلاميذ من ذوي الاحتياجات الخاصة وحاجاتهم التعليمية ونوع الإعاقة وطبيعتها (أمل سويدان ،2009)

- دور تكنولوجيا التعليم في خلق البيئة المحفزة

تساعد تكنولوجيا التعليم المتعلم في استيعاب المعلومات ، وتساعد المعلم على شرح المعلومات ويمكن أن نوجز أهمية تكنولوجيا التعليم في البيئة المحفزة فيما يلي :

- تساعد على زيادة استثارة المتعلم وخاصة من ذوي الاحتياجات الخاصة .

- التغلب على المشكلات اللفظية .

- توسيع وتنويع مجالات الخبرة لدى الطفل المعاق .

- تهيئة الخبرات التعليمية المباشرة .

- إتاحة الفرصة لذوي الإعاقات للتعلم من خلال الخبرات البديلة .

- مقابلة الفروق الفردية بين التلاميذ.

-إتاحة الفرص للتعلم الذاتي المستمر . (أمل سويدان ، مرجع سابق)

- التجهيزات

للنجاح في بيئة محفزة للدمج لابد أن تكون التجهيزات متكاملة من فصول دراسية ، إلى عيادات طبية إلى حجرات العلاج الطبيعي إلى توفير غرف للطعام وتوفير صالات للترفيه وغرف للنوم بعض الوقت وغيرها من أجهزة الإعاقة المختلفة وفق نوعية الإعاقة الموجودة بالمدرسة ،وكل هذه التجهيزات مع توفير المتخصصين للتعامل معها وفي نفس الوقت البساطة في تلك التجهيزات والبعد عن التعقيد والمغالاة .

- ملاعب المدرسة

لابد من توفير صالات للممارسة الرياضة داخل المدرسة وحبذا لو يوجد حمام للسباحة وممكن أن يكون صغير الحجم مع توفي صالة للجمانيزيوم وغيرها من الصالات والأدوات التي يحتاج إليها الطفل لتعلم عدد من الألعاب الرياضية ، ولابد أن

نؤكد على أهمية الرياضة للطفل المعاق من ناحية بناء الجسم السليم والوقاية من الأمراض وخاصة أمراض السمنة والترهل وضعف العضلات ، والرياضة تلعب دورا هاما في بناء شخصية الطفل المعاق والثقة بالنفس والاعتماد على الذات وخاصة في الألعاب الفردية التي تتيح نوع من التنافس وتكوين المهارات مثل السباحة والركض وألعاب القوى البسيطة ، والتي قطع كثير من المعاقين شوطًا متميزا على المستوي العالمي وقصة العداء الجنوب إفريقي باتريوس ليست ببعيدة . (شبكة الانترنت)

- حديقة المدرسة

لابد من توفير حديقة شيقة والعبرة ليس بالحجم ولكن ممكن أن تكون حديقة صغيرة وبسيطة تضفي نوعا من المرح والهدوء وراحة النفس .

- مطعم المدرسة

لابد لخلق بيئة محفزة مع الأطفال من ذوي الإعاقة فتوفير مطعم يقدم وجبة ساخنة شهية تكون سببا من أسباب إقبال الطفل على المدرسة وتعين الطفل المعاق على التركيز لحاجة الطفل لوجبات غذائية متكاملة .

- المعامل

معامل الحاسب ومعامل العلوم ومعامل اللغة ومعامل السمعيات وغيرها من المعامل التي نحتاج إليها لتعليم الطفل على أحدث طرق التدريس والتعليم .

- مبان المدرسة الارتفاع والشكل والتصميم

شكل وتصميم المدرسة يضفي روحا من التجديد والاشتياق للدخول والتمتع بمناظر المدرسة وممكن أن يتم تصميم المدرسة على شكل فندق صغير أو على شكل فيلا سكنية جميلة فالارتفاع بسيط والتصميم شيق و الشكل جميل وجذاب .

- معدل الآمان

لابد من الاهتمام عند تصميم مدرسة للدمج المعاقين مع العاديين أن يكون معدل الأمان عال من حيث الكهرباء ومخاطرها ومن حيث أماكن السقوط ومخاطر حمامات السباحة وغيرها من التأمينات السلالم والمصاعد والأرضيات والنوافذ وغيرها من التأمينات اللازمة .

- التهوية

لابد من مراعاة أن تكون نوافذ المدرسة مصممة بحيث يدخل المدرسة الهواء النقي و تسطع الشمس على فصول وحجرات المدرسة ،

الجوانب البشرية لنجاح المدرسة في الدمج

- مدير المدرسة

متخصص في مجال الإعاقة حاصل على مؤهل وممارس في مجال الإدارة يمتلك مهارات المدير الناجح من مهارات فنية إلى مهارت إدارة الوقت إلى مهارات التواصل إلى مهارات التخصص الدقيق وغيرها مما يمكنه من التعامل بنوع من التفاؤل والتعاون والصبر مع الأطفال المعاقين وأسرهم .

- الأخصائي النفسي

متمرس في العمل قادر على التجديد والابتكار في التشخيص لا يتعامل بشكل تقليدي في كتابة التقارير بل يحدث ويطور ويغير للوصول إلى أفضل النماذج للتعامل مع الأسر والأطفال و يسبب لهم راحة نفسية وحب وتعاون .

- الأخصائي الاجتماعي

يتوفر فيه معايير وصفات ومهارات الأخصائي الاجتماعي الناجح وهي متعددة مثل القدرة على التواصل مع أولياء الأمور ، وحفظ الأسرار ومهارة الملاحظة الدقيقة واستخدام طرق جمع المعلومات وتحليلها وغيرها.

- المدرس

أن يتوفر في المدرس عدد من المهارات المختلفة أهمها القدرة على التدريس واستخدام طرق واستراتيجيات التدريس المختلفة ومهارات التواصل وتغيير القناعات والميول والاتجاهات ، وغيرها من الصفات والمهارات

التي لابد أن تتوافر في المعلم في برامج الدمج .

المراجع

1- إبراهيم مطاوع : التربية العملية وأسس طرق التدريس ،دار المعارف ، القاهرة ، 1981

2- ميسر الخلايلة محاضرة بعنوان- استخدام وإنتاج الوسائل التعليمية - (ورقة عمل) برمانا لبنان1998

3 - أمل سويدان ، منى الجزار :تكنولوجيا التعليم لذوي الاحتياجات الخاصة ، دار الفكر ، عمان ، ط 2009، ص16

4- عبد العظيم شحاتة: التأهيل المهني للمتخلفين عقليًا, دار النهضة العربية, القاهرة 1991, ص43,44

5- عبلة حنفي عثمان: الخصائص النفسية لطفل الحاجات الخاصة, المؤتمر الأول عن كتب الأطفال ذوي الاحتياجات الخاصة وتربيتهم, ط3 القاهرة, دار الفكر العربي 2001 ص6

6- فيوليت إبراهيم: التربية الخاصة، مرجع سابق ص52

7- عبد السلام عبد الغفار: مقدمة في علم النفس العام, ط2 دار النهضة العربية, بيروت 1977 ص74.

8- زيدان السرطاوي, كمال سالم سيسالم: المعاقون أكاديميًا وسلوكيًا –خصائصهم وأساليب تربيتهم, مكتبة الصفحات الذهبية, الرياض 1992 ص68.

9- فاروق صادق: سيكولوجية التخلف العقلي, مرجع سابق, ص259

10- فتحي السيد عبد الرحيم: سيكولوجية الأطفال غير العاديين واستراتيجيات التربية الخاصة, ط4, دار القلم للنشر والتوزيع, الكويت 1990 ص30

11- عبد المطلب أمين القرويطي: سيكولوجية ذوى الاحتياجات الخاصة مرجع سابق ص 219-224.

12- حسني الجبالي: الكفيف والأصم, مرجع سابق ص147, نقلاً عن فاروق الروسان: الكتاب المدرسي في تعليم المعوقين سمعيًا والأسس التي ينطلق منها, دمشق, الاتحاد العربي للهيئات العاملة في رعاية الصم, المؤتمر العربي الرابع 29 مارس 1982.

13- عبد المطلب أمين القريوطي: سيكولوجية ذوى الاحتياجات الخاصة وتربيتهم،مرجع سابق ص 311.

14- يوسف القريوطي: المدخل في التربية الخاصة, دار القلم دبي ص45

15- وزارة التربية والتعليم: نحو تربية خاصة أفضل / المؤتمر القومي الأول للتربية الخاصة مرجع سابق ص2.

16- أحمد حسين اللقاني, أمير القرشي: مناهج الصم, التخطيط والبناء والتنفيذ, القاهرة عالم الكتب 1999 ص15.

17- عصام حمدي الصفدي: **الإعاقة السمعية**, دار اليازوري العلمية للنشر والتوزيع, عمان, الأردن 2003 ص17, 18.

18- اتحاد هيئات رعاية الفئات الخاصة والمعوقين: حجم مشكلة المعوقين في مصر موجز تقرير التجربة الاستطلاعية، ندوة الاتحاد عن حجم مشكلة الإعاقة في مصر القاهرة ص55.

19- Leeann true dell : Behavior and achievement of mainstreaming Junior High special class students. Journal of special education volume 24 No 25 summer 1990 .

20- Linda Ellet: Instructional practices in Mainstreamed Secondary classrooms – Journal of Learning Disabilities, Volume 26, number 1, January 1993.

21- Madhya Banter and Ronald A. Dailey A study of the Effect of on inclusion model on students with specific: Learning Disabilities Journal of Learning disabilities. Volume 28, number 8, October 1995.

22- McGuiness w .Attitude change, in Lindsey, Aaronson (eds) the hand book of social psychology, vole 2 -new York Random house 1985.

الفصل التاسع

معوقات ومشكلات الدمج

- أهم المعوقات التي تواجه تطبيق برامج الدمج سواء أكان دمجا كليا أو دمجا جزئيا .

- المشكلات التي يمكن أن تعيق النجاح في تطبيق برامج الدمج المختلفة .

- معوقات خاصة بالموارد البشرية والمادية مثل النقص في أعداد معلمي التربية الخاصة ، وضعف الكفاءة ،وبرامج الإعداد القديمة التي لا تتناسب مع تطبيق الدمج .

- نقص في تجهيزات المدارس من غرف مصادر ووسائل تعليمية ووسائل مساعدة وخدمات مساندة .

- عدم قناعة بعض القيادات التربوية بأهمية وفائدة الدمج .

- الاتجاهات السلبية من المجتمع تجاه برامج الدمج .

- المناهج الدراسية بشكلها الحالي والتي لا تتناسب مع برامج الدمج المختلفة .

يهدف هذا الفصل إلى:

- أن يتعرف الدارس على أهم المعوقات التي تواجه تطبيق برامج الدمج سواء أكان دمجا كليا أو دمجا جزئيا .

- أن يحدد الدارس المشكلات التي يمكن أن تعيق النجاح في تطبيق برامج الدمج المختلفة .

- أن يتعرف على أن أهم المعوقات والمشكلات التي تواجه تطبيق برامج الدمج والتي حددتها الدراسة الحالية ما يلي :

- معوقات خاصة بالموارد البشرية والمادية   مثل النقص في أعداد معلمي التربية الخاصة ، وضعف الكفاءة ،وبرامج الإعداد القديمة التي لا تتناسب مع تطبيق الدمج.

- نقص في تجهيزات المدارس من غرف مصادر ووسائل تعليمية ووسائل مساعدة وخدمات مساندة .

- عدم قناعة بعض القيادات التربوية بأهمية وفائدة الدمج .

- الاتجاهات السلبية من المجتمع تجاه برامج الدمج .

- المناهج الدراسية بشكلها الحالي والتي لا تتناسب مع برامج الدمج المختلفة .

معوقات ومشكلات الدمج

سوف يتناول هذا الفصل المعوقات التي تواجه دمج ذوي الاحتياجات الخاصة في التعليم العام سواء أكان هذا دمجاً جزئياً أو دمجاً كلياً. وتوصلت الدراسة إلى مجموعة من المعوقات منها معوقات خاصة بالمعلم والمنهج ومعوقات خاصة بالمدرسة والإدارة المدرسية ومعوقات خاصة بالتلاميذ العاديين والمعاقين ومعوقات خاصة بالمجتمع وأولياء الأمور ومعوقات خاصة بالتمويل وتوفير الدعم المادي اللازم لإنجاح مدارس دمج ذوي الاحتياجات الخاصة.

ومن خلال بعض الدراسات الميدانية والبحث في أدبيات التربية الخاصة رصدت الدراسة الحالية أكثر المعوقات تأثيرًا علي نجاح برامج الدمج ففي دراسة ناصر حمد (مجلة رسالة الخليج العدد88 ،ص180)والتي تحدثت عن المشكلات والمعوقات التي تواجه برامج دمج المعاقين سمعيًا ومن أهم المشكلات مشكلات اجتماعية مثل عدم تهيئة الطلاب العاديين والصم للدمج قبل البدء بتطبيقه داخل المدرسة ،ومن المشكلات الفنية التي تضمنتها الدراسة عدم مناسبة المناهج الدراسية لقدرات وإمكانات الطلاب الصم .وكذلك من المشكلات التي تواجه برامج دمج المعاقين سمعيا عدم مناسبة المباني المدرسية الحالية ، وكذلك وجود تداخل بين مهام كل من مدير المدرسة والوكيل ومشرف فصول الصم داخل المدرسة .وفي دراسة قام بها المؤلف عن التخطيط للتوسع في برامج الدمج(2008)رصدت الدراسة أهم المشكلات والمعوقات التي تواجه برامج الدمج فيما يلي حيث قسمت الدراسة المعوقات إلى خمسة محاور توضح المعوقات التي تواجه تطبيق دمج ذوي الاحتياجات الخاصة في مدارس الدمج الكلى و الجزئي في مصر وهي كما يلي :

المحور الأول : المعوقات الخاصة بالمعلم والمنهج الدراسي.

المحور الثاني: المعوقات الخاصة بالمدرسة والإدارة التعليمية.

المحور الثالث : المعوقات الخاصة بالتلاميذ العاديين وذوى الاحتياجات الخاصة.

المحور الرابع: المعوقات الخاصة بالمجتمع

المحور الخامس: المعوقات الخاصة بتمويل مدارس الدمج.

ومن المعوقات الخاصة بالمعلم والمنهج الدراسي كما يوضحها الجدول التالي

المعوقات الخاصة بالمعلم والمنهج الدراسي :
1- عدم مناسبة المناهج التعليمية الحالية لمدارس الدمج وصعوبتها .
2- قلة البرامج التي تعين المدرس على النجاح في الدمج .
3- إحساس المدرسين والمديرين بأن الدمج عب زائد عليهم .
4- عجز في أعداد معلمي التربية الخاصة .
5- قلة الدورات التدريبية للتعرف على الدمج للمعلمين والمديرين.
6- الافتقار إلى المعلم القادر على التعامل مع المعاقين والعاديين
7- الاتجاه السلبي لفكرة الدمج لدى المعلمين.
8- صعوبة الامتحانات لبعض الإعاقات .
9- قلة الحافز المادي المناسب لجهد المعلم.
10-الدمج داخل الفصول المشتركة يؤدي إلى تعطيل العملية التعليمية.
11- الافتقار إلى وجود المعلم المساعد .
12- طرق التدريس الحالية لا تساعد على إنجاح الدمج.
13-الدمج عملية مرهقة للمدرس والإدارة.
14- عدم وضوح الهدف من عملية الدمج.

ومن خلال استطلاع أراء العاملين والمهتمين والباحثين فسرت الدراسة تلك المعوقات وفق لما يلي :

1- عدم مناسبة المناهج التعليمية الحالية لمدارس الدمج وصعوبتها

وذلك لأن هذه المناهج وضعت للتلميذ العادي صاحب مستوى الذكاء الطبيعي أما التلميذ ذوي الاحتياجات الخاصة فإن المناهج تحتاج إلى نوع من الموائمة والتكيف والمرونة حتى تناسب إمكانات وقدرات الطفل المعاق وتتفق هذه النتيجة مع ما توصلت إليه دراسة "إيمان الكاشف وعبد الصبور منصور" 1998 ودراسة "محمد عبد الغفور" 1999 و"نجيب خزام" 2000 ودراسة" مجدي شيحة" 2003 من صعوبة مناهج مدارس

الدمج وأيضاً مع ما توصلت إليه دراسة "أحلام رجب" 1995 ودراسة "أمل الهجسي "1998 ودراسة" سميحة أبو النصر" 2003 من صعوبة مناهج التربية الخاصة على وجه العموم وتحتاج إلى تعديل . ويؤكد ذلك المعوق ما لاحظه الباحث أثناء المقابلات وأثناء الزيارات الميدانية من شكوى كثير من المدرسين من صعوبة مناهج مدارس الدمج .

2- قلة البرامج التي تعين المدرس على النجاح في الدمج :

وهذا المعوق ناتج عن ضعف الاهتمام بمدارس الدمج وقلة تقديم البرامج التي تساعد المدرس على النجاح في مدارس الدمج. ولاحظ الباحث أن كثيراً من المدرسين في حاجة شديدة لبرامج تساعدهم على التعامل مع تلاميذ الدمج وخاصة في المدارس التي لا تشرف عليها جمعيات أهلية مثل مركز سيتي أو جمعية الرعاية المتكاملة لأنهم لم يعدوا الإعداد الكاف للعمل في هذه المدارس.

3- إحساس المدرسين والمديرين بأن الدمج عبء زائد عليهم :

وذلك لأن المديرين والمدرسين في مدارس الدمج الجزئي أو الفصول الملحقة كما يقولون في أثناء العديد من المقابلات لا يحصلون على حوافز مادية أو مكافآت مالية ولكن في نفس الوقت إذا حدثت أية مشكلة أو تقصير في جانب معين مثل النظافة أو اعتداء طفل على زميله فيتم التحقيق مع المدرسة وأحياناً تعاقب المدرسة ببعض الجزاءات وكذلك فهم يشعرون بأن الدمج عبء زائد عليهم وتتفق نتائج هذا المعوق مع ما توصلت إليه دراسة "إيمان الكاشف وعبد الصبور منصور" 1998 ودراسة "عبد العزيز الشخص "سنة 1987

4- عجز في أعداد معلمي التربية الخاصة :

وهذا المعوق ليس في فصول الدمج فقط بل في مدارس التربية الخاصة بصفة عامة حيث أكدت دراسة "فرج" (1995) من وجود عجز في المعلمين المؤهلين للعمل مع المعوقين عقلياً في مصر ودراسة "محمد التهامي" (1990) التي توصلت إلى ندرة وجود مدرس متخصص في المجالات المهنية ودراسة "سميحة أبو النصر وحنان رضوان" (2003) والتي توصلت إلى وجود عجز في المعلمين الجامعيين المؤهلين تربوياً ودراسة "إيمان الكاشف وعبد الصبور منصور" 1998 التي أكدت على وجود عجز في مدرسي التربية

الخاصة في مدارس الدمج الجزئي التي تحتاج إلى مدرس متخصص في التربية الخاصة. بل يتم اختيار مدرس من مدرسي المدرسة العاديين ويسند إليه الإشراف على الفصل الملحق بالمدرسة وفي أوقات كثيرة يكون المدرس لا يرغب في العمل في الفصل الخاص ويكون غير معد تربوياً ومهنياً الإعداد الكافي للعمل في الفصول الملحقة.

5- قلة الدورات التدريبية للمعلمين والمديرين للتعرف على برامج الدمج :

عدد كبير من المعلمين الذين يعملون في الفصول الملحقة لم يحصلوا إلا على القليل من الدورات التدريبية . وهناك عجز شديد في التدريبات المتعلقة بدمج ذوي الاحتياجات الخاصة. وتتفق النتيجة السابقة مع ما توصلت إليه "إيمان الكاشف وعبد الصبور منصور" 1998 من قلة البرامج التدريبية المقدمة للمدرسين في فصول الدمج الجزئي . وتتفق أيضاً تلك النتيجة مع دراسة" لورنس بسطا"

6- الافتقار إلى المعلم القادر على التعامل مع العاديين والمعاقين في نفس الوقت ويمكن إرجاع ذلك لنقص التدريبات والاتجاهات السلبية عند بعض المعلمين تجاه دمج ذوي الاحتياجات الخاصة . وعدم اقتناع البعض بجدوى الدمج وأيضاً بسبب كثرة المعوقات التي تواجه المعلم في فصول الدمج وعدم وجود المعينات والعوامل المساعدة على إنجاح مدارس الدمج.

7- الاتجاه السلبي تجاه فكرة الدمج لدى المعلمين :

ومن خلال المقابلات المفتوحة التي قام بها الباحث وجد أن هناك اتجاه إيجابي لدى الكثير من المعلمين والمدراء والموجهين تجاه فكرة الدمج . ولكن طريقة التطبيق وعدم التخطيط الجيد لمشروع الدمج وقلة الموارد المادية وقلة التدريبات والبرامج والمعينات وقلة الدعم المادي والمعنوي للمشروع هو الذي أدى إلى شعور المعلمين بفشل المشروع . وتكون عند البعض منهم اتجاهاً سلبياً تجاه دمج ذوي الاحتياجات الخاصة وتتفق هذه النتيجة مع دراسة "إيمان الكاشف وعبد الصبور منصور" سنة 1998 وتختلف مع دراسة" لورنس بسطا 2003" ودراسة "مجدي سيحة "2003 ودراسة" علاء كفافي" 2005 من وجود اتجاه إيجابي تجاه الدمج . وتؤكد الدراسة أن الاتجاه السلبي هو تجاه التطبيق وليس فكرة الدمج ذاتها ولاحظ الباحث أن الاتجاه السلبي أكثر

لدى المدرسين العاديين وتتفق هذه النتيجة مع دراسة "لورنس بسطا" 2003 من أن المدرسين العاديين يحتاجون إلى تهيئة وتدريب .

8-صعوبة الامتحانات لبعض الإعاقات .

وخاصة الإعاقة العقلية حيث إن الامتحانات الحالية لا تتناسب مع قدرات وإمكانيات التلاميذ ذوي الاحتياجات. ولابد من تعديل شكل الامتحانات الحالية لتتلاءم مع قدرات التلاميذ في مدارس الدمج وتتفق هذه النتيجة مع دراسة" إيمان الكاشف وعبد الصبور منصور" 1998 من قلة الحوافز المناسبة لجهد المعلم وأيضاً دراسة" لورنس بسطا" 2003 ودراسة وزارة التربية والتعليم 2003 .

9-قلة الحافز المادي المناسب لجهد المعلم.

مدارس الدمج تحتاج إلى معلمين أصحاب جهد وفير، وتحتاج إلى إقبال من المعلمين على العمل، وعلى تعديل سلوك التلاميذ، وتحتاج إلى قدرات متميزة، لأن المعلم في مدارس الدمج يتعامل مع قدرات وإمكانيات مختلفة، وهذا الجهد الذي يبذله المعلم يحتاج إلى الدعم المادي والدعم المعنوي وفي مدارسنا نفتقد إلى الدعم المادي حيث قلة المرتبات والحوافز وأيضاً هناك ضعف في الدعم المعنوي

10- الدمج داخل الفصول يؤدي إلى تعطيل العملية التعليمية .

وخاصة مع المعاقين عقلياً والصم وذلك لأن المعاقين عقلياً يحتاجون إلى إعادة وتكرار من المعلم بسبب ضعف إمكانياتهم، والمعاقون سمعيا يحتاجون إلى لغة خاصة في التعامل.

11- الافتقار إلى وجود المدرس المساعد

وذلك بسبب العجز في أعداد مدرسي التربية الخاصة وهذا هو السبب الرئيسي. ولكن من خلال المقابلات لاحظ الباحث أن المدرسين في مدارس الدمج وخاصة الدمج الكلي يرفضون وجود مدرس يدخل معهم الفصل ويساعدهم ويشاركهم في التدريس بهذا الفصل وذلك لمصالح شخصية كما أوضح عدد من المدرسين وتلك المصالح هي عبارة عن الدروس الخصوصية والمجموعات المدرسية .

12- طرق التدريس الحالية لا تساعد على نجاح مدارس الدمج .

وذلك لأن التلاميذ ذوي الاحتياجات الخاصة يحتاجون إلى طرق تدريس قائمة على البرامج الفردية وتحديد حالة كل تلميذ على حدة، حتى داخل فصول الدمج . ولكن الذي يتم هو وجود الطفل مع زملائه داخل الفصل والمعلمون يستخدمون طرق تدريس تقليدية وبالتالي يؤدي ذلك إلى إعاقة مدارس الدمج عن دورها.

13- الدمج عملية مرهقة للمدرس والإدارة المدرسية .

وذلك بسبب المجهود المضاعف الذي يبذله المدرس داخل فصول الدمج وأيضاً لأنه يحتاج من الإدارة المدرسية جهوداً وتخطيطاً وتعاوناً، لإنجاح مدارس الدمج . ويحتاج الدمج إلى إدارة واعية قادرة على حل المشكلات ومواجهة الأزمات وقادرة على السرعة في اتخاذ القرارات والتعاون فيما بينها لإنجاح مدارس الدمج أما الإدارة التقليدية فدائماً ما ترفض مشروع الدمج ويؤدي ذلك إلى فشل المشروع .

14- عدم وضوح الهدف من عملية الدمج .

وذلك لحداثة برامج الدمج من ناحية ولقلة الدعم الإعلامي والمجتمعي من ناحية أخرى وأيضاً بسبب قلة التدريبات وورش العمل والدورات التي تساعد على فهم ووضوح الهدف من عملية الدمج وتتفق هذه النتيجة مع دراسة" إيمان الكاشف وعبد الصبور منصور "1998 . من عدم وضوح الهدف من الدمج وتتفق هذه النتيجة مع دراسة "الشخص "1987 .

. ومن المعوقات الخاصة بالمدرسة والإدارة التعليمية كما رصدتها الدراسة يوضحها الجدول التالي

المحور الثاني: المعوقات الخاصة بالمدرسة والإدارة التعليمية.

1- الافتقار إلى مسئولين إداريين وفنيين لديهم خبرة في إنجاح مدارس الدمج.
2-- قلة عدد مدارس الدمج.
3- الافتقار إلى غرف المصادر التي تحتاج إليها مدارس الدمج
4-. قلة الدعم المادي المقدم لصيانة وتجهيز مدارس الدمج
5- لم يتم تهيئة مدارس الدمج بشكل مناسب لعملية الدمج.
6- عدم وجود إدارة خاصة بالدمج.
7- لا توجد رعاية متكاملة تعليمية واجتماعية ونفسية داخل مدارس الدمج .
8-. الافتقار إلى التجهيزات والوسائل التكنولوجية الحديثة بمدارس الدمج
9- بُعد مدارس الدمج وصعوبة وصول الطفل المعوق إليها
10-. المبنى المدرسي بشكله الحالي غير ملائم للدمج.
11-. شكل الفصل وتنظيم غير ملائم للدمج.
12-. إهمال صيانة الأجهزة والمعينات الموجودة بمدارس الدمج.
13-. ارتفاع كثافة فصول الدمج

ومن خلال الدراسات السابقة والمقابلات واستطلاع آراء الخبراء تبين أسباب ترتيب المعوقات بهذا الشكل جاءت كما يلي :

1- الافتقار إلى التجهيزات والوسائل التكنولوجية الحديثة بمدارس الدمج الترتيب الأول ويؤكد أهمية وجود التجهيزات والوسائل التكنولوجية الحديثة من مدارس الدمج ويؤكد أيضاً شعور مدرسي الدمج الكلي بأهمية هذه الوسائل والتجهيزات أكثر من شعور مدرسي الدمج الجزئي لأن مدارس الدمج الكلي يتم دمج التلاميذ

بالفعل داخل الفصول وليس في الأنشطة والحصص الترفيهية ولكن داخل الحصص الدراسية وكذلك المدارس بحاجة شديدة لهذه الأجهزة .

2- وجاء في الترتيب الثاني قلة الدعم المادي المقدم لصيانة وتجهيز مدارس الدمج ويؤكد أيضاً أهمية الدعم المادي لتجهيز وصيانة المدارس والذي يؤدي عدم وجوده إلى إعاقة نجاح مدارس الدمج الكلي .

3- وجاء في الترتيب الثالث الافتقار إلى غرف المصادر التي تحتاج إليها مدارس ويؤكد أهمية غرف المصادر في مدارس الدمج الكلي. والتي تلعب دورًا لا يمكن تجاهله في برامج الدمج .

4- وجاء في الترتيب الرابع بعد مدارس الدمج في بعض الأحيان وخاصة مدارس الدمج الكلي وبعد المدارس يضطر اسر المعاقين لقطع مسافات طويلة ومرهقة بدنيا ومالًا لأسر المعاقين.

5- وجاء في الترتيب الخامس قلة عدد مدارس الدمج الكلي بوزن نسبي 251، ويؤكد على العبارة السابقة وهي بعد المدارس والترتيب المنطقي هو أيضاً قلة عدد مدارس الدمج الكلي ولاحظ الباحث في الزيارات الميدانية أن عدداً كبيراً من التلاميذ يأتي من أماكن بعيدة مما يصعب انتظام التلاميذ والنجاح في مدارس الدمج.

6- وجاء في الترتيب السادس . إهمال صيانة الأجهزة والمعينات بوزن نسبي 233 وهذا إن دل فهو يدل على أن الأجهزة والمعينات الموجودة بمدارس الدمج الكلي هناك اهتمام بها أكثر من مدارس الدمج الجزئي.

7- الافتقار إلى مسئولين إداريين وفنيين لديهم خبرة في إنجاح مدارس الدمج في الترتيب السابع بوزن نسبي 223، ويؤكد أيضاً أهمية وجود هؤلاء المسئولين والإداريين والفنيين أصحاب الخبرات في مدارس الدمج.

8- ويأتي في الترتيب الثامن عدم وجود إدارة خاصة بالدمج بوزن نسبي 220 ،وهذه من مجمل المعوقات التي تواجه مدارس الدمج حيث إنه لا توجد إدارة خاصة بالإشراف على مدارس الدمج تقوم بحل المشكلات التي تواجه مدارس الدمج وهي في مراحلها الأولى والذي يشرف على برامج الدمج هو كل إدارة من إدارات التربية الخاصة سواء أكانت

إدارة فكرية أو سمعية أو بصرية وعدد من القائمين على هذه الإدارات هم غير مقتنعين ببرامج الدمج فكيف يعملون على الابتكار في سبيل نجاح برامج الدمج .

9-ثم جاء في الترتيب التاسع والعاشر والحادي عشر والثاني عشر والثالث عشر العبارات الآتية على الترتيب ، لا توجد رعاية متكاملة تعليمية واجتماعية ونفسية داخل مدارس الدمج ، ثم لم يتم تهيئة مدارس الدمج بشكل مناسب لعملية الدمج ثم شكل الفصل وتنظيمه غير مناسب ثم المبنى المدرسي بشكله الحالي غير ملائم للدمج ثم ارتفاع كثافة فصول الدمج، وجاءت هذه المعوقات بارزة وجاءت الثلاثة معوقات الأخيرة متفقة مع مدارس الدمج الجزئي وهي شكل الفصل وتنظيمه والمبنى المدرسي، وارتفاع كثافة فصول الدمج ويؤكد هذا إحساس القائمين على مدارس الدمج الكلي أن ارتفاع الكثافة في فصول الدمج وشكل المبنى والفصل ليست من الإعاقات المؤثرة في إنجاح مدارس الدمج و كذلك قلة التجهيزات المعينات والوسائل التكنولوجية الحديثة بمدارس الدمج وكذلك قلة الدعم المادي المقدم لصيانة وتجهيز مدارس الدمج والافتقار إلى غرف المصادر وكذلك بعد مدارس الدمج في بعض الأحيان وقلة عدد مدارس الدمج الكلي و إهمال صيانة الأجهزة والمعينات و الافتقار إلى مسئولين إداريين وفنيين لديهم خبرة في إنجاح مدارس الدمج وتتفق هذا النتائج كذلك مع" دراسة" إيمان الكاشف وعبد الصبور منصور" 1998 ودراسة "عفاف المصري "2001 ودراسة "سميحة أبو النصر وحنان رضوان" (2002)

المحور الثالث :المعوقات الخاصة بالتلاميذ العاديين والمعوقين

م	معوقات خاصة بالتلاميذ العاديين والمعوقين
1	**هناك فروق شاسعة بين الطفل المعاق والعادي في القدرات والاستعدادات على سير العملية التعليمية.**
2	**إن بعض الإعاقات تحتاج إلى لغة خاصة(الصم) مما يؤدي إلى عدم توافر اللغة المشتركة بين التلاميذ.**
3	**تقليد الطفل العادي لبعض السلوكيات الشاذة التي تحدث من زميله المعاق.**
4	**حدوث بعض المشكلات بين الأطفال العاديين والمعاقين مما يعرض المعاق للاعتداء سواء باللفظ أو الضرب أو الإشارة.**
5	**إحساس الطفل المعاق بالعجز والنقص.**
6	**تعرض المعاقين للسخرية وبعض المضايقات.**
7	**حدوث مشكلات تعليمية للتلاميذ المتميزين والموهوبين أثناء عملية الدمج.**
8	**وجود اتجاهات سلبية من الطلبة العاديين إزاء أقرانهم من المعاقين.**

1- وجاء في الترتيب الأول من حيث أكثر المعوقات تأثيراً عبارة أن بعض الإعاقات تحتاج إلى لغة خاصة (الصم) مما يؤدي إلى عدم توافر اللغة المشتركة بين التلاميذ . وجاءت هذه العبارة بوزن نسبي 265.4 . ومن خلال ملاحظات الباحث وزيارته الميدانية للفصول الملحقة وخاصة ذوي الاحتياجات الخاصة من الصم والبكم ، لاحظ الباحث أن عدم وجود لغة مشتركة بين اعتداءات بين التلاميذ لعدم قدرة التلميذ المعاق على

التحدث إلى زميله والتحاور معه فيتحول الحوار إلى مشاجرات واعتداءات بين الطرفين ،ولذلك لاحظ الباحث أن من أكثر تجارب الدمج فشلاً وعدم تحقيقها لأهدافها الإعاقة السمعية وإن كان الأمر يختلف في فصول الدمج الفكري والبصري حيث هناك لغة مشتركة وتفاهم بين التلاميذ. وتتفق هذه النتيجة مع" دراسة إيمان الكاشف وعبد الصبور منصور" سنة 1998 وتتفق هذه النتيجة مع دراسة "محمد عبد الغفور "1999 حيث أكدت الدراسة أن الدمج في المدارس البصرية يلقى قبولاً عن الدمج في المدارس السمعية والفكرية

2- وجاء في الترتيب الثاني من حيث المعوقات الخاصة بالتلاميذ المعاقين والعاديين عبارة هناك فروق شاسعة بين المعاق والعادي في القدرات والاستعدادات مما يؤثر على سير العملية التعليمية بوزن نسبي 262.7، وهو معوق موجود بالفعل داخل مدارس الدمج الجزئي وذلك لأن مستوى القدرات العقلية واللغوية والمهارية والاجتماعية تختلف بين التلاميذ العاديين والمعوقين وتحتاج إلى تدريب وتأهيل للتلاميذ المعاقين للقدرة على التفاعل مع الزملاء العاديين .

3- وجاء في الترتيب الثالث إحساس الطفل المعاق بالعجز والنقص بوزن نسبي 258 . ويأتي هذا الشعور لدى الطفل عندما يطلب من المدرس أن يقوم بعملية حسابية أو قراءة عبارة أو كتابة كلمة ولا يستطيع مقارنته بعملية بزملائه العاديين وإن كان هناك بعض المدرسين يرون أن التلميذ من ذوي الاحتياجات لا يشعر بذلك لأنه لا يستطيع أن يميز بين إمكانياته وإمكانيات غيره من التلاميذ العاديين .

4- حدوث بعض المشكلات بين الأطفال العاديين والمعاقين تأتي في الترتيب الرابع بوزن نسبي 256.9 ، أي أنه بالفعل يحدث مشكلات بين الأطفال العاديين والمعاقين وخاصة في أوقات الفسح والنشاط و الأوقات التي تقل فيها الرقابة على التلاميذ من المشرفين والمعلمين، ومن المؤكد أن هذه الاعتداءات بسبب عدم التهيئة الكافية من القائمين على الدمج للتلاميذ العاديين من ناحية ومن ناحية أخرى أن بعض الإعاقات لديها نشاط زائد من ذوي الإعاقات السمعية وبالتالي يحدث احتكاك ومشكلات مع

زملائهم. وتؤكد نفس النتيجة دراسة "إيمان الكاشف وعبد الصبور منصور" سنة 1988 ودراسة "لورنس بسطا ذكري 2003" . ودراسة إدارة التربية الخاصة 2003

5-حدوث مشكلات تعليمية للتلاميذ المتميزين والموهوبين أثناء عملية الدمج جاءت في الترتيب الخامس بوزن نسبي 245.4 ، أي أن هذه المشكلات قائمة بالفعل لأن دمج التلاميذ المعاقين مع المتميزين يؤدي إلى حدوث مشكلات.

6- ويأتي في الترتيب السادس وجود اتجاهات سلبية بين الطلبة العاديين إزاء أقرانهم من ذوي الاحتياجات الخاصة بوزن نسبي 245.3 أي أن الطلبة العاديين لديهم اتجاهات سلبية من الطلبة ذوي الاحتياجات الخاصة وهو ما أكدته الدراسة الميدانية والمقابلات والملاحظات في بعض الفصول الملحقة من الصم والبكم وبعض الفصول الملحقة من التربية الفكرية والدراسة ترمي أن سبب هذا الاتجاه السلبي هو عدم التهيئة الكافية للتلاميذ العاديين وعدم اقتناع عدد كبير من مدرسي التعليم العام بمشروع الدمج في الفصول الملحقة وتتفق هذه النتيجة مع دراسة "إيمان الكاشف وعبد الصبور منصور" سنة 1998 وتختلف هذه النتيجة مع دراسة "لورنس بسطا 2003 ودراسة "نجيب خزام" 2000 ودراسة "مجدي سيحة" 2003 ودراسة "عادل خضر" 1995.

7-ويأتي في الترتيب السابع تقليد الطفل العادي لبعض السلوكيات الشاذة التي تحدث من زميله المعاق بوزن نسبي 224.4 أي أن هذه المشكلة موجودة بالفعل داخل مدارس الدمج الجزئي ومن خلال المقابلات المفتوحة أكد المدرسون على حدوث هذه المشكلة في بداية تطبيق الدمج ولكن مع استمرار تطبيق المشروع ومع حدوث التهيئة والمتابعة يؤدي إلى عدم حدوث هذه المشكلة وتتفق هذه النتيجة مع "دراسة إيمان الكاشف وعبد الصبور منصور" سنة 1998 وتختلف عن دراسة "عادل خضر "سنة 1995 ودراسة "لورنس بسطا "سنة 2003 .

8-ويأتي في الترتيب الثامن . تعرض المعاقين للسخرية وبعض المضايقات بوزن نسبي 210 ومن خلال ملاحظات الباحث ومقابلاته المتعددة لاحظ أن هذه السخرية والمضايقات حدثت في بداية تطبيق الدمج ثم حدث نوع من التآلف والتعاون بين التلاميذ وبعضهم البعض

رابعاً : المعوقات الخاصة بالمجتمع

المعوقات الخاصة بالمجتمع
اتجاهات بعض أولياء أمور الأطفال المعاقين والعاديين سلبية تجاه الدمج
إهمال تقديم برامج تعليمية وإرشادية بالإذاعة والتليفزيون لإرشاد أسر المعاقين والعاديين.
ضعف التعاون بين أولياء أمور الأطفال العاديين والمعاقين.
عدم تهيئة أسر الأطفال المعاقين والعاديين للدمج.
الافتقار إلى تقديم نماذج ناجحة من المعاقين للمجتمع للحث على الدمج.
ضعف التعاون بين الأسرة والمدرسة لتحقيق الرعاية الاجتماعية والنفسية المتكاملة لتلاميذ مدارس الدمج.
ضعف تفعيل دور وسائل الإعلام في تنمية وعي المجتمع والتشجيع على إنجاح مدارس الدمج.
ضعف مشاركة المجتمع المحلي في إنجاح مدارس الدمج.
ضعف التعاون بين الجمعيات الأهلية والمنظمات التطوعية مع الوزارة في إنجاح مدارس الدمج.
رفض بعض أسر الأطفال العاديين وجود أبنائهم في فصول الدمج.

- ويتضح من الجدول أن اتجاهات بعض أولياء أمور الأطفال المعاقين والعاديين سلبية تجاه الدمج وهي

أكثر

المشكلات شيوعاً، حيث جاءت في الترتيب الأول بوزن نسبي 264.5 وتتفق هذه النتيجة مع دراسة "إيمان الكاشف وعبد الصبور منصور" 1998 ودراسة "عفاف المصري" 2001 ودراسة "مجدي سيحة" 2003 ويرجع ذلك إلى أن الفصول الملحقة لم يعد مخطط بشكل كافي ولم يتم التخطيط الناجح لها وبالتالي ينظر أولياء الأمور والمعلمون إلى الفكرة على أنها فكرة فاشلة وأن المدارس الخاصة كانت تقدم تعليم يتلاءم مع حاجات التلاميذ وتختلف هذه النتيجة مع دراسة كل من "عادل خضر"1995 ودراسة "محمد عبد الغفور" 2000 ودراسة" سمية جميل طه" ودراسة "نجيب خزام "2002 ودراسة "زكريا لورنس" 2003 ودراسة وزارة التربية والتعليم لتقديم تجربة الدمج الجزئي 2002 رغم أن المهتمين بذوي الاحتياجات الخاصة لهم اتجاه إيجابي تجاه فكرة الدمج كما في دراسة "مجدي سيحة" 2003.

2- ويأتي في الترتيب الثاني إهمال تقديم برامج تعليمية وإرشادية بالإذاعة والتليفزيون لإرشاد أسر المعاقين والعاديين بوزن نسبي 260.9 مما يؤيد وجود المشكلة في مدارس الدمج الجزئي حيث أن البرامج الإرشادية التي تقدم بالإذاعة والتليفزيون لإرشاد أسر المعاقين والعاديين قليلة جداً بصفة عامة وتكاد تكون منعدمة من حيث الاهتمام بمشروع الدمج . رغم أهمية الإذاعة والتليفزيون في تغير اتجاه المجتمع تجاه الكثير من الأفكار والآراء ولو أحسن استخدام التليفزيون في هذا المجال وكان له تأثير إيجابي تجاه فكرة الدمج لتغير كثير من الاتجاهات تجاه ذوى الاحتياجات الخاصة.

3- ويأتي في الترتيب الثالث.. ضعْف التعاون بين أولياء أمور الأطفال العاديين والمعاقين بوزن نسبي 256.3 ، ويرى الباحث أن عدم التعاون بين أولياء أمور الأطفال العاديين والمعاقين بسبب عدم اشتراك الأطفال العاديين والمعاقين في الحصص الدراسية بسبب الدمج الجزئي أو الفصول الملحقة من ناحية ومن ناحية أخرى الغياب المستمر الذي يحدث من قبل الأطفال المعاقين لدرجة أن بعض الأطفال لا يحضرون إلى المدرسة إلا في المناسبات وعند توفير بعض المساعدات (وعدم حدوث تعاون بين أولياء أمور الأطفال العاديين والمعاقين وتتفق هذه الدراسة مع دراسة "إيمان الكاشف وعبد الصبور منصور" سنة1998 وتتفق مع دراسة وزارة التربية والتعليم لتقويم مشروع الدمج 2002-

2003 وإن كانت وزارة التربية والتعليم أوضحت أيضاً عدم وجود تعاون بين الإدارة المدرسية مع القائمين بالتدريس وأولياء الأمور بصفة عامة .

4- ويأتي في الترتيب الرابع عدم تهيئة أسر الأطفال المعاقين والعاديين للدمج بوزن نسبي 256 ومما يؤكد ذلك المقابلات والملاحظات التي أبداها أولياء الأمور في أنهم لم يتلقوا أية دورات أو عمليات تهيئة لإنجاح مدارس الدمج ولذلك كان لديهم اتجاه سلبي تجاه فكرة الدمج .

5- وجاء في الترتيب الخامس الافتقار إلى تقديم نماذج ناجحة من المعاقين للمجتمع للحث على الدمج بوزن نسبي 252.7 وهذه النماذج لها تأثير كبير في إقبال المجتمع على التعاون مع ذوي الاحتياجات الخاصة والشعور بمشكلاتهم والإقبال على دمجهم. وفي مقابلة مع مدير إدارة التربية السمعية بالوزارة أوضح تأثير مشاركة بعض الأقزام في الأفلام ونظرة المجتمع بعد ذلك الإيجابية إليهم أو بعض المسلسلات التي تمت في التليفزيون المصري مثل مسلسل

(سارة) وإقبال المجتمع على التفاعل مع قضايا الإعاقة وخاصة الدمج أو ظهور عدد من المعاقين كأبطال في بطولات ذوي الاحتياجات الخاصة ونظرة المجتمع الإيجابية إليهم وأثر ذلك على الأطفال وذويهم.

6- ويأتي في الترتيب السادس . ضعف التعاون بين الأسرة والمدرسة لتحقيق الرعاية الاجتماعية والنفسية المتكاملة لتلاميذ مدارس الدمج بوزن نسبي 251.8 ويرى الباحث أن سبب هذه المشكلة هو عدم وجود الأخصائي الاجتماعي والنفسي في المدرسة وإن وجد فدوره محدود للغاية ولو أصبح للأخصائي دور فعال في مدارس الدمج لكان لهذا المشروع شأن آخر وهو ما أكدته دراسة وزارة التربية والتعليم التقويمية 2002-2003 من وجود عجز في الأخصائيين الاجتماعيين وبالتالي هناك ضعف في التعاون بين الأسرة والمدرسة لتحقيق الرعاية الاجتماعية والنفسية.

7- ويأتي في الترتيب السابع ضعف تفعيل وسائل الإعلام في تنمية وعي المجتمع و التشجيع على إنجاح مدارس الدمج بوزن نسبي 250.9 وهذا العنصر يتفق إلى حد

كبير مع إهمال تقديم برامج تعليمية وإرشادية بالإذاعة والتليفزيون لإرشاد أسر المعاقين والعاديين .

8- ويأتي في الترتيب الثامن . ضعف مشاركة المجتمع المحلي في إنجاح مدارس الدمج بوزن نسبي 250.9 وإن كان أثناء المقابلات قد أكد عدد كبير من المدراء والعاملين بالمدارس المحلقة بدور المجتمع المحلي في دعم ذوي الاحتياجات الخاصة وتقديم المساعدات الإنسانية والمالية والاجتماعية وإن كانت غير دائمة ولكن لا يوجد دعم لمشروع الدعم .

9- ويأتي في الترتيب التاسع ضعف التعاون بين الجمعيات الأهلية والمنظمات التطوعية مع الوزارة في إنجاح مدارس الدمج بوزن نسبي 248 ، وذلك كما تحدث البحث سابقاً هناك دعم من المجتمع ومؤسسات المجتمع المدني لمدارس ذوي الاحتياجات الخاصة بصفة عامة ولكن جمعيات محدودة هي التي اهتمت بمشروع الدمج مثل الرعاية المتكاملة وكريتاس.

9-ويأتي في الترتيب العاشر رفض أسر الأطفال العاديين وجود أبنائهم في فصول الدمج بوزن نسبي 247.2، وأرجع الباحث هذا الرفض لعدم حدوث تهيئة لهذه الأسر ولعدم وضوح الهدف من المشروع في أذهانهم ولحدوث مشكلات بين العاديين والمعاقين ولتقليد الأطفال العاديين زملائهم من المعاقين في الفصول الملحقة ولكثرة اعتداء المعاقين وخاصة سمعياً على زملائهم العاديين في مدارس الدمج الجزئي السمعي وأوضح المعلمون أن كثيراً من أولياء الأمور طالبوا بنقل أبنائهم من المدرسة وتتفق هذه النتيجة مع دراسة إيمان الكاشف وعبد الصبور منصور 1998 ودراسة مجدي سيحة 2003 في أن أولياء أمور الطلاب العاديين والمعاقين يرون أن أفضل تعليم لذوي الاحتياجات الخاصة هو المدارس المستقلة .

ولاحظ البحث أن نسبة من وافقوا على معوقات هذا المحور عالية حيث تراوحت ما بين 57.2% إلى 69% ويؤيد مشكلة الدراسة من حيث أن هناك كثيراً من المعوقا ت ا لخاصة بالمجتمع تؤدي إلى فشل مشروع الدمج الجزئي.

خامساً : المعوقات الخاصة بالتمويل

م	المعوقات الخاصة بالتمويل
1	الافتقار إلى مشروعات الوقف الخيرى على مدارس الدمج .
2	قلة التمويل الحكومي لمداس الدمج.
3	ضعف التمويل الأهلي لمدارس الدمج.
4	ضعف الإعانات المقدمة لأسر المعاقين لتوفير الرعاية للطفل المعاق.
5	الافتقار إلى وجود بدائل لتوفير الدعم المادي لمدارس الدمج .
6	ضعف مشاركة الجمعيات الأهلية في تمويل وتوفير احتياجات مدارس الدمج.
7	ضعف الدعم المادي من المنظمات الدولية لتطبيق برامج الدمج .

ويتضح من الجدول السابق أن الافتقار إلى مشروعات الوقف الخيري على مدارس الدمج من أكثر المعوقات شيوعاً بوزن نسبي 275 والوقف الخيري من المصادر الهامة التي توفر تمويلاً لمدارس الدمج التي هي في حاجة شديدة للدعم المادي.

2- ويأتي في الترتيب الثاني قلة التمويل الحكومي لمدارس الدمج بوزن نسبي 274.9 وهذه من أكبر المعوقات التي تواجه مدارس دمج ذوي الاحتياجات الخاصة بل من المعوقات المؤثرة بشكل كبير في مدارس التربية الخاصة عموماً كما أكد ذلك التقرير الصادر عام (1997/96) بشأن قلة الميزانيات والاعتمادات المتاحة لمدارس التربية الخاصة مما يؤكد قلة المخصصات المالية التي تمثل معوقاً أمام مدارس التربية

الخاصة عموماً ومدارس الدمج على وجه الخصوص. وتتفق هذه النتيجة مع دراسة" إيمان الكاشف وعبد الصبور منصور" 1998 ودراسة" نجيب خزام "2000 ودراسة "عفاف ا المصري" 2001 ودراسة "مجدي سيحة "2003

3- ويأتي في الترتيب الثالث ضعف التمويل الأهلي لمدارس الدمج بوزن نسبي 273.6 و مما يؤكد وجود هذا المعوق وهذا يؤكد أن التمويل الأهلي مازال ضعيفا لدعم مدارس دمج ذوي الاحتياجات الخاصة وأيضاً دعم مدارس ذوي الاحتياجات الخاصة بصفة عامة.

4- ويأتي في الترتيب الرابع ضعف الإعانات المقدمة لأسر المعاقين لتوفير الرعاية للطفل المعاق بوزن نسبي 273.5 ومن خلال المقابلات التي تمت بين الباحث والمدرسين والعاملين في مدارس الدمج وأولياء الأمور تأكد للباحث أن هناك دعماً مادياً يقدم لأسر المعاقين من قبل بعض الأفراد والجمعيات الأهلية وإن كان هذا الدعم غير كافٍ لاحتياجات الأطفال وذوي الاحتياجات الخاصة من ناحية وغير معلن من ناحية أخرى وهو دعم موسمي وليس طوال العام في كثير من الأحيان.

5- ويأتي في الترتيب الخامس الافتقار إلى وجود بدائل لتوفير الدعم المادي لمدارس الدمج بوزن نسبي 270.9 ويؤكد هذا أن مدارس الدمج تعتمد اعتماداً كلياً على الدعم الحكومي وهناك ضعف شديد في بدائل الدعم المادي وخاصة في مدارس الدمج الجزئي.

6- ويأتي في الترتيب السادس ضعف مشاركة الجمعيات الأهلية في تمويل وتوفير احتياجات مدارس الدمج بوزن نسبي 264.5 .

7- ويأتي في الترتيب السابع ضعف الدعم المادي المقدم من المنظمات الدولية لتطبيق برامج الدمج بوزن نسبي 260.9.ومن خلال العرض السابق لاحظت الدراسة أن نسبة من وافقوا بدرجة كبيرة على المعوقات الخاصة بتمويل مدارس الدمج الجزئي تراوحت نسبتهم من 66.2% إلى 78.2% مما يؤكد وجود هذا المعوق بشكل كبير ويؤثر هذا الموقع بشكل واضح في قيام مدارس الدمج بدورها وذلك بسبب العجز الشديد في تمويلها سواء من جانب الحكومة أو من خلال التمويل الأهلي.

المراجع

1- عبدالباقي محمد عرفة : التخطيط للتوسع في دمج ذوي الاحتياجات الخاصة في مصر ، رسالة دكتوراه غير منشورة ، معهد الدراسات والبحوث التربوية جامعة القاهرة ،2008.

2- ناصر حمد : مجلة رسالة الخليج العدد88 ، 2010 ، ص180

3- عادل خضر: دمج الأطفال المعاقين في المدارس العادية, **مجلة علم النفس**، العدد الرابع والثلاثون, القاهرة, الهيئة المصرية العامة للكتاب 1995 ص98.

4- عفاف علي محمود المصري, "دراسة مقارنة لنظام الدمج التعليمي للمعاقين بالمدارس العادية ، مرجع سابق ص4711

5 - منظمة اليونيسيف 2010 تقرير

6- إعلان الأمم المتحدة لحقوق المعوقين الصادر عام 1975

7- إيهاب الببلاوي ،توعية المجتمع بالإعاقة (الفئات -الأسباب - الوقاية) مرجع سابق.

8- عمر عثمان خضر ، ندوة حقوق المعوقين ،الإعلام وحقوق المعاقين ، الشارقة،دائرة الثقافة والإعلام (1993

9 - سعيد بن محمد القحطاني : توصيات مؤتمرات وندوات الاتحاد العربي منذ تأسيسه

10- فتحي السيد عبد الرحيم - **حليم بشاي: سيكولوجية الأطفال غير العادين وإستراتيجيات التربية الخاصة**، الجزء الأول، الكويت، دار القلم،1983،ص58.

11- محمد إبراهيم محمد الأنوار: فاعلية برنامج إرشادي لزيادة تقدير الذات لدى المراهقين ضعاف السمع, رسالة دكتوراه غير منشورة معهد دراسات الطفولة, جامعة عين شمس, القاهرة 2005 ص28.

12- منظمة الصحة العالمية تقرير عب أسباب حدوث الصمم وضعف السمع

13- أحمد حسين اللقانى وأمير القرشي. نفس المرجع ص 93 -114

14- - ماجدة السيد عبيد : تعليم الأطفال ذوي الحاجات الخاصة ، مرجع سابق ص186

15- عبد الله ا لصبى: الإعاقة البصرية موقع أطفال الخليج لذوى الاحتياجات الخاصة. شبكة الإنترنت تاريخ الدخول 3 / 3 / 2006.

16- فاروق الروسان: سيكولوجية الأطفال غير العاديين، مقدمة فى التربية الخاصة، جمعية عمال المطابع التعاونية، عمان، 1989 ص30.

17- عبد المطلب أمين القريوطى: سيكولوجية ذوى الاحتياجات الخاصة وتربيتهم، القاهرة دار الفكر العربي 2001 ص361

18- فيوليت إبراهيم: مدخل إلى التربية الخاصة, مرجع سابق ص197.

19- المركز القومي للبحوث التربوية والتنمية:, إستراتيجية التعلم التعاوني والمناقشات الجماعية وأثرها على تنمية التفكير الناقد والتحصيل لدى طلاب الفئات الخاصة بالمرحلة الثانوية رؤوف عزمي توفيق – هدى حسن شوقي, القاهرة 2001 ص53.

20 - سهير كامل: سيكولوجية نمو الطفل، القاهرة، دار النهضة المصرية 1994 ص65.

21- داليا الإمام: فاعلية برنامج متكامل لأطفال الروضة المكفوفين في ضوء حاجتهم, رسالة ماجستير غير منشورة, معهد دراسات الطفولة, جامعة عين شمس القاهرة 2001 ص16

22- .كمال سالم سيسالم: المعاقون بصريا. خصائصهم ومناهجهم، مرجع سابق ص70

23- عبد العزيز الشخص: مدخل إلى سيكولوجية غير العاديين، القاهرة المكتبة الفنية الحديثة 1992،ص20

24- سيد صبحي: الإعاقة العقلية، دراسات الصحة النفسية, مرجع سابق ص80.

25- عبد العزيز الشخص : اضطراب النطق والكلام ، القاهرة ، مطابع جامعة عين شمس ،2004، ص150 ،180

26- عادل عبدالله محمد : مدخل إلى التربية الخاصة ، علم نفس ذوي الإعاقة والموهبة ،دار الزهراء ، الرياض ،2011، ص 290،296

27- دليل التدخل المبكر والتدريب الارتقائي ، وزارة الشئون الاجتماعية مشروع مبادرات الحماية الاجتماعية ، مرجع سابق ص27

28- جمال الخطيب ،مني الحديدي : مناهج وأساليب التدريس في التربية الخاصة ،مرجع سابق ص313

29- عبد الرحمن سيد سليمان وآخرون : التقييم والتشخيص في التربية الخاصة ،دار الزهراء ،الرياض ،2007،ص287

الفصل العاشر

الاتجاهات العالمية فى دمج الأطفال ذوى الاحتياجات الخاصة

(1) تجربة المملكة المتحدة

(2) تجربة الدانمرك

(3) تجربة النرويج

(4) تجربة حمهورية ألمانيا الاتحادية

(5) تجربة السويد

(6) تجربة جمهورية النمسا

(7) تجربة الولايات المتحدة الأمريكية

(8) تجربة جنوب أفريقيا

(9) تجربة استراليا

(10) تجربة اليابان

الهدف من الفصل

- استفادة القائمين على تطبيق برامج الدمج والباحثين والدارسين وأولياء الأمور من تجارب الدول المتقدمة في دمج ذوي الاحتياجات الخاصة مع العاديين في عدد من المجالات منها :

- السياسات والتشريعات

- التدخل المبكر

- إعداد وتدريب المعلمين

- الدعم المالي

- إعداد الطلاب في برامج الدمج في دول العالم المختلفة

الفصل العاشر

التجارب العالمية في دمج الأطفال ذوى الاحتياجات الخاصة

تناول الفصل السابق المعوقات التي تواجه دمج ذوي الاحتياجات الخاصة في التعليم العام سواء أكان هذا دمجاً جزئياً بمدارس التربية والتعليم ، أو دمجاً كلياً في بعض مدارس الوزارة والتي تشرف عليها بعض الجمعيات الأهلية مثل جمعية الرعاية المتكاملة، أو مركز كريتاس . وتوصلت الدراسة إلى مجموعة من المعوقات منها معوقات خاصة بالمعلم والمنهج ومعوقات خاصة بالمدرسة والإدارة المدرسية ومعوقات خاصة بالتلاميذ العاديين والمعاقين ومعوقات خاصة بالمجتمع وأولياء الأمور ومعوقات خاصة بالتمويل وتوفير الدعم المادي اللازم لإنجاح مدارس دمج ذوي الاحتياجات الخاصة.

وسيتناول الفصل الحالي عرضاً لخبرات عدداً من الدول المتقدمة من أوروبا وأمريكا وبعض دول قارة آسيا وأستراليا . وذلك للاستفادة من خبرات هذه الدول في مجال التشريعات والقوانين الخاصة بالدمج والتدخل المبكر في دمج ذوي الاحتياجات الخاصة وتدريب المعلمين وتمويل مدارس الدمج ودور المجتمع الأهلي في دمج ذوي الاحتياجات الخاصة ويمكن التعرف على أهم ملامح الخبرة الدولية في مجال دمج ذوي الاحتياجات الخاصة من خلال العرض التالي.

(1) تجربة المملكة المتحدة :

المملكة المتحدة دولة تجمع شعوب كلاً من إنجلترا ، واسكتلندا ، وويلز (بلاد ألغال) وأيرلندا الشمالية . وتقع المملكة المتحدة شمال غرب القارة الأوروبية . يحيط بها بحر الشمال والقنال الإنجليزي والمحيط الأطلسي العاصمة لندن والمساحة 244.1كم وعدد السكان عام 2003 ، 60 مليون نسمة والعملة الجنيه الإسترليني .

القوانين والتشريعات في إنجلترا :

وهناك حركة متزامنة في الولايات المتحدة . وإنجلترا تهدف إلى توفير بيئة أقل تقييداً لتعليم الأطفال المعاقين .. حيث أصدرت المحاكم البريطانية في السبعينيات من هذا القرن قراراً ملزماً بضرورة تعليم كل فرد معاق وتربيته وخدمته في أكثر الأوضاع التعليمية طبيعية ، وفي أكثر الأجواء النفسية قرباً إلى حياة العاديين . وهذا المفهوم أدى إلى ظهور المفهوم الحديث وهو الإدماج ، ولذلك نصت المادة العاشرة من قانون التعليم الصادرة سنة 1976 على محاولة تعليم المعاقين في مدارس عادية شريطة أن تكون هذه المحاولة عملية ولا تتطلب تكاليف باهظة في نفس الوقت (ابراهيم الزهيري ، تربية المعاقين والموهوبين 2004)

وفي سنة 1996 صدر قانون يفرض على سلطات التعليم في المملكة المتحدة عموماً أن يسمح لجميع التلاميذ العاديين والمعاقين الوصول إلى المنهج الوطني في التعليم وفي عام 1998 صدر قانون أوجب تعلم ذوي التلاميذ ذوي الاحتياجات الخاصة في المدارس العادية ومع زملاء من نفس العمر (gov . uk . viow international , to inclusion with special needs)

ووفقاً لقانون عام 2001 في إنجلترا وويلز زادت حقوق التلاميذ ذوي الاحتياجات الخاصة في أن يتعلموا في المدارس العادية والتشريع يقضي بأن من حق التلاميذ المعاقين أن يلتحقوا بالمدارس العادية

- التدخل المبكر في دمج ذوي الاحتياجات الخاصة :

لما للتدخل المبكر من أهمية كبرى في تعليم واحتواء طفل ذوي الاحتياجات الخاصة . فقد صدر في المملكة المتحدة 1998 قانون ينص على أن الدمج يجب أن يكون في السنوات المبكرة لتلبية احتياجات جميع التلاميذ دون سن المدرسة النظامية ويجب تخفيض سن رياض الأطفال من سن 4 سنوات إلى 3 سنوات لما لهذه السنوات المبكرة من دوراً هاماً في تعديل سلوك التلاميذ وسهولة دمجهم مع زملائهم دون حدوث كثير من المشكلات والمعوقات التي تحدث مع زملائهم عندما يكونوا في سن متقدمة.

وأيضاً لأهمية التدخل المبكر والدمج في هذه الفترة حيث يعطي للوالدين معلومات واستشارات تسهل عليهم إحداث توافق بين أبنائهم المعوقين والعاديين.

وفي سنة 2001 صدر قانون يؤكد على أنه لا تمييز بين الأطفال المعاقين والعاديين ويجب ألا يعامل التلاميذ المعاقون أقل إيجابية من العاديين. ويجب اتخاذ الخطوات اللازمة لتفادي الأضرار التي تقع لهؤلاء التلاميذ المعاقين عندما يحدث تمييز بينهم وبين زملائهم.

ومما سبق لاحظت الدراسة أن المملكة المتحدة من أسبق دول العالم في تعليم المعاقين مع زملائهم العاديين في المدارس العادية بل أنها أصدرت تشريعات وقوانين تنص على دمج ذوي الاحتياجات الخاصة مع العاديين وأصدرت تشريعات أيضاً تنص على التأكيد على أن كل التلاميذ يحصلون على مناهج واحدة . ومن الخطوات التي قطعتها المملكة المتحدة ويجب أن نستفيد بها في مصر التدخل المبكر في دمج ذوي الاحتياجات الخاصة بل أصدرت تشريعات تؤكد على أن التدخل المبكر والدمج يبدأ من سن 3 سنوات لأهمية الدمج في مراحل العمر الأدنى.

تدريب المعلمين :

وقديماً كان يتم تدريب المعلمين في مدارس ذوي الاحتياجات الخاصة بصرف النظر عن المؤهل الجامعي الأول. أما في الوقت الحالي فأصبح المعلمون مؤهلون وفق معايير التدريس والعمل في مدارس ذوي الاحتياجات الخاصة أو مدارس الدمج.

وفي عام 2002 تم إلزام جميع المدرسين الذين يعملون مع ذوي الاحتياجات الخاصة الفكرية السمعية والبصرية الحصول على التأهيل والتخصص الذي يلائم التعامل مع هذه الفئات.

وأصبح الآن المعلمون المدربون يقضون ثلثي مدة تدريبهم في المدارس (التقرير العالمي لرصد التعليم للجميع 2007 أي أنهم يركزون على التدريب العملي وليست المحاضرات والدورات النظرية.

وفي السنوات الأخيرة تم إسناد مهمة التدريب والتأهيل إلى وكالة مسئولة عن برامج التدريب ووضعت الوكالة إطاراً للمعايير الوطنية للاحتياجات التعليمية الخاصة

للمنسقين والمدرسين المتخصصين، وتعمل هذه الوكالة أيضاً على تهيئة المدارس والمدراء والمدرسين للعمل في بيئة تعليمية مناسبة لدمج ذوي الاحتياجات الخاصة مع زملائهم العاديين وتم أيضاً تمويل المدارس بمبالغ مالية من الحكومة لتمويل مشاريع التأهيل والتدريب المستمر لرفع كفاءة المعلمين.

تطوير دمج ذوي الاحتياجات الخاصة مع العاديين في إنجلترا

وفقاً لقانون التعليم الصادر عام 1996 أصبح من حق جميع التلاميذ الوصول إلى المنهج الوطني وذلك داخل المدارس العادية والمناهج الوطنية مرتبة بما يكفي لاستيعاب مختلف خطوات وأساليب التعليم. وهناك إجراءات في بعض المدارس لاستثناء بعض التلاميذ المدمجين من المناهج الوطنية مؤقتاً.

وأيضاً هناك توجه لدى المعلمين لاستخدام مواد أقل في مرحلة التعليم الأساسي للتلاميذ الذين يعانون من صعوبات تعلم

تمويل التعليم في انجلترا :

السلطات المحلية هي التي تقرر حجم الإنفاق على تعليم ذوي الاحتياجات الخاصة، ووفق حجم الإعاقة ودرجتها، وفي ضوء ذلك يتم تقديم المساعدات والمخصصات للمدارس.

وميزانية التعلم لدى السلطات المحلية هي مزيج من الضرائب المحلية والوطنية. وهناك بعض التوجيهات إلى كل القائمين على التعليم لتحديد النفقات وفق ما تقوم به المدارس من خدمات لذوي الاحتياجات الخاصة .

والمدارس ومجالس إدارتها لهم الحرية في تقرير كيفية تخصيص الميزانية السنوية، وبعض المدارس تنفق أكبر من المبالغ المخصصة لها. والقانون الصادر 1996 هو الذي قرر رصد الاعتماد المالي الكافي لذوي الاحتياجات الخاصة وفق حجم ونوع الإعاقة.

ومدارس القطاع الخاص يتم تمويل معظم إيراداتها من مصاريف التلاميذ من الرسوم الدراسية ولا تتلقى تمويل حكومي مباشر غير أنها معفاة من الضرائب. وفي بعض المدارس المستقلة والخيرية تكون المناهج الدراسية بها مختلفة إلى حد ما عن المناهج الوطنية .

جدول رقم (63)

يوضح عدد تلاميذ مدارس الدمج والعزل في انجلترا

	القطاع العام	القطاع الخاص	الإجمالي	سنوات المرجع
التلاميذ في سن الإلزام من العاديين وذوي الاحتياجات الخاصة.	7.625.390	611.670	8.237.060	2005
التلاميذ ذوي الاحتياجات الخاصة في جميع أنواع المواقع التربوية.	1.403.780	65.080	1.468.860	2005
التلاميذ ذوي الاحتياجات الخاصة في بيئات العزل.	89.610	4.780	93.830	2005
التلاميذ في مدارس الدمج.	1.309.940	60.300	1.370.240	

سن الإلزام في إنجلترا يبدأ من 5 سنوات إلى 16 سنة وهناك مدارس الحضانة تبدأ من أقل من 5 سنوات

ومن الجدول السابق لاحظت الدراسة أن عدد التلاميذ في سن التعليم الإلزامي . في انجلترا حوالي 8.237 مليون تلميذ وعدد ذوي الاحتياجات الخاصة 1.469 مليون منهم حوالي 189 ألف طالب في مدارس قائمة على العزل وحوالي 1.370 مليون طالب في مدارس دمج أي أن في إنجلترا أكثر من 95% من التلاميذ في مدارس الدمج بمختلف

أنواعهما. وفي مدراس دراسة للدمج الجزئي أو مدارس الدمج الكلي أو غير ذلك Special (education (and Sim England January

وفي دراسة حديثة في إنجلترا يبلغ عدد التلاميذ ذوي الاحتياجات الخاصة خارج النظام التعليمي العادي أي في مدارس عزل 0.9% فقط.

ومما سبق يتضح أن تجربة إنجلترا في دمج ذوي الاحتياجات الخاصة من التجارب الناجحة التي يجب أن نستفيد منها من جميع جوانبها سواء في التشريعات والقوانين التي نصت صراحة على دمج ذوي الاحتياجات الخاصة مع العاديين في المدارس العادية منذ وقت طويل أو من حيث اهتمام إنجلترا بالتدخل المبكر ودمج ذوي الاحتياجات الخاصة في مراحل العمر الأولى أو في مجال تدريب المعلمين والعمل على رفع مستوى كفاءتهم وتشكيل وكالة خاصة بتدريب ورفع كفاءة المعلمين أو من خلال تمويل التعليم سواء من الجانب الحكومي أو الأهلي وكذلك من الأمور الجديرة بالدراسة والتقليد هو العدد الضخم من ذوي الاحتياجات الخاصة الملتحق بمؤسسات التعليم المختلفة والذي يصل إلى حوالي 1.468 مليون طفل وهذا عدد كبير ومن الجوانب التي تستدعي الاهتمام أيضاً والدراسة أن عدد ذوي الاحتياجات الخاصة في مدارس الدمج بانجلترا هو 1.370 مليون أي أنه أكثر من 95% من التلاميذ المعوقين داخل مدارس الدمج بمختلف أنماطها سواء دمج كلي أو دمج جزئي أو غير ذلك من الأشكال.

(2) تجربة الدانمرك :

يعيش في الدانمرك حوالي 5 مليون نسمة . وتنقسم الدانمرك إلى 14 من الكونتات وحوالي 275 مقاطعة، وهي إحدى دول أوروبا الإسكندنافية ، تقع في شمال القارة ، وثلث مساحة البلاد عبارة عن جزر، يحدها من الجنوب ألمانيا ومن باقي الجهات هي محاصرة غرباً ببحر الشمال وشرقاً بحر البلطيق وشمالاً ببحر سكا غيراك واللغة الرسمية هي اللغة الدنمركية والعاصمة كوبنهاجن ونظام الحكم ملكي دستوري والمساحة 43.094 كم مربع

التشريعات والقوانين :

منذ سنة 1980 صدر قانون في الدانمرك لا يستثنى أحد من حق الالتحاق بالمدارس العادية حتى ذوي الاحتياجات الخاصة.

وصدرت بعض التشريعات التي تؤكد على ذلك ولكن في نفس الوقت تراعي الشروط والاعتبارات الخاصة بالامتحانات وما شابه ذلك.

التعليم قبل المدرسي والتعليم الإلزامي:

القانون الأساسي في الدانمرك ينص على أن هناك سنة واحدة قبل التعليم الأساسي بالإضافة إلى 9 سنوات تعليم إلزامي ، يصبح التعليم 10سنوات والمجلس البلدي في كل بلدية هو المسئول عن التعليم قبل سن المدرسة. ووفق للقانون الدانمركي فجميع الأطفال في سن التعليم الإلزامي لهم الحق في التعليم المجاني في مدارس الشعب.

ويبدأ التعليم في أغسطس من السنة السابعة للطفل وينتهي في 31 يوليو من العام التالي

الخدمات التي تقدم لذوي الاحتياجات الخاصة في سن الحضانة:

1- يتم تقديم خدمات للطفل المعاق ولأسرته مثل المشورة التربوية والمنزلية والنصح والإرشاد للوالدين.

2- توفير الخدمات الطبية والعلاجية والخدمات الحياتية مثل المواصلات – الاتصالات – العلاج اللازم – توفير المياه اللازمة – التدفئة الملائمة المجانية والمسكن الملائم.

3- توفير دورات تدريبية لتقليل مشاعر الحزن والألم لدى أولياء أمور ذوي الاحتياجات الخاصة وتوفير كافة الخدمات اللازمة لراحة الأسرة والطفل

(Special Dgiuing Viewing , Rosklde – Country , Services To young Children with Sever Disabilities . Steps . Stories ,or inclusion in early childhood education – UNESCO – France– 1998, PP.30-35).

4-توفير البرامج التربوية والتثقيفية التي تساعد على دمج الأطفال في الطفولة المبكرة.

تطور الدمج في الدانمرك :

فيما يتصل بتغيير القانون في عام 2000 وفق لبرنامج مدته ثلاث سنوات ويهدف تغير القانون للحفاظ على نوعية تعليم ذوي الاحتياجات الخاصة وتحسين هذا النظام . ويتم هذا التعديل على المستوى المركزي والمحلي . وترصد اللجان الإقليمية الدعم والمساهمة في تطوير العلاقات الإقليمية والمحلية الخاصة والبرامج التعليمية الخاصة لأطفال المؤسسات التعليمية وذلك بهدف وضع استراتيجية متماسكة في مسألة التعاون الاجتماعي والصحي والتعليمي بهدف تطوير دمج ذوي الاحتياجات الخاصة واختيار أفضل السبل التي تؤدي بهم إلى حياة هادئة تستطيع من خلالها السيطرة على مشكلاتهم وتطوير إمكانياتهم وقدراتهم.

ويتم التطوير عن طريق توفير دورات تدريبية لكل المشاركين في تعليم ورعاية ذوي الاحتياجات الخاصة من أولياء الأمور إلى المرشدين إلى الأخصائيين الاجتماعيين والنفسيين والمسئولين عن التعليم وعن التطور التكنولوجي والأطباء وغيرهم حتى من ضمن التطوير تدريب السائقين والعاملين على كيفية مساعدة ودمج الأطفال ذوي الاحتياجات الخاصة.

تمويل التعليم في الدانمرك:

يبلغ إجمالي الإنفاق على التعليم في عام 2002 تقريباً 110.9 مليار كرونة دانمركية. 8% من إجمالي الإنفاق العام.

المستويات المختلفة لنظام التعليم الدانمركي : والتي تخضع لمسئولية وزارة التربية والتعليم على نحو أو آخر يمول من خلال نظام Taximeter. وهذا النظام جزء من الاستراتيجية الشاملة لوزارة التربية والتعليم وهي حصول الطالب على المنح التي تكفي نفقات التعليم ووفق للنظام الحالي في الدانمرك يتم منح الطلاب منح كبيرة والبعض الآخر منح أقل وفق لشروط معينة . ويتم إعطاء منح أخرى لكل المدارس التي تمولها الحكومة تتلائم مع أنواع المدارس والتعليم قبل المدرسي ودور الحضانة ورياض

الأطفال وغيرها من مؤسسات الرعاية النهارية إلى جانب أن السلطات المحلية في المقاطعات تقوم بتمويل بعض المدارس. مدارس التعليم الإلزامي لا تمول وفق نظام Taximeter . البلديات هي التي تقرر نظام التمويل لأنهم يريدون استخدام المدارس تحت مسئوليتها .) . http: // www. European – agency (org / site / National – Pages – Denmark – Page)

تعليم ذوي الاحتياجات الخاصة ضمن نظام التعليم العام في الدينمارك :

يهدف النظام التعليمي في الدانمرك إلى أن الأطفال المعوقين ينبغي قدر الإمكان أن يدرس في المدارس العادية وذلك لجميع الأطفال الحق في أن يختاروا النظام التعليمي الذي يلائم احتياجاته وفقا لبعض الشروط. وفي معظم الحالات لا يزال هناك بعض التلاميذ من ذوي الاحتياجات الخاصة يتلقى تعليماً خاصاً في موضوع أو أكثر من الموضوعات كتكملة للتعليم العام . وهناك بدائل للدمج وهو أن يتلقى التلميذ التعليم في صف خاص سواء داخل المدرسة العام أو المدرسة الخاصة.

وتوجد فصول بالإعاقة الذهنية والبصرية ومشاكل السمع وصدر في سنة 1979 قرار بالاهتمام بالتعليم قبل المدرسي ورعاية الأطفال ذوي الاحتياجات الخاصة وتوفير المعينات اللازمة لهم والعمل على دمجهم في المجتمع والتعليم منذ الصغر والتشريع الذي ينص على إلحاق التلاميذ ذوي الاحتياجات الخاصة بالمدارس العادية بدأ عام 2000 مع توفير الخدمات الاستشارية والنفسية وذلك لتعزيز الشمولية في مدارس التعليم العام . ويتم عرض تقارير عن حالة الطفل باستمرار على البلديات وهذه التقارير إما تؤيد استمرار وجود الطفل في المدرسة العام أو انتقاله لمدرسة خاصة وفق إعاقته.

تدريب المعلمين :

اللوائح التي تنظم التعليم الخاص . تضع شروط الحصول على بعض المؤهلات للمعلمين الذين سيشاركون في تدريس ذوي الاحتياجات الخاصة . ويتم الحصول على دورة تدريبية في العام من جامعة التعليم الدانمركي. إذا كان يدرس لمجموعة من التلاميذ ذوي الاحتياجات الخاصة .

جدول رقم (64)

يوضح إحصاء عن عدد تلاميذ ذوي الاحتياجات الخاصة في المدارس الخاصة وفي المدارس العادية في الدانمرك لعام 2005/2004

	القطاع العام	القطاع الخاص	الإجمالي	العام
عدد التلاميذ في التعليم الإلزامي من المعاقين والعاديين في ظل الدمج.	599.040	112.969	712.009	2005/2004
تلاميذ المدارس الإلزامية من المعاقين.	18.247	714	18.961	
تلاميذ ذوي احتياجات خاصة في وضع العزل(دمج جزئي).	12.965	714	17.969	
تلاميذ ذوي احتياجات خاصة في مدارس دمج (دمج كلي)	992		992	

Source. Um – C , Statistics Denmark Ministry of Education 2004/2005.

(3) تجربة النرويج :

تعتبر النرويج إحدى الدول الأوروبية المتقدمة والتي تبلغ مساحتها 385.199 ألف كيلو متر2 وتقع شمال أوروبا وهي إحدى الدول الاسكندينافية، يحدها كل من السويد وفنلندا وروسيا ، كما أن لها حدوداً بحرية مع المملكة المتحدة والدانمرك واللغة الرسمية هي النرويجية والعاصمة أوسلو ونظام الحكم ملكي وراثي وعدد سكان النرويج لا يتجاوز الخمسة ملايين نسمة والنرويج هي العنوان المثالي لكل محبي الطبيعة ، كما أنها تفتخر بأنها أفضل دولة بالعالم من حيث جودة المعيشة وساهم الاستقرار الاقتصادي والتعاون القائم على الديمقراطية بين الحكومة وأفراد الشعب على نشر التعليم وتقدمه، وتحقيق تكافؤ الفرص التعليمية لجميع الأطفال أينما وجدوا سواء في المناطق الحضرية أو الريفية، وتوفير الاحتياجات التعليمية لكل طفل ... ولعل الظروف المناخية القاسية ساهمت في احتلال الأسرة مكانة هامة ومتميزة ؟ وأصبحت بؤرة النشاط في المجتمع، وزيادة الروابط الأسرة الوثيقة والصرامة والخبرة ومساعدة الأسر(سعاد بسيوني 2003، مرجع سابق).

الأهداف العامة لنظام التعليم الرسمي في النرويج :

يهدف تعليم ذوي الاحتياجات الخاصة في النرويج إلى تحقيق تكافؤ الفرص لكل التلاميذ، والتكيف بين الطلاب ، ويستند المنهج التعليمي إلى مبادئ المشاركة بين الجميع ودمج ذوي الاحتياجات الخاصة ، واللامركزية في التعليم، وتضع المدارس أهدافاً وخططاً فردية تلائم كل تلميذ ، بجانب الأهداف العامة لجميع التلاميذ المعوقين.

التشريعات الخاصة بنظام التعليم في النرويج :

- قوانين التعليم الابتدائي والثانوي السفلى صدرت سنة 1969 والتعليم قبل الأساسي 1974 وفي عام 1999 صدر تشريع خاص بدمج ذوي الاحتياجات الخاصة ، وتلك القوانين صدق عليها البرلمان النرويجي بالاشتراك مع وزارة التربية وشئون الكنيسة

والبحث، وهي المسئولة عن التعليم الإلزامي، أما وزارة الطفولة والشئون العائلية فهي المسئولة عن التعليم قبل الأساسي.

والمقاطعات في النرويج والتي يبلغ عددها 19 مقاطعة و 439 بلدية هي المسئولة عن المدارس ووضع الميزانية وتعيين الموظفين ومراقبة المعايير التربوية، أما الحكومة فتضع الأهداف العاملة للتعليم ومنذ سنة 1975 صدر تشريع بخصوص التعلم الخاص في المدارس الأساسية والثانوية والقانون يؤيد الدمج بمعنى أن كل التلاميذ يتعلمون في المدرسة القريبة من مساكنهم بغض النظر عن قدراتهم، وللتلاميذ الحق في دخول المدارس المحلية، والمقاطعات قد توفر نوع من المدارس الخاصة للمعاقين ولكن النظام العام هو دمج المعاقين في المدارس العادية.

وفي عام 1984 أعطى القانون النرويجي الحق لأي طفل صاحب إعاقة في أن يلتحق بالمدرسة التي كان يمكن أن يلتحق بها لو لم يكن معاقاً أي أن القانون عمل على المساواة بين التلميذ المعوق والعادي في التعليم

نظام الدمج في النرويج:

كانت المدارس الخاصة في النرويج تهتم بالفئات التالية:

1- ضعف البصر. 2- ضعف السمع. 3- ضعف عقلي. 4- ضعف الخطاب والاتصال. 5- اضطرابات سلوكية. 6- صعوبات حادة في التعلم.

ولكن تم تعديل هذه المدارس وتم التركيز على قدرات التلاميذ بدلاً من التشخيص الطبي والضعف والعوق وفي عام 1992 كان بالنرويج 40 مدرسة للتربية الخاصة. بالرغم من وجود مدارس للدمج، وتم تحويل عدد من هذه المدارس إلى غرف للمصادر لتدعيم الدمج وفي عام 1996 كان بالنرويج حوالي 0.5% مدارس للتربية الخاصة وتم دمجهم في المدارس العامة أيضاً.

وعدد التلاميذ من 7 إلى 15 سنة حوالي 478.500 تلميذاً حوالي 31 ألف تلميذاً يستلم نوع من التعليم الخاص.

وفي دراسة لتقييم الدمج في النرويج لاحظت الدراسة أن أكثر الآباء كان لديه وجهة نظر إيجابية نحو الدمج. والمجتمع النرويجي بشكل عام كان لديه وجهة نظر

إيجابية نحو الدمج. والمجتمع النرويجي بشكل عام له اتجاه إيجابي نحو الدمج وذلك لأن أكثر الناس تألف المساواة والعدالة وتكافؤ الفرص وهناك بعض الأصوات تنادي بالعزل وحجتهم في ذلك أن التلاميذ يحتاجون للتعليم مع تلاميذ بنفس مشاكلهم . وخصائصهم ، وخاصة التلاميذ أصحاب المشاكل السلوكية والعاطفية ، والصم ، والحكومة النرويجية وفرت في مدارسها:

- غرف المصادر.
- والمعلمين المؤهلين للتعامل مع العاديين والمعاقين.
- والمدارس المجهزة بطاقة احتياجات المعاقين.

تدريب المعلمين :

المعلمون الذين يعملون في مرحلة التعليم قبل الأساسي يتلقون دراسة لمدة ثلاث سنوات أما الذين يعملون في التعليم الإلزامي يتلقون أربع سنوات بالجامعة. وهناك برامج تدريب أثناء الخدمة عن قضايا التربية الخاصة وخاصة الدمج، أما معلم التربية الخاصة فتم إعداده بشكل آخر حديث حيث يحصل على مؤهلات في حقل التربية الخاصة ليصبح معلماً لذوي الاحتياجات الخاصة والمعلم العادي الذي يريد أن يصبح معلماً لذوي الاحتياجات الخاصة يتم تدريبه لمدة عام أو عامان ليصبح معلماً للتربية الخاصة. و 18% من المعلمين في المدارس الإلزامية قام بالدراسة في التعليم الخاصة سنة واحدة أو أكثر. وهناك برامج تركز على الدمج والمواضيع المختلفة الوقائية والعلاجية.

التمويـل:

كل مدارس القطاع العام وإلى حد معين القطاع الخاص يتم تمويلها من قبل الحكومة المركزية. ويتم تمويل التعليم بواسطة ثلاثة مصادر رئيسية للدخل.

- الضرائب المحلية حوالي 50%.
- الحكومة المركزية 40%.
- الضرائب والرسوم 10%.

والمقاطعات والبلديات تتمتع بدرجة من الاستقلالية في التخطيط وتخصيص الموارد لتلبية الاحتياجات المختلفة. وتقدم الدولة إعانات إضافية لتقليل التفاوت بين المناطق

وحوالي 20% من ميزانيات المدارس البلدية تنفق على التعليم الخاص، ويتم تخصيص الإعانات وفق الحالة الفردية للإعاقة.

جدول رقم (65)

إحصاء ذوي الاحتياجات الخاصة في النرويج .

	القطاع العام	القطاع الخاص	الإجمالي	سنة المرجع
عدد التلاميذ في عمر المدارس الإلزامية.	608.698	14.046	622.744	2005
عدد التلاميذ ذوي الاحتياجات الخاصة في جميع المواقف التعليمية.	33.933	986	34.919	
التلاميذ ذوي الاحتياجات الخاصة في العزل.	1.990	64	2.054	
التلاميذ في بيئات الدمج	31.943	922	32.855	

Source. All statistical (data is gathered from the official compulsory School statistics),

(GSI),2005.

(4) تجربة جمهورية ألمانيا الاتحادية :

هـي جمهوريـة اتحاديـة ديموقراطيـة عـضو في الاتحـاد الأوروبـي العاصمـة بـرلين وتنقـسم ألمانيـا إلى سـتة عـشر 16 إقلـيماً اتحاديـا يتمتـع كـل منهـا بـسيادته الخاصـة . تقـع ألمانيـا وسـط أوروبـا وتـشترك في حـدودها مـع كـل مـن الـدانمرك، بولنـدة، تـشيكيا،

النمسا، سويسرا، فرنسا، لكسمبورج، بلجيكا، هولندا. يشكل كل من بحر الشمال والبحر الشرقي الحدود الطبيعية للبلاد. اللغة الرسمية الألمانية. المساحة357.022 كم2، السكان 82.525 مليون نسمة.

التعليم في ألمانيا :

يبلغ عدد المدارس في ألمانيا أكثر من 52400 مدرسة يتعلم فيها أكثر من 12.2 مليون تلميذ ، ويعلم فيها على ما يزيد على 772600 معلم، ويمنح القانون الأساسي كل شخص الحق في أن ينمي شخصيته بحرية كاملة وأن يختار المدرسة والمؤسسة التدريبية والمهنية التي تتناسب مع ميوله وكفاءاته. وبما أن ألمانيا دولة صناعية فقيرة بالمواد الخام، فهي مضطرة إلى الاعتماد على الأيدي العاملة الفنية المؤهلة جيداً ، لذلك تنفق ألمانيا مبالغ كبيرة في مجال التعليم وفي كعام 1994 أنفقت ألجهات الحكومية وحدها 151.9 مليار مارك على التعليم المدرسي والجامعي بما في ذلك المنح الدرا سبة والمساعدات المالية التي تقدمها الحكومة للطلاب. وتنص المادة السابعة من القانون الأساسي على أن التعليم المدرسي بكامله يخضع لإشراف الدولة.

والتعليم الإلزامي في ألمانيا يبدأ من سن السادسة وحتى الثامنة عشرة ، أي لمدة 12 عاماً ، ينبغي على التلاميذ خلال هذه المدة قضاء تسع سنوات (وفي بعض الولايات عشر) سنوات دراسية . والتعليم مجاني في جميع المدارس الحكومية . كما أن بعض الوسائل التعليمية وعلى رأسها الكتب المدرسية تقدم للتلاميذ مجاناً أيضاً. أو تعار لهم دون مقابل. وإذا ما أراد التلميذ الاحتفاظ بوسائل التعليم التي يحصل عليها يتوجب عليه دفع جزء من ثمنها يتناسب طردياً مع دخل ذويه.

القانون الأساسي لتعليم ذوي الاحتياجات الخاصة في ألمانيا

يختلف نظام التعليم في ألمانيا عن باقي دول أوروبا وذلك بسبب توحيد ألمانيا الغربية والشرقية . من أجل تحقيق الوحدة الألمانية في مجال الثقافة والتعليم والعلوم معاهدة التوحيد المبرمة بين جمهورية ألمانيا الاتحادية وجمهورية ألمانيا الديمقراطية في أغسطس سنة 1990.

ومنذ أكتوبر سنة 1990 وضع القانون الأساسي للتعليم و تلتزم به الأمة الألمانية في مختلف مقاطعات ألمانيا.

والتعليم في ألمانيا تشرف كل مقاطعة أو ولاية على مدارسها ونظام التعليم بها في ضوء السياسة العامة للدولة . وتشارك الدولة في الإشراف على المدارس الكنائس ، وفي السنوات الأخيرة زاد الاهتمام بدمج ذوي الاحتياجات الخاصة في مدارس التعليم العام والصورة التي تفضل في مدارس ألمانيا هي التكامل Integration وفي سنة 1994 صدرت تشريعات وقوانين تؤكد حق المعاق في التعليم في المدارس العادية وتلك القوانين تعمل على رفاهية المعاق ومنع العقبات التي تقف في عدم حصوله على حقوقه كاملة .

التدخل المبكر :

ويبدأ تعليم ذوي الاحتياجات الخاصة في ألمانيا مع زملائهم العاديين في سن مبكرة من 4 سنوات وفي بعض المقاطعات من 3 سنوات وهو سن رياض الأطفال وتقبل بعض المؤسسات الأطفال من سن أربعة أشهر .

تطور الدمج في ألمانيا :

منذ سنة 1960 تم عقد المؤتمر الدائم لوزراء التعليم والشئون الثقافية وتم النقاش حول ذوي الاحتياجات الخاصة . وخرج المؤتمر بنتيجة وهي أن مؤتمر تطوير التعليم سنة 1988 يجب أن يكون أكثر مرونة . وأنه لم يعد من الضروري أن يحدد مكان خاص . لتعليم التلاميذ ذوي الاحتياجات التعليمية الخاصة وفي الثمانينات تم إلحاق التلاميذ ذوي الاحتياجات الخاصة بشكل متزايد في المدارس العامة في إطار بعض المشاريع التجريبية . ومنذ سنة 1990 اختلف نوع التعاون بين المدارس العامة والمدارس الخاصة . وبدأ الاتجاه يسير نحو التكامل.

وفي سنة 1994 أصبح تعليم ذوي الاحتياجات الخاصة مهمة جميع المدارس يعد نجاح التجارب والمشاريع السابقة وأصبح اتجاه الدولة التركيز على الفرد بدلاً من التركيز على المؤسسة أي أن التلميذ يلتحق بالمدرسة التي يفضلها والمدرسة تعدل في برامجها ومناهجها لتتلاءم مع إمكانيات التلميذ . وكانت لمؤتمرات التعليم دوراً هاماً

في التركيز على مراحل رياض الأطفال والتدخل المبكر مع زيادة الدعم الإلكتروني في المدارس الابتدائية. وتعمل الوزارة جاهدة لتحقيق تكافؤ الفرص وتطوير كافة التلاميذ ضمن أطر مدمجة . وفي ظل الدمج أصبحت المناهج أكثر مرونة وأتاحت الفرص للمعلمين للاهتمام بالتنمية الفردية للتلاميذ ذوي الاحتياجات الخاصة . وتضع الوزارة شروط على مدارس الدمج وهي أن توفر تلك المدارس الدعم اللازم من أجهزة ومعدات ومناهج وإن لم يحدث ذلك سوف يتعين تعليم هؤلاء التلاميذ في مدارس خاصة أو مهنية

(http: // www. European . agency . ovg. Site . Index, htm)

تدريب المعلمين :

تقع مسئولية تدريب المعلمين على عاتق وزارات التعليم والشئون الثقافية في الولايات التي تنظم التدريب . والمعلم الذي يعمل في المرحلة الثانوية يحصل على مؤهل من 3.5 إلى 4.5 سنة ثم يتم تدريبه لمدة عامين في التدريب العملي في المدارس الثانوية والمعلم الذي يدرس في باقي المدارس يتم تدريبه لمدة عامان ونصف في المدارس.

والتدريب ينفس إلى التدريب أثناء التعليم العالي والتدريب التربوي أثناء الخدمة ويتم عقد دورات تدريبية في الجامعات والمعاهد التقنية ويتم إعطاء دورات خاصة لمدرسي ذوي الاحتياجات الخاصة في تخصصات مختلفة مثل الإعاقة البصرية والسمعية والفكرية وهناك دورات من 18-24 شهراً. وتركز هذه الدورات على موضوعات متعددة ومنها التكامل التعليمي.

تمويل التعليم :

الإنفاق على التعليم في ألمانيا يختلف من ولاية إلى أخرى وإن كانت أشكال الإنفاق بصفة عامة مقسمة بين الاتحاد والولايات والسلطات المحلية وفقاً لسياسة التعليم والوكالات المسئولة عن التمويل هي :

الحكومــة. والمقاطعــات (المنــاطق الريفيــة والبلــديات) وأكــثر مــن 90% مــن الأمــوال التــي تقدمها حكومــات الولايــات والسـلطات المحليـة لرواتـب المـوظفين وغيرهـا بتمويـل مـن وزارات التربيـة والـشئون الثقافيـة في إطـار الإدارة العامـة للتعلـيم والثقافـة. أمـا المعلمـين

العاملين في الأقاليم وغير المدرسين مثل الأخصائيين الاجتماعيين والممرضات وغيرها من نفقات السلطات المحلية.

ويتم تمويل نقل التلاميذ من وإلى المدرسة على نفقة المحليات والمقاطعات.ورياض الأطفال ليست إلزامية ويتم التمويل فيها من الحكومة والسلطات المحلية والكنائس ويتم توجيه دعم خاص للتلاميذ ذوي الاحتياجات الخاصة ويتم منح بعض الطلاب منح تعليمية لمساعدته على التعليم وفق ظروف الأسرة

أشكال الدمج في ألمانيا :

الدمج الكلي :

يطبق الدمج الكلي بالفصول العادية التي تضم الطلاب المعاقين مع العاديين مع مشاركة مدرس متخصص في الإعاقات . ومدرس الفصل العادي بالتدريس معاً أحياناً في الفصل الواحد .

ويقدم مدرس التربية الخاصة الخبرة والمشورة للمدرس العادي عن خصائص الطفل المعاق من واقع خبرته ومعرفته بالطفل المعاق مثل : مدرسة بوديل Bodelsch winlg بشمال الراين غرب فالين ، ومدرسة هيزبسن هرسن بهامبورج.

الدمج الجزئي :

يطبق الدمج الجزئي في بعض المدارس التي تحتاج إلى انتقال التلاميذ المعاقين إلى حجرة الترفيه للإرشاد التربوي ، وقضاء نصف اليوم الدراسي بها ، بينما الجزء الآخر من اليوم الدراسي يحضرها التلميذ المعاق في مجموعات الدراسة العادية مع العاديين. مثال : مدرسة ذوي التصرفات الغريبة في هامبورج .

جدول (66)

إحصاء تلاميذ ذوي الاحتياجات الخاصة في ألمانيا

	القطاع العام	القطاع الخاص	الإجمالي	سنة الإحصاء
عدد التلاميذ في عمر الإلزام يشمل جميع الطلاب.	8.214.123	515.453	8.729.576	2005
تلاميذ ذوي الاحتياجات الخاصة في مختلف المواقف التعليمية.	-	-	486.770	2005
التلاميذ في بيئات العزل .	358.447	65.324	423.771	
التلاميذ في مدارس الدمج	-	-	62.999	

Sources . KnK-Kultusnmimister Kaufereuz 2006 More Information can be found here . www. KnK.org.

(5) تجربة السويد :

من أكثر دول العالم رفاهية وتقدماً . وكان لهذا الوضع تأثيراً كبيراً في تعليم ذوي الاحتياجات الخاصة

والسويد هي مملكة نظام الحكم فيها ملكي دستوري وهي إحدى الدول الاسكندينافية الواقعة في شمال أوروبا وتشتهر السويد بطبيعتها الخلابة واستقرار

النظام الاجتماعي فيها وتحدها النرويج من الغرب وفنلندا من الشمال الغربي وبحري بنعات وخليج سكا جراك من الجنوب الغربي العاصمة استوكهلم وعدد السكان 8.733 مليون نسمة إحصايتان 2002 والمساحة 449.960 ألف كيلو متر مربع .

نظام تعليم ذوي الاحتياجات الخاصة في السويد :

1-التعليم الإلزامي :

يبدأ التعليم الإلزامي في السويد لكل الأطفال العاديين وذوي الاحتياجات الخاصة من سن 7 سنوات إلى 16 سنة . وهناك مرونة في سن القبول حيث يمكن أن يقبل الطفل من 6 سنوات أو ثمان سنوات والتعليم الإلزامي في السويد مجاني تتحمل الدولة كل نفقات التعليم وهناك معايير ثابتة لكل المدارس الإلزامية في السويد وتنطبق على كل المدارس والتعليم الإلزامي في السويد يضم المدارس الشاملة ومدارس سامي ومدارس ذوي الاحتياجات الخاصة من الصم وضعاف السمع ومدارس الإعاقة البصرية وصعوبات التعلم وسنوات الدراسة تختلف في هذه المدارس(http: // www. Skolverket .se / sb/d /1950 Jsessiaid. Am over view of the Swedish education system . the Swedish national Agency for Education)

كما فى جدول(67)

المدارس	سنوات الإلزام	الإلزام
المدارس الشاملة	من 7 إلى 16 سنة	9 سنوات
مدارس ذوي الاحتياجات الخاصة	7 إلى 17 سنة	10 سنوات
مدارس سامي	7 إلى 13 سنة	6 سنوات
مدارس صعوبات التعلم	7 إلى 19 سنة	9-10 سنوات

التعليم غير الإلزامي في السويد :

يضم فصول ما قبل الابتدائي . والمدارس الثانوية العليا والمدارس الثانوية العليا لصعوبات التعلم . وتعليم البالغين الكبار وتعليم البالغين بالصعوبات التعلم .

كل التعليم في السويد مجاني سواء كان إلزامي أم غير إلزامي ويتم تقديم وجبات طعام وخدمات صحية ونقل الطلاب.

قوانين التعليم :

- كل الأطفال في السويد طبقاً لقانون التعليم في السويد لهم الحق في الحصول على التعليم وهم متساوون في التعليم بغض النظر عن الجنس . أو الإعاقة أو غير ذلك من العوامل الاجتماعية والاقتصادية . وهم متساوون في الحقوق ويتم تقديم دعم خاص للتلاميذ أصحاب الإعاقات سواء قبل التعليم الإلزامي أو في التعليم الإلزامي أو التعليم الثانوي.

- وطبقاً لقانون التعليم 1988 أصبح كل الطلاب ذوي الاحتياجات الخاصة في السويد يقضون جزء من أوقاتهم في مدارس خاصة بالإعاقة وباقي الوقت مع زملائهم العاديين وذلك حسب الإعاقة واحتياج التلميذ للتعليم الخاص أو المراكز العلاجية أو المشافي ويتم تقديم الدعم للمدرسين ليكونوا قادرين على تعليم ذوي الاحتياجات الخاصة ويتم دعم الطلاب عن طريق المدرس ذوي الاحتياجات الخاصة وبعض البرامج الخاصة. والسويد أصبحت من الدول التي تعتمد على الدمج بشكل كلي وأصبح لا يوجد هناك مدارس لذوي الاحتياجات الخاصة. بل يقدم دعم لكل تلميذ وفق حجم إعاقته وذلك من خلال وإشراف المعهد السويدي لتعليم ذوي الاحتياجات الخاصة بالمدارس الثانوية العليا.

وهناك مدارس ثانوية عليا للصم وضعاف السمع وأصحاب الإعاقة البصرية والإعاقات الجسدية ويعتمد ذلك على الدمج كما هو الحال في استوكهلم .

ما قبل المدرسة (التدخل المبكر) :

وهو نشاط تربوي يقدم للتلاميذ من عمر عام واحد حتى يبدؤوا في التعلم . وهذا التعليم يقدم مجموعة من الأنشطة والبرامج ويشترك فيها كل التلاميذ العاديين وذوي الاحتياجات الخاصة وينقسم التلاميذ ما قبل المدارس في ثلاثة برامج:

- بيوت العناية اليومية.

- مدارس ما قبل المدرسة.

- ما قبل المدرسة المفتوحة.

والأنشطة في ما قبل المدرسة تتعلق بحاجات كل الأطفال سواء العاديين أو ذوو الاحتياجات الخاصة وأكثر مراكز رعاية الطفولة منتظمة في مجموعات من 15-20 طفل مع ثلاثة موظفين معهم ويتم توفير مدرس ذوي احتياجات خاصة مع هؤلاء التلاميذ. ويقدم الرعاية الصحية والعناية الاجتماعية وتعليم المهام الرئيسية.

تلاميذ صعوبات التعلم حالات العجز :

في المدرسة الإلزامية السويدية هناك برامج خاصة لتلاميذ صعوبات التعلم الحادة منذ سنة 1996. وضعت البلدية برامج خاصة للتلاميذ أصحاب العجز في المدارس العادية .

النظام القانوني :

المبدأ الأساسي الذي يهتم به ويقوم عليه تعليم ذوي الاحتياجات الخاصة في السويد هو (مدرسة للجميع) للوصول إلى معادلة التعليم للجميع . وهذا يعني أن التلاميذ ذوي الاحتياجات الخاصة لا يجب أن يعاملوا بأنهم مجموعة مختلف عن التلاميذ الآخرين في التعليم وفي جميع حقوقهم. ويحق للتلميذ في السويد اختيار المدرسة التي تناسبه مع توفير الدعم الخاص للتلميذ في هذه المدرسة.

وينص قانون التعلم على أن جميع الأطفال يتمتعون بحقوق متساوية في الحصول على التعليم . وأنه يحق لجميع الأطفال التمتع بهذا الحق بغض النظر عن الجنس والمكان الذي يعيشون فيه أو عوامل الاجتماعية أو الاقتصادية.

تمويل التعليم في السويد :

السلطات المحلية في السويد ملزمة بالإنفاق على التعليم بجميع مراحله ما قبل الابتدائي والإعدادي والثانوي (التعليم الإلزامي) . وكل بلدية لها الحرية في تحصيل الضرائب والإنفاق منها على التعليم وخدماته. ويتم الإنفاق عن طريق منح البلدية الميزانية التي تحتاج إليها المدرسة وتقوم المدرسة بالإنفاق من هذه الأموال في ضوء احتياجاتها . ولا يحق لأي مدرسة في السويد بعد أن تحصل على ميزانيتها من البلديات أن تقوم بفرض رسوم إضافية على التلاميذ . ويقوم المعهد السويدي لتعلم ذوي

الاحتياجات الخاصة بالإضافة للوكالة الوطنية لتعليم ذوي الاحتياجات الخاصة بتوفير موارد إضافية وتقديم دعم تربوي يتيح للسلطات المحلية تنمية الموارد التعليمية في مجال تعليم ذوي الاحتياجات الخاصة .

تدريب المعلمين :

أدخل في عام 2001 برنامج جديد لتدريب المعلمين ويشمل هذا البرنامج جميع المعلمين وكافة التخصصات وجميع الفئات العمرية. ويتم في هذا البرنامج التركيز على التعلم الشامل مع توفير بعض البرامج للمعلمين من مدارس ذوي الاحتياجات الخاصة وخاصة برامج الدمج .

إحصاء عن التلاميذ ذوي الاحتياجات الخاصة في المدارس العادية

	القطاع العام	القطاع الخاص	الإجمالي	سنة الإحصاء
عدد التلاميذ في مدارس التعليم الإلزامي وتشمل التلاميذ وذوي الاحتياجات الخاصة .	921.366	74.091	995.457	2005 المصدر الوكالة السويدية للتعليم.
عدد التلاميذ ذوي الاحتياجات الخاصة في المدارس الإلزامية.	14.394	487	14.997	2005 المصدر الوكالة السويدية 14.394 . يعرفوا بأنهم ذوي احتياجات خاصة وهذه البرامج تضم برامج قائمة على العزل وأخرى قائمة على الدمج.
المدارس العزلية	603	-	603	603 تلميذ يوجد في

				مدارس للصم.
مدارس الدمج	13.907	487	14.394	

التعليم الإلزامي في السويد يبدأ من عمر 7 سنوات إلى 16 سنة ، 9 سنوات مدارس التعليم العام تنفق عليها الحكومة.

المصدر : الوكالة السويدية للتعليم :

Source : Data base of the Swedish national Agency for Education 2005 .

(6) تجربة جمهورية النمسا :

النمسا جمهورية برلمانية ديموقراطية في قارة أوروبا وهي عضو في الأمم المتحدة منذ 1955 وعضو في الاتحاد الأوروبي من سنة 1995 تحدها من الشمال جمهورية ألمانيا الفيدرالية وتشيكيا ومن الشرق سلوفاكيا والمجر وبلغاريا ومن الجنوب سلوفينيا وإيطاليا ومن الغرب سويرا وليشتنشتين وعاصمة النمسا فيينا واللغة الرسمية الألمانية، والكرواتية ، والسلوفانية ومساحة النمسا 83.858 كم2 . وعدد سكانها 8.200 مليون نسمة عام 2005

القوانين والتشريعات :

في عام 1993 استطاعت حكومة النمسا أن تضع قانوناً يتيح لأولياء أمور التلاميذ ذوي الاحتياجات الخاصة أن يختاروا المناخ التعليمي الملائم لأطفالهم سواء كان في المدارس الخاصة أم في المدارس العادية في المرحلة الابتدائية وإن كان بداية دمج ذوي الاحتياجات الخاصة بدأت بجهود فردية من أولياء الأمور ففي عام 1983 بدأت مجموعة من الآباء والمدرسين والطلاب والمستشارين في بداية مشروع دمج الأطفال المعوقين بالمدارس العادية . وذلك بسبب رفضهم تعليم أبنائهم في بيئات منعزلة . Volker Rutte(Making It happen) . Examples of good practice in Special needs Education . integration models for (elementary and Secondary Schools in Australia UNESCO, PP. 1-10 , 1998

التدخل المبكر :

النمسا من الدول التي قطعت شوطاً متميزاً في التدخل المبكر في دمج ذوي الاحتياجات الخاصة مع العاديين وينص القانون التاسع لذوي الاحتياجات الخاصة وتربيتهم وتعليمهم على ضرورة حدوث التدخل المبكر للطفل المعوق، ويتم ذلك من سن يوم واحد إلى سن 6 سنوات وهذا التدخل الذي ينص عليه القانون في النمسا يحقق الرفاهية في تربية الطفل ويؤدي إلى تحديد حالة الطفل ويجنب الأطفال الإهمال ويؤدي على تنمية الطفل في سنوات مبكرة . ويوجد في النمسا 88 مركزاً للتدخل المبكر موزعة بشكل منظم على أنحاء البلاد.

مدارس الحضانة :

يتم الدمج في النمسا من خلال دور الحضانة ولا يوجد قانون يمنع أولياء أمور الأطفال ذوي الاحتياجات الخاصة ويحرمهم من إلحاق ابناهم الحضانة العادية وتقوم الدولة من خلال تلك الحضانات بعمل التكامل بين الأطفال العاديين والمعوقين وتقوم الحكومة في النمسا بالإنفاق الكامل على دور الحضانة.

التعليم الإلزامي :

وضعت وزارة التربية والتعليم في النمسا نظاماً تعليمياً مقسم كما يلي 4 سنوات في المرحلة الابتدائية و 5 سنوات في المرحلة الثانوية وهي المراحل الإلزامية .

وفي سنة 1993 صدر قانون يعطي الحق لآباء ذوي الاحتياجات الخاصة في الاختيار بين أن يلتحق الطفل في التعليم الخاص أو يلتحق بالمدارس الابتدائية العادية ويعتمد ذلك على رأي ولي الأمر بجانب التقارير التي يحررها المشرف والأخصائي التربوي .

أساليب الدمج في النمسا :

1- مدارس الحضانة :

وينص قانون التعليم على وجود التلاميذ إما في فصول ملحقة في دور حضانة عادية أو في دمج كلي في دور الحضانة وفق للإعاقة وشدتها ونماذج الدمج في الطفولة المبكرة هي :

1- دمج طفل أو أكثر في فصل الحضانة العادي في نفس الصف.

2- فصل من ذوي الاحتياجات الخاصة في الحضانة العادية

2- المدارس الإلزامية :

وفقاً للقوانين في النمسا . يتم الدمج وفقاً لثلاثة نماذج :

1- الطفل ذوي الاحتياجات الخاصة في الفصل العادي . مع تقديم الخدمات المساعدة من المدرسين المتخصصين.

2-الدمج في فصول عادية طوال الوقت مع تقديم الدعم والمدرس الخاص.

3-الدمج في الفصل العادي بعض الوقت مع توفير المدرس الخاص.

4-فصول داخل المدرسة العادية ويتم الدمج في بعض الأنشطة.

5-مراكز التربية الخاصة – تكون مهمتنا دعم التعليم الخاص في المدارس العادية . مع تقديم الدعم للمعلمين أثناء الخدمة والتدريب.

- **تدريب المعلمين :**

- **أصول تدريب معلمي ذوي الاحتياجات الخاصة :**

- **التدريب لمرحلة التدخل المبكر:**

1- في معظم المقاطعات في النمسا يتم عمل تدريب للمعلمين للتدخل المبكر والمسئول عن ذلك ثلاثة منظمات غير حكومية . اثنان من هذه المنظمات تقوم بعمل دورات تدريبية على أساس المنهج حوالي 1.440 ساعة ويتم تمويل هذه البرامج من القطاع الخاص . وتقدم الحكومة الاتحادية جزءً من هذا الدعم

التعليم الإلزامي : وزارة التربية والتعليم في النمسا وضعت نظام تعليمي مقسم بالشكل الآتي : 4 سنوات في المرحلة الابتدائية و 5 سنوات في المرحلة الثانوية وهي المراحل الإلزامية ومنذ سنة 1993 صدر قانون يعطي الحق للآباء ذوي الاحتياجات الخاصة في الاختيار ما إذا كان يلتحق الطفل في التعليم الخاص أو المدارس الابتدائية العادي.

ينص قانون التعليم على توحيد المسار التعليمي في المرحلة الابتدائية وصدر في سنة 1996 قانون على دمج ذوي الاحتياجات الخاصة في المرحلة الثانوية

التمويل :

1-تمويل التدخل المبكر :

الحكومة الفيدرالية تتحمل تكاليف التدخل المبكر كاملة ولا يتحمل أولياء الأمور أية مبالغ في معظم المقاطعات وفي بعض المقاطعات يتحمل أولياء الأمور مبلغ بسيط من 10 إلى 15 يوروا طوال التدخل المبكر.

2-تمويل دور الحضانة

المجتمع مسئول عن تمويل كل تكاليف مدارس الحضانة.

- تمويل رعاية وتربية ذوي الاحتياجات الخاصة .

- هناك ميزانية إضافية توضع لكل مقاطعة لتوفير وضمان رعاية الأطفال ذوي الاحتياجات الخاصة. ونص على ذلك قانون دور الحضانة والدمج الاجتماعي لعام 1996.

3-تمويل المدارس الإلزامية

2.7% من التلاميذ يحصلون على موارد إضافية من أجل الاحتياجات الخاصة من خلال خطط الإنفاق. والبلديات تتحمل التكاليف الإضافية في رعاية ذوي الإعاقات مثل المساعدات العلاجية والمعدات الممنوحة من المقاطعات الاتحادية للمعاقين. وتؤمن الحكومة المساعدات والمتطلبات من خلال القوانين المتعددة لدعم ذوي الاحتياجات الخاصة.

4-تمويل أسر ذوي الاحتياجات الخاصة:

تعطي الحكومة لأسر الأطفال ذوي الاحتياجات الخاصة مساعدات بدل حضور العمل ساعات تبدأ من 50 ساعة رعاية إلى 180 ساعة رعاية في الشهر لأولياء أمور الأطفال ذوي الاحتياجات الخاصة والمساعدة تعتمد على درجة الإعاقة التي تنقسم من المرحلة الأولى إلى السابعة.

ومنذ سنة 2002 نص القانون على حق الوالدين أن يبقى 30-36 شهر في المنزل لرعاية الطفل وذلك بالتناوب لأحد أو لكل من الوالدين وذلك بدون أن يفقد أولياء الأمور

وظائفهم . وتقدم وزارة الشئون الاجتماعية عروض لمساعدة أسر الأطفال المعاقين منح مالية لمساعدة أسر ذوي الاحتياجات الخاصة.

تدريب المعلمين في رياض الأطفال ومدارس الحضانة :

يتم اختيار خريجين بعد إتمام الصف الثامن الثانوي ويعطي المعلمون تدريب لمدة خمسة أعوام ويتم التدريب على أعلى مستوى داخل تلك الكليات ويصبح الخريج متخصص للعمل في حضانة مدارس ورياض الأطفال التي يوجد بها ذوو احتياجات خاصة.

تدريب المعلمين في التعليم الإلزامي :

وهي المدارس الابتدائية والإعدادية والمدارس المهنية والخاصة ويعطي للمعلم دبلوم الدراسات الخاصة. وتلك المؤهلات تابعة لوزارة التعليم والعلوم والثقافة ويتم إعطاء المعلمين دورات في التربية الخاصة ودورات لإكساب المعلمين المنهجية التعليمية .

التدريب أثناء الخدمة

معظم المعلمين يتم تدريبهم أثناء الخدمة وذلك لأيام قليلة بواسطة معاهد متخصصة لرفع كفاءة ومستوى المعلمين في بعض البرامج والتخصصات.

تطوير الدمج في النمسا :

أول روضة للدمج الشامل تأسست سنة 1978 على أساس مشروع تجريبي. وبدأ بعد ذلك خطوات أخرى في الدمج وفي عام 1993 تم وضع تشريع يسمح للآباء بإلحاق أبنائهم من ذوي الاحتياجات الخاصة بالمدارس العادية وأصبح للآباء حق الاختيار بين المدارس العامة أو الخاصة .

وفي سنة 1997 /1998 :

أصبح الأطفال ذو, الاحتياجات الخاصة من حقهم الالتحاق بالمدارس الثانوية العامة أو المدارس الثانوية الأكاديمية. وتقدم هذه المدرسة مشاريع تجريبية مثل الدمج التام ويتم تقديم خدمات مساعدة مثل عيادات النطق والسلوك أو الأخصائي السمعي والبصري . ويتم الدمج بشكل كلي داخل المجتمع وهذا ليس عملاً إنسانياً بل هو حق من حقوق ذوي الاحتياجات الخاصة.

جدول(69) يوضح أعداد تلاميذ المدارس فى التعليم الإلزامى

	القطاع العام	القطاع الخاص	الإجمالي	عام 2005/2004
إعداد تلاميذ المدارس في المرحلة الإلزامية يتم فيها الدمج بين العاديين وذوي الاحتياجات الخاصة.	-	-	809.877	المصدر وزارة التربية والتعليم أعداد القطاع العام بمفرده غير متاحة أعداد تلاميذ القطاع الخاص غير متاحة.

المصدر http: // www. bmuk . gv . at / median pool /1305/ stat.

جدول (70)

	عام	خاص	الإجمالي	عام
تلاميذ في مدارس منعزلة	12.763	538	13.301	2005/2004 المصدر وزارة التربية والتعليم
تلاميذ ذوي الاحتياجات الخاصة في مدارس الدمج.	15.499	178	15.677	2005/2004

مدة الدراسة الإلزامية في النمسا 9 سنوات من 6 إلى 15 عام.

المصدر وزارة التربية والتعليم بالنمسا عام 2005/2004 .

http: // www. bmuk k.gv . at / europa/ index . xml.

ومن خلال العرض السابق وجد الباحث أن تجربة النمسا في دمج ذوي الاحتياجات الخاصة من التجارب المتميزة وذلك لأنها تجربة متكاملة من حيث التشريعات التي تم وضعها حتى يصبح من حق المعاق الالتحاق بالمدارس العادية ومن حيث التدخل المبكر الذي أصبح من أهم خصائص التعليم في النمسا وتجربة متميزة من حيث تمويل التعليم ودعم أسر ذوي الاحتياجات الخاصة بمختلف السبل بالأموال وبالإجازات ودعم وسائل المواصلات والدعم الصحي والتكنولوجي وغيرها وتجربة تستحق الدراسة من حيث تدريب المعلمين سواء من التدخل المبكر أو ربما حتى الأطفال أو المدارس الخاصة أو المدارس العادية وتجربة متميزة كذلك من حيث عرض التجربة بالكامل على موقع وزارة التربية والتعليم بالنمسا للاستفادة منها.

(7) تجربة الولايات المتحدة الأمريكية :

تبلغ مساحة الولايات المتحدة الأمريكية 9.158.960 كيلو متر مربع وهي بذلك تحتل المركز الرابع على العالم من حيث المساحة وتقع بالكامل في قارة أمريكا الشمالية وتبلغ عدد ولاياتها 50 ولاية منها 48 ولاية متصلة داخل القارة وولايتان منفصلتان وهما ألاسكا في شمال غرب قارة أمريكا الشمالية وولاية هاواي في المحيط الهادي .

ويبلغ عدد سكان الولايات المتحدة الأمريكية 288.25 مليون نسمة وفقاً لإحصاء عام 2004 وهي بذلك تحتل المرتبة الثالثة على العالم من حيث عدد السكان .

نظام رعاية المعاقين في الولايات المتحدة الأمريكية :

تقوم رعاية المعاقين في الولايات المتحدة الأمريكية على النحو التالي :

1-مدارس خاصة للصم :

تنوعت مستويات مدارس الصم بحيث تفي بحاجات كل نوع من أنواع الإعاقات منفصلة ، فيوجد بها برامج متعددة للأطفال وأسرهم، وتعليم لمتعددي الإعاقات السمعية وأيضاً التلاميذ الذين لديهم قصور في السمع. ويتوافر بتلك المدارس كل التسهيلات والإمكانات اللازمة من حجرات خاصة بالطفل والأسرة التي تسمح

بملاحظة الأم والطفل أثناء التدريب أو التجهيزات الخاصة بالإعاقة السمعية أو الإمكانات الأخرى مثل حمام السباحة للترفيه والعلاج الطبيعي. وتستخدم المدرسة طرق التواصل في التدريس (قراءة الشفاه – الإشارة والطريقة الكلية)، كل وفق حاجاته وقدراته.

ويبلغ عدد الطلاب الصم في الولايات المتحدة لعام 2001 70.767 طفل ، 1.2 من جملة الطلاب المعاقين في الولايات المتحدة (سميرة أبو زيد نجدي 1994).

مدارس الفصول النهارية :

برامج الصفوف النهارية هي فصول تؤسس في مبنى المدرسة العامة والتي فيها يعاني غالبية الأطفال من الصمم، وقد يكون التعليم بالكامل في الفصول المستقلة ، أو يقضي الأطفال جزءاً أو معظم وقتهم في الفصول النظامية مع الخدمات المعاونة أو يقسمون ما بين الصف النظامي والصف الخاص. وفي الفصول النظامية يوجد مترجم يدون الملاحظات وغيره من العاملين في هذه الفصول، والتي تعتبر المعيار في العديد من المدارس. وكانت استجابة الأطفال المعاقين سمعياً في فصول الدمج، في أنهم أصبحوا يستخدمون لغة الإشارة في الفصول النظامية مع المترجمين لفهم المدارس والكلام في الفصل. وهذه المدارس بها أيضاً بعض الخدمات الخاصة مثل ورش التدريب وبرامج العلاج الطبيعي ويقضي الطلاب غير العاديين يومهم في هذه المدارس ويعودون إلى بيوتهم في النهاية (عبدالمطلب القريوطي ،2005) .

ومن أمثلة هذه الفصول ، فصل للمضطربين سلوكياً، ويوجد بمعهد نيويورك للتربية الخاصة، وفصل المضطربين انفعالياً بمدرسة هيل الابتدائية ، وفصل المتخلفين عقلياً بمدرسة لينا دارك الثانوية ، وفصل مهارات الحياة بمدرسة جانيت سميث ببنسلفانيا ويوجد فصل لشديدي الإعاقة بمدارس التعليم العام، وهؤلاء لا يستطيعون رعاية أنفسهم ويقوم برعايتهم فريق مكون من المدرسين، والمساعدين ، وأخصائي العلاج الطبيعي، وكل طالب يحتاج إلى رعاية مكثفة مثل فصول المعاقين جسمياً بمدرسة سميث فيلد الإعدادية ببنسلفانيا، وفصل في أحد المدارس بجنوب سان

أنطونيو، وكان الأخير من أقل الفصول المنفصلة كفاءة من ناحية التجهيزات والأدوات، ومستوى الهيئة القائمة على رعايتهم (سميرة أبو زيد مرجع سابق)

مدارس خاصة بالمكفوفين :

تتنوع برامج تلك المدارس بحيث تلبي احتياجات كل فئة من فئات الإعاقة البصرية وفي هذه المدارس أجهزة تكنولوجية حديثة خاصة بالمكفوفين، ومنها تسجيل الكتب والمطبوعات تسجيلاً صوتياً ، وبطريقة برايل (ديان رادلي الدمج الشامل ، وعدد الطلاب ذوي الإعاقة البصرية الشديدة في الولايات المتحدة وفقاً لتقرير للكونجرس عام 2001 ، 25.975 طفل كفيف وتبلغ نسبة هؤلاء التلاميذ حوالي 0.04% من نسبة التلاميذ المعاقين في الولايات المتحدة)   .

مدارس داخلية :

وهذه المدارس متاحة لعدد كبير ممن يعيشون في منازل تبعد عن المدارس التي تقدم لأبنائهم المعاقين الخدمة التعليمية المطلوبة ، مما يمثل عبئاً من حيث الانتقال من المنزل إلى المدرسة لذلك تقوم هذه المدارس بالتكفل بمعيشة الطفل داخلياً، وتهدف حمايتهم الشخصية (جون آلن 2001) .

الوضع الراهن لتعليم ذوي الاحتياجات الخاصة في الولايات المتحدة :

أولاً : التشريعات والقوانين :

صدر في الولايات المتحدة عدة قوانين لها دور كبير في دمج ذوي الاحتياجات الخاصة في المجتمع وفي التعليم .

القانون الأول:

وهو قانون 93/112 لعام 1973 والخاص بإعادة التأهيل المهني للمعاقين وهو ينص على أن " في الولايات المتحدة الأمريكية لا يمكن لأي فرد معاق أن يمنع لمجرد أنه معاق. من المشاركة في برنامج أو نشاط .أو أن يحرم من فوائد ناجمة عن برنامج أو نشاط معين " وهذا القانون الذي فتح المجال للمساواة للمعاقين وعمل على حماية المعاق من التمييز وعدم المساواة ، وهذا القانون جعل للمعاق الحرية في المشاركة في التعليم وفي الأنشطة الاجتماعية .

القانون الثاني رقم 142/94 لعام 1975 وهو المتعلق بالتربية لكل المعاقين ولهذا القانون أهداف وهي :

1- ضمان الانتفاع بالتربية الخاصة للأطفال والمراهقين بالتربية لكل المعاقين الذين هم في حاجة إليها .

ويتلقى جميع الأطفال تعليماً عاماً مجانياً من سن 5-21 سنة بغض النظر عن طبيعة ودرجة الإعاقة .

2- إعداد برامج تعليم فردية لكل طفل معاق تتناسب واحتياجاته الفردية.

3- تعليم جميع الأطفال الذين يعانون من عجز جزئي أو عقلي في البيئة المحيطة لإقامتهم.

4- تمكين كل طفل معاق من ممارسة كل الأنشطة المدرسية.

5- كفالة حقوق الأطفال وأسرهم .. وهذا القانون أتاح لجميع الأطفال والشباب مواصلة التعليم الإلزامي وتمكينهم من الدراسة شأنهم شأن أقرانهم الأسوياء (سعاد بسيوني التكامل التربوي)

وفي عام 1995 :

صدر قانون ليوسع من حقوق المعاقين في التعليم وفي البيئات العامة عموماً في النقل وفي التوظيف وأدى هذا القانون إلى زيادة التكامل وحق الطفل المعاق في الدمج التربوي والتعليم في المدارس العادية.

إن معظم دول العالم تعبر عن التزامها بدمج الأطفال ذوي الاحتياجات الخاصة من حيث المبدأ . ولكن النظرية شيء والتطبيق شيء آخر. ولكن الحقيقة الواضحة هي أن الدول الصناعية المتقدمة خطت في السنوات الماضية خطوات واسعة ورائدة على طريق الدمج والولايات المتحدة الأمريكية من هذه الدول التي اتسعت قاعدة الدمج فيها بشكل ملحوظ (جمال الخطيب ، تعليم غير العاديين في المدارس العادية) .

ففي تقرير صدر عام 2001/2000 من الكونجرس الأمريكي عن البرامج الفردية التي تقدم لذوي الاحتياجات الخاصة ذكر التقرير أن عدد التلاميذ ذوي الاحتياجات

الخاصة في الولايات المتحدة الأمريكية 5.775.722 طفل من عمر ست سنوات إلى عمر 21 عام و 5.99.678 من عمر ثلاثة إلى ست سنوات .

وأشار التقرير إلى أن 95% من هؤلاء الأطفال يذهبون إلى فصول عادية حتى ولو لبعض الوقت . وفي العديد من الدراسات الحديثة في الولايات المتحدة الأمريكية تؤكد الاتجاه الإيجابي عند الكثير من المدرسين وأولياء الأمور والمجتمع على عموماً تجاه دمج ذوي الاحتياجات الخاصة ومما أدى إلى الإقبال الكبير تجاه دمج ذوي الاحتياجات الخاصة (.M. Gouls2004) .

نسبة الطلاب من عمر 6 إلى 21 عام من ذوي الاحتياجات الخاصة في البيئات التعليمية المختلفة في العام الدراسي 1999-2000

جدول (71)

مدارس عامة مع الخدمات	الإعاقة أكثر من 60% من اليوم	من 21% إلى 60% من اليوم	أقل من 21% من اليوم	نسبة الإعاقة	الإعاقـــة
9.9	39.2	67.4	48.3	50.4	- صعوبات التعلم .
2.5	5.0	4.6	350.5	19.2	-إعاقة لغة وكلام.
23.3	26.9	11.3	3.2	10.8	- إعاقة عقلية .
32.9	13.3	6.8	4.50	8.2	-اضطرابات انفعالية.
16.8	4.5	1.4	0.5	2.1	- متعدد العوق.
3.6	1.5	0.9	1.1	1.3	- إعاقة سمعية.
2.1	3.8	5.2	4.2	4.5	- إعاقات صحية أخرى
1.1	0.4	0.3	0.5	0.5	- إعاقة بصرية .
4.9	2.9	0.6	0.5	1.2	- التوحد

- كفيف وأصم .	0.02	0.01	0.01	0.05	0.2
- جراحات في المخ .	0.2	0.2	0.2	0.4	0.3

المصدر . قسم التربية في الولايات المتحدة . مكتب برامج التربية الخاصة.

Diane Schwartz . Including children with special needs, op.cit, pp.22 , See too . www. ed. gov. / offices / Offices / Osers / OSEP.

5-دمج ذوي الاحتياجات الخاصة في الطفولة المبكرة:

بسبب الفوائد العديدة لدمج الأطفال المعوقين فإن المنظمة المهنية الرئيسية للتدخل المبكر في الولايات المتحدة ، وشعبة الطفولة المبكرة للأطفال ذوي الاحتياجات الخاصة قد اتخذت موقفاً داعماً للدمج ومن الأسباب التي أدت إلى الاهتمام بفكرة الدمج في مرحلة الطفولة المبكرة.

1- الإقبال الشديد من أولياء الأمور على التدخل المبكر لأبنائهم ذوي الاحتياجات الخاصة 11 مليون طفل حدث لهم تدخل مبكر.

2- القوانين والتشريعات التي نصت وأيدت فكرة الدمج وأكدت على أهمية الالتحاق بالبيئة الطبيعية. والقانون الأمريكي يحظر التميز ضد الأشخاص. المعوقين من جانب الدولة والحكومات المحلية والأماكن العامة ، كما أن وزارة العدل أكدت على ضرورة دمج الأطفال ذوي الاحتياجات الخاصة في صلب المجتمع الأمريكي.

وفي سنة 1993 بدأ مشروع التدخل المبكر لدمج الأطفال ذوي الاحتياجات الخاصة وسن من 3 إلى 5 سنوات للأسر ممدودة الدخل . وخدم هذا البرنامج نحو 1200 طفل وكان المشروع في منطقة هارتفورد والتي يعيش 25% من سكانها تحت مستوى الفقر ولتحقيق الجودة في دمج ذوي الاحتياجات الخاصة يتطلب ذلك أن يكون التدخل في الطفولة المبكرة وأن يكون هناك تعاون بين مختلف الهيئات وأن تكون السياسات الخاصة بالدمج والتخطيط للدمج على مستوى الدولة وأن يتم تقديم الخدمات الداعمة والمساندة لأسر الأطفال ذوي الاحتياجات الخاصة.

برامج التربية الفردية للمعاقين في الولايات المتحدة الأمريكية:

في سنة 1997 صدر قانون وتم موافقة الكونجرس عليه وهذا القانون تم على أثره تعديل كثير من خصائص البيئات الأقل عزلاً. وهذا التعديل كان يتحرك نحو زيادة دمج الأطفال ذوي الاحتياجات الخاصة في المجتمع · وأصبح من حق كل طفل معاق أن يلتحق بالبرنامج الذي يجب أن يلتحق به لو لم يكن معاقا, ويتم تعديل وموائمة البرنامج لتتوافق مع إمكانيات الطفل المعاق وهذه التحديثات والتعديلات هدفت إلى إزالة أي شكل من أشكال التفرقة وأدت إلى حدوث العدالة الاجتماعية مما أدى إلى زيادة إقبال التلاميذ المعاقين على الاندماج التعليمي ·

واتخذت أشكال رعاية المعاقين في الولايات المتحدة ما يلي

(7) المنازل والمستشفيات والمراكز العلاجية.

(6) مدرسة خاصة طوال النهار.

(5) معظم الوقت في فصل خاص داخل المدرسة العادية.

(4) الفصل الدراسي العادي مع الاستعانة بغرفة المصادر ·

(3) الفصل الدراسي العادي طوال الوقت مع توفير معلمين متنقلين والخدمات الداعمة.

(2) الفصل الدراسي العادي طوال الوقت مع دعم من المعلمين المستشارين.

(1) الفصل الدراسي العادي طوال الوقت.

شكل رقم (6) يوضح نسبة الطلاب من سن 6 إلى 21 سنة موزعين على البيئات المختلفة

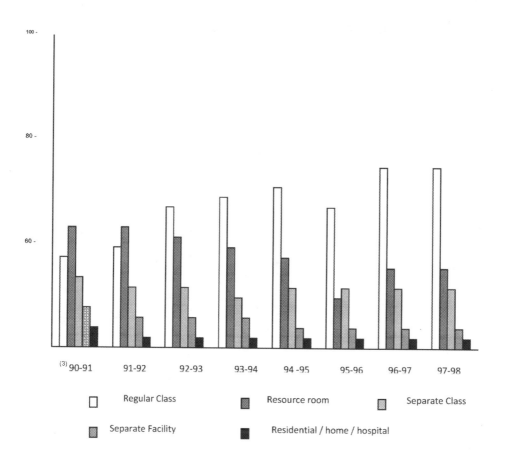

Source : U.S. Department of Education (1993-1999) , Fourteenth . Twenty . First

annual reports to congress on the implementation of the individuals with Disabilities at

. Washington . D. C. : U.S. Department of Education.

تدريب المعلمين :

والولايات المتحدة تعمل بشكل كبير على تدريب المعلمين وإعطاء المعلمين أصحاب الخبرات المحدودة خبرات أكبر لأن التدريب الذي يتم والمعرفة التي. يكتسبها المعلم تؤدي إلى تعديل اتجاه المعلمين السلبي نحو الدمج إلى اتجاه إيجابي .

والتدريب يؤدي إلى تزويد المعلمين بالمعارف اللازمة عن الدمج ويؤدي إلى اكتساب المعلم المهارات التي تؤدي إلى نجاح الدمج ويؤدي التدريب إلى تغير قناعات المعلمين والمفاهيم التي يمتلكونها وخاصة تغير الاتجاهات والميول وإكساب السمات والصفات التي تؤدي إلى نجاح الدمج. وهناك فرق كبير بين التدريب قبل الخدمة وبعد الخدمة R electrionc journal for inclusion education winter1999) . htpp://www.ed)

أنماط الدمج في الولايات المتحدة الأمريكية :

1- دمج كلي : ويأخذ ثلاثة أشكال في مدارس الولايات المتحدة ويختلف من ولاية إلى أخرى حسب الإمكانات والموارد المتاحة.

أ- الفصل الدراسي العادي طوال الوقت.

ويتم وضع التلميذ المعاق مع زملائه العاديين طوال الوقت دون أن ينتقل إلى فصول خاصة ويتم اختيار التلاميذ أصحاب القدرات والإمكانيات والمهارات التي تمكنهم من الاندماج كلياً مع العاديين وتمكنهم من تلقي التعليم في الفصول العادية.

ب- الفصل الدراسي العادي طوال الوقت مع دعم من المعلمين المستشارين.

ويتم في تلك المدارس توفير معلمين مستشارين قادرين على توفير المساعدات والبرامج وحل المشكلات التي تواجه التلاميذ.

جـ- الفصل الدراسي العادي طوال الوقت مع توفير معلمين متنقلين والخدمات الداعمة.

2- الدمج الجزئي :

أ- الفصل الدراسي العادي مع الاستعانة بغرفة المصادر.

ب- فصل خاص معظم الوقت في مدرسة عادية.

ومما سبق يتضح أن الدمج التعليمي للمعاقين بالولايات المتحدة الأمريكية بين المستويات المختلفة للدمج، وبين المستويات المختلفة للإعاقة حيث يختلف نوع الدمج ومستواه حسب درجة ونوع الإعاقة .

(8) تجربة جنوب أفريقيا :

برنامج لإدماج الأطفال المعاقين وغيرها من الاحتياجات التربوية الخاصة في برامج تنمية الطفولة المبكرة.

في منطقة كدك في المنطقة الوسطى من مقاطعة الكاب الشرقية في جمهورية جنوب أفريقيا. وتلك المقاطعة تواجه مشاكل طبيعية بسبب إعادة الأعمار بعد حقبة الفصل العنصري. وهي من أفقر المقاطعات في البلاد وارتفاع نسبة الأمية بها ونقص الخدمات الصحية ، وعدد سكانها 8.5 مليون والأطفال التي تقل أعمارهم عن 15 سنة يشكلون 44% من مجموعة السكان و يعيشون في مناطق ريفية.

وبدأ المشروع منذ سنة 1996 والأخصائي الاجتماعي هو المصدر الوحيد لمساعدة الأسر في تلك المقاطعات الفقيرة. والأماكن التعليمية تتلقى دعماً ضئيلاً جداً من الخدمات ونسبة الإعاقة في هذه المقاطعة تقدر بـ 5% وتبين أن حوالي 1% من الأطفال في برامج تنمية الطفولة المبكرة وكان واضحاً العجز الشديد في السياسات والتشريعات المتعلقة برعاية الطفولة المبكرة واستهدف المشروع الأطفال الذين تتراوح أعمارهم من 5 إلى 9 سنوات والأطفال الذين يتعرضون للخطر دون 5 سنوات .

وكانت السياسة متكاملة تشمل التعليم والصحة والرعاية الاجتماعية والإسكان وغيرها. وذلك بالتعاون بين المجتمعات المحلية والمنظمات غير الحكومية.

وبدأ المشروع التجريبي بالآتي:-

1- تطوير واعتماد معايير مواتية للممارسين .

2- إرساء إعانات لتنمية الطفولة المبكرة.

3- السياسات والتشريعات المتعلقة بالاحتياجات التعليمية الخاصة.

4- تعيين لجنة للتدريب والتعليم.

5- العمل على تعديل الاتجاه نحو دمج ذوي الاحتياجات الخاصة بل والعمل على قبول أولياء أمور الأطفال من ذوي الاحتياجات الخاصة للدمج.

6- العمل على قبول دمج المعاقين من الأطفال اجتماعياً وتعليمياً. والعمل على إزالة المواقف السلبية في المجتمع التي تؤدي إلى عدم قبول المعاقين وخوف الآباء عليهم من السخرية والرفض.

وهناك برنامج من أربعة عناصر وضع للدمج وهو :

1- دمج الأطفال ذوي الاحتياجات الخاصة في المدرسة الملحقة كدك.

2- تطوير الاحتياجات الخاصة في إطار التدريب والمشاركة في وضع السياسات حول تنمية الطفولة المبكرة.

3- الإدماج يتم في سن قبل المدرسة الابتدائية.

4- تعمل المدرسة على تعديل المناهج وتعريف المدرس المساعد وتطوير طرق التدريس لتلائم التلاميذ العاديين وذوي الاحتياجات الخاصة وتوفير الدعم الفني والاستشارات التربوية للمعلمين والعمل على التدريب داخل المواقع إ تدريباً عملياً وليس نظرياً.

ويتم داخل المشروع أيضاً دمج الإعاقات الجسدية وتوفير المعدات والمقاعد والكراسي المتحركة التي يحتاج إليها أصحاب الإعاقات الحركية لكي يتم دمجهم وهذه المعدات تساعدهم على سهولة الحركة وسرعة الاندماج الاجتماعي والحركي.

ولكن المشكلة التي واجهت المشروع قلة عدد المدارس العادية التى تستوعب ذوي الاحتياجات الخاصة في المرحلة الابتدائية . لذلك حاول القائمون على البرنامج تدريب الكثير من المدرسين وأولياء الأمور للضغط والعمل على التوسع في الدمج.

المشاكل والقضايا الرئيسية التي تواجه المشروع :

1- جنوب أفريقيا تعرضت لفصل عنصري لسنوات طويلة. وتعمل الآن من أجل القضاء على هذا التفريق وإقامة نظام وحدوي. غير أن العديد من الناس لديهم فصل عنصري ذهني عندما يتعلق الأمر بذوي الاحتياجات الخاصة.

2- نقص الموارد مع ارتفاع نسبة التلاميذ إلى المدرسين والمناهج الصارمة.

3- الاتجاه السلبي تجاه فكرة الدمج من المدرسين وأولياء الأمور.

4- توفير الدعم المادي لتشجيع الأسر على الإقبال على دمجهم في المدارس.

5- رغم نجاح المشروع في التأثير على القطاع الأهلي فإنه لم يستطع بعد أن يؤثر على الحكومة. ويعمل المسئولون من أجل نشر فكرة الدمج على مستويين مستوى السياسات والتشريعات بمستوى تصاعدي من الآباء والمعلمين إلى المسئولين عن التعليم والقائمين على المناهج التعليمية.

(9) تجربة أستراليا:

نماذج للدمج في ولاية نيوثوزويلز:

بدأ مشروع الدمج بجهود من المنظمات الأهلية غير الحكومية وكانت منظمة State Peak هي التي قادت مشروع الدمج في نيوثوث ويلز وقدمت هذه الجمعية عدة خدمات لرفاهية ذوي الاحتياجات الخاصة مثل الخدمات الصحية والاجتماعية وغيرها. وقامت الحكومة الفيدرالية بتقديم المساعدات اللازمة للجمعيات الأهلية لمساعدة أسر الأولاد ذوي الاحتياجات الخاصة وأبنائهم والعمل على مساواتهم بالعاديين.

خدمات رعاية الأطفال في أستراليا:

إدارة الصحة والأسرة والخدمات هي المسئولة عن تقديم البرامج والخدمات لولاية نيوثوث ويلز وتعمل هذه الإدارة على مساعدة الأسر ومشاركتها والتأكيد على حق المعاق والعمل على تحسين الخدمات المقدمة. والتأكيد على العدالة الاجتماعية. وتعمل حكومة الولاية على التكامل والإدماج بين الأطفال ذوي الاحتياجات الخاصة مع زملائهم العاديين في مرحلة ما قبل المدرسة. وبدأ هذا المشروع في الولاية سنة 1993 وكانت هذه المراكز تقدم الخدمات طوال اليوم من رعاية الطفل ومساعدته والاهتمام بأسر الأطفال ذوي الاحتياجات الخاصة.

عدد الأطفال ذوي الاحتياجات الخاصة من جملة عدد السكان من سن يوم إلى 4 سنوات حوالي 4.4% من الأطفال.

قوانين الرعاية بذوي الاحتياجات الخاصة في الولاية :

في سنة 1972 صدر القانون من الحكومة الفيدرالية التي تعطي حق الوالدين في رعاية أبنائهم من ذوي الاحتياجات الخاصة ومساعدة المرأة في الالتحاق بالوظائف المناسبة لمواجهة احتياجات الأطفال ذوي الاحتياجات الخاصة وقامت أيضاً الحكومة الفيدرالية بتوفير متوسط من الدخل لمساعدة أسر ذوي الاحتياجات الخاصة.

ثقافة أستراليا :

وأستراليا منذ الحرب العالمية الثانية هاجر إليها حوالي 4.5 مليون نسمة واستقروا بها وهم من 160 دولة من دول العالم ويتحدثون 90 لغة ويدينون بـ 80 ديانة واحد من كل خمسة يولد في أستراليا هو إنجليزي ولذلك اللغة الرسمية هي الإنجليزية.

ومنذ سنة 1986 صدر خمس قوانين لرعاية ذوي الاحتياجات الخاصة في أستراليا.

وفي سنة 1992 صدر قانون يعطي لتلاميذ ذوي الإعاقات الالتحاق مع أقرانهم بدور الحضانة التي يلتحق بها العاديين لتسهيل المساواة والتساوي في الحصول على الخدمات لجميع الأستراليين سواء أسترالي أصلي أم مهاجر ومستقر في أستراليا.

وتجري محاولات لدمج التلاميذ بعد سن الخامسة في مدارس التعليم العام ولكن نقص الموارد يعتبر عائق من العوائق التي تمنع إتمام ذلك.

وتركز ولاية نيوسوث ويلز في مشروعها على دمج ذوي الاحتياجات الخاصة من غير الأستراليين أو الناطقين باللغة الإنجليزية.

ويتم توفير فريق متكامل من الرعاية النفسية والبدنية وأخصائي التخاطب والعلاج الطبيعي والأخصائي الاجتماعي ويتم توعية الأسرة ودعمها مادياً لوصول الطفل إلى المدرسة Vivi Germanos .

Kouts and is The Ethnicchild care Family and Community Services Co. operative : inclusive early childhood education programs in new South Wales , Australia and New Tsaubouniaris , Pag. 7 -15 , 1997 , UNESCO

ويجري محاولات لدمج التلاميذ بعد سن الخامسة في مدارس التعليم العام ولكن نقص الموارد يعتبر عائق من العوائق التي تمنع إتمام ذلك .

وتركز ولاية نيوسوث ويلز في مشروعها على دمج ذوي الاحتياجات الخاصة من غير الأستراليين أو الناطقين باللغة الإنجليزية.

ويتم توفير فريق متكامل من الرعاية النفسية والبدنية وأخصائي التخاطب والعلاج الطبيعي والأخصائي الاجتماعي ويتم توعية الأسرة ودعمها مادياً لوصول الطفل إلى المدرسة.

(10) تجربة اليابان :

ومعناها منبع الشمس تقع اليابان بين المحيط الهادي وبحر اليابان شرق شبه الجزيرة الكورية في شرق آسيا، أطلق الصينيون عليها أرض مشرق الشمس ، وهذا لوقوعها في أقصى شرقي العالم المأهول آنذاك تتكون اليابان من حوالي 4000 آلاف جزيرة على شكل أرخبيل طوله 3000كم . أربعة منها رئيسية وهي على التوالي (من الجنوب إلى الشمال) كيوشو ، شيكوكو ، هوشو ، هوكايدو ، وجزر اليابان مقسمة إدارياً إلى 43 ولاية وأربعة بلديات اللغة الرسمية هي اللغة اليابانية ، العاصمة طوكيو ، المساحة 377.835 كم2 عدد سكان اليابان 130.214 مليون نسمة. ويصل إجمالي الدخل المحلي لليابان عام 2002 حوالي 3.550 بليون دولار.

نظام التعليم في اليابان :

منذ نحو مائة وخمسين عاماً كانت اليابان مجتمعاً إقطاعياً متخلفاً... بينما كانت مصر قد بدأت تعرف طريقها نحو التقدم والمعرفة ، وكان حاكم مصر آنذاك - محمد علي - وظهر في اليابان إمبراطور ذو فكر مستنير وعزيمة قوية ذلك هو الإمبراطور "ميجي" (1868 - 1912) وكان أول ما قام به " ميجي " هذا أن أرسل البعثات من أبناء اليابان إلى كل مكان ظن فيه علماً وتقدماً... وكان من بين البلاد التي أرسل إليها بعثاته مصر للوقوف على أسرار "تقدم " أبنائها...!! (إدوار بوشامب التربية في اليابان).

وكانت المدارس في اليابان في ذلك الوقت للأغنياء فقط . وفرضت حكومة مجي نظاماً جديداً للتعليم مستندا على الفرنسيين والألمان وأمريكا وأعلنت السلطات 4 سنوات من التعليم الأولي التي ستكون إلزامية لكل الأولاد والبنات وفي سنة 1907 مددت وزارة التربية التعليم الإلزامي إلى 6 سنوات بدلا من 4 سنوات وبعد الحرب العالمية الثانية جعلت قوات الاحتلال الأمريكية السلطات اليابانية تغير الكتب الدراسية التي تروج للقومية إلى مناهج تروج للسلام والديمقراطية.

نظام التعليم الحالي :

نظام التعليم الياباني الحالي يجد له الآن أسس من قبل الأمريكان ، مستند على نظامهم الخاص ، بعد الحرب العالمية الثانية ، ويشمل النظام التعليمي 6 سنوات من المدرسة الابتدائية و 3 سنوات من المدرسة الثانوية الدنيا أو ما يقابل المدرسة الإعدادية في مصر و 3 سنوات من المدرسة الثانوية العليا أو ما يقابل التعليم الثانوي في مصر. ويبلغ عدد سنوات التعليم الإلزامية في اليابان 9 سنوات إلزام .

الخلفية التاريخية لتعليم الأطفال المعاقين باليابان :

أثناء القرن السابع عشر البلاد مازالت تعيش في مدارس مجتمع الساموراي ومدارس أخرى تدعى مدرسة Trachoma وهذه المدارس لسد احتياجات المعاقين وأهم الإعاقات هي الإعاقة اللغوية والإعاقة الجسدية وكانت هذه المدارس لا تكفي الاحتياجات.

وفي سنة 1868 تم تعديل بعض القوانين .والتعليم لم يكن في هذه الفترة إلزامياً لذوي الاحتياجات الخاصة والعديد من الأطفال قد تركوا في بيوتهم.

وفي سنة 1878م تم بناء المدرسة الأولى للإعاقة البصرية والصم في كيوتو وفي سنة 1880 تم إنشاء بعض المدارس في طوكيو. وصلت سنة 1907إلى حوالي 38 مدرسة وكانت معظم المدارس لفاقدي البصر والسمع.

وفي سنة 1896 تم بناء مؤسسة للتأخر العقلي :

وكانت هذه المؤسسات جزء من العمل الاجتماعي وفي سنة 1929 تم تأسيس المؤسسة الأولى للإعاقة الجسدية.

وفي سنة 1923 تم بناء مدارس لفاقدي البصر والسمع وتم إعطاء التزام بالحضور وكانت نسبة الحضور تتراوح من 15 ثم ارتفعت إلى 50%.

وأثناء الحرب هدمت الكثير من المدارس ولم يبق سوى 35% فقط منها وبعد الحرب العالمية بدأ الاهتمام بالتعليم والرفاهية للمعاقين وكانت هناك آمال وتطلعات.

ونص دستور سنة 1940 على المساواة والحق في التعليم ، وفي سنة 1979 خضع تعليم ذوي الاحتياجات الخاصة للإلزام وسمح لأصحاب العجز البسيط أن يلتحق بالمدارس العادية ومنع منها أصحاب العجز الحاد

تعليم ذوي الاحتياجات الخاصة باليابان :

تقدم اليابان فرصاً تعليمية خاصة للأطفال ذوي الإعاقات المختلفة تبعاً لدرجة إعاقتهم . ويتم هذا التعليم إما في مدارس خاصة وذلك للمعاقين مثل مدارس الصم والبكم ومدارس المكفوفين ومدارس أخرى للإعاقات الأخرى أو في صفوف خاصة أو في مقررات إضافية في المدارس الابتدائية العادية أو المدارس الثانوية العامة (أحمد عبدالفتاح الذكي ، التجربة اليابانية 2006).

التمويل

فيما يتعلق بالأمور المالية. تزود الحكومة كل النفقات الخاصة باشتراك التلاميذ ضعاف البصر والسمع وأصحاب العجز الجسدي النفقات التي يحتاج إليها من سفر هؤلاء إلى برامج الرعاية اليومية وعلاوة للتربية ونفقات العلاج والتمريض ونفقات المعلمين بل ويتم تدعيم أسر المعاقين لتشجيعهم على الذهاب للمدارس وثم تحويل الفرق الرياضية والثقافية والموسيقية والمسرحية في زيادة المهارات .

تدريب المعهد الوطني للتربية الخاصة في اليابان :

1- يباشر البحوث التطبيقية في حقل التربية الخاصة من منظور علمي في مجال الطب والتربية وعلم النفس والتكنولوجيا والتحليل والمناهج.

2- تزويد معلمي التربية الخاصة ومحترفي التربية الخاصة أثناء الخدمة.

3- نشر الأبحاث وتحقيق التبادل بين المعاهد الخاصة والجامعات والكليات في مجال التربية الخاصة.

4- نشر بالكتب والنشرات والدوريات والمعلومات للعاملين في حقل التربية الخاصة.

5- تزويد وتوفر خدمات استشارية للتشخيص الشامل والتوجيه التربوي وللأطفال وأبائهم ذوي الاحتياجات الخاصة.

تدريب المدرسين أثناء الخدمة:

منذ عام 1972 يتم تدريب عدد كبير من المدرسين الذين يعملون في مدارس التربية الخاصة فقد تم تدريب 7.300 مدرس و 5.136 من عدد المدرسين - ويقدم المعهد في التدريب البرامج التالية: تدريب قيادات في مجال التربية الخاصة لمدة عام كامل.

1- تدريب متوسط لمدة تتراوح شهرين .

2- وورش عمل لمدة من يوم إلى 20 يوم .

جدول رقم(72)أهم برامج تدريب المعلمين فى اليابان:

البرنامج	الوقت	المجال
قياديين في التربية الخاصة	1 سنة كاملة	في مجال الإكفاء والصم ويعطي الصعوبات.
تعليم ذوي الاحتياجات الخاصة	شهرين	رؤية عامة للصعوبات الخاصة.
تعليم الأطفال ضعاف البصر.	شهرين	مدارس الإعاقة البصرية
تعليم الأطفال ضعاف البصر ضعاف السمع	شهرين	مدارس الإعاقة السمعية.
تعليم الأطفال ذوي صعوبات الكلام الانفعالية	شهرين	
تعليم الأطفال ذوي العجز الجسدي.	شهرين	

وفي دراسة حديثة لتعليم ذوي الاحتياجات الخاصة في اليابان ترى أن الدمج في المدارس العادية مهم ولكن بشروط يجب توافرها حتى يتم ذلك ومن هذه الشروط .

1-أن يكون البرنامج التربوي شاملاً بشكل ملائم لحالات العجز.

2-أن يكون هناك اتصال بين العائلات والمدرسة بشكل دائم.

3-يعمل الدمج على تطوير المهارات الإيجابية التي تساعد على نمو المعاقين.

4-أن تكون بيئة المدرسة وقائمة الدروس بها حب وتعاون حيث أن الكل متساوي بغض النظر عن أي اختلافات.

5-استخدام الحوافز والمكافآت في إنجاح الدمج

6-وضع الثقة في المعاق للنجاح.

7-زيادة الروح المعنوية والتشجيع .

8-القيام بنشاطات تقوى العلاقات .

9-أن تدعم الحكومة المركزية والمحلية الدمج ويتم تدريب المعلمين.

10-وضع تشريعات تؤدي إلى نجاح الدمج.

11-تشجيع الآباء والمربون والباحثون والمنظمات لتقديم الدعم القومي والتكامل لتطبيق برامج الدمج

جدول (73)

عدد المدارس والطلاب والمعلمين في اليابان لعام 2004(1)

المدارس	عدد المدارس مايو 2004				عدد الطلاب				عدد المعلمين			
	الجملة	دولية	عامة	خاصة	الإجمالي	دولي	عام	خاصة	الإجمالي	دولي	عام	خاص
رياض الأطفال	14.061	49	5.649	8.363	1.753.393	6.626	356.770	1.389.997	122.862	526	25.704	92.321
التعليم الأساسي ابتدائي	23.420	73	23.160	187	7.200.933	46.958	7.084.675	69.300	433.477	2.146	409.665	4.413
مدارس المكفوفين	71	1	68	2	3.870	182	3.597	91	3.743	121	3.288	54
مدارس الصم	106	1	104	1	6.573	273	6.235	65	5.257	127	4.816	31
مدارس صعوبات أخرى	822	43	767	12	88.353	2.597	85.97	659	55.621	1.452	52.443	219

(1)Japan .Goverment . Ministries - Ministry of Education _ Sports _ and culture , http://www.nex t . go . JP/English / org. / Struct / . 15. htm.Top.

ومن خلال ملاحظة التجارب السابقة يمكن أن تستفيد مصر من هذه التجارب فى القضاء على المعوقات التى تواجه دمج ذوى الاحتياجات الخاصة مع العاديين. وتستطيع مصر أن تستفيد من هذه الخبرات فى التخطيط الجيد لمدارس الدمج. حيث إن هذه التجارب والخبرات العالمية بها العدييد من الايجابيات فعلى سبيل المثال نجد أن معظم الدول السابقة بدات فى دمج ذوى الاحتياجات الخاصة مع العاديين فى سن مبكرة لان الدمج فى الطفولة المبكرة له ايجابيات تفوق بكثير الدمج فى المراحل المتأخرة ، وفى الطفولة المبكرة يمكن بسهولة الحد من المعوقات ويمكن تعديل سلوك التلاميذ سواء العاديين أوذوى الاحتياجات الخاصة.ويمكن أن تستفيد مصر كذالك من التدخل المبكر فى الحد من مشكلات الاعاقة كما تفعل كل دول التجارب السابقة، ومن الايجابيات أيضا التشريعات والقوانين التى وضعت بشكل يحقق تكافؤ الفرص بين جميع التلاميذ ويعطى ذوى الاحتياجات الخاصة الحق فى الالتحاق بمدارس العاديين وعلى المدرسة ان تغير من برامجها لتناسب هولاء التلاميذ .

ولاحظت الدراسة ارتفاع نسبة استيعاب ذوى الاحتياجات الخاصة فى جمبع دول الدراسة لدرجة أن دولة مثل إنجلتر وصل بها نسبة التحاق ذوى الاحتياجات الخاصة بالتعليم إلى 98% ويمكن أن تستفيد الدول العربية من خبرات هذه الدول فى تقديم الخدمات والمساعدات للتلاميذ من ذوى الاحتياجات الخاصة وذويهم فالنمسا على سبيل المثال تقدم خدمات ومسا عدات لذوى الاحتياجات الخاصة جديرة بالدراسة والتقليد ومنها تقديم إعا نة شهرية لاسرة الطفل حيث تعطي الحكومة لأسر الأطفال ذوي الاحتياجات الخاصة مساعدات بدل حضور العمل ساعات تبدأ من 50 ساعة رعاية إلى 180 ساعة رعاية في الشهر لأولياء أمور الأطفال ذوي الاحتياجات الخاصة والمساعدة تعتمد على درجة الإعاقة. ومنذ سنة 2002 نص القانون على حق الوالدين أن يبقى 30-36 شهر في المنزل لرعاية الطفل وذلك بالتناوب لأحد أو لكل من الوالدين وذلك بدون أن يفقد أولياء الأمور وظائفهم . وتقدم وزارة الشئون الاجتماعية منح مالية لمساعدة أسر ذوي الاحتياجات الخاصة. بالاضافة لتوفير وسائل نقل للتلاميذ ذوى الاحتياجات الخاصة لتسهيل إلتحاقهم بالمدارس العادية وغيرها الكثير من

الخدمات والمساعداتن التى تشجع أسر الأطفال ذوي الاحتياجات الخاصة ومعظم دول الدراسة تقدم مثل هذة الخدمات والمساعدات . ومن الإيجابيات التي يمكن للدول العربية أن تستفيد منها الاهتمام بتدريب المعلمين والعاملين فى برامج الدمج و لكى يتم النجاح فى هذه البرامج لابد أن تعتمد هذة البرامج على الجوانب المهارية وليست الجوانب النظرية كما هو متبع فى الوقت الحالى وأن تعمل الدولة على تطوير هذة البرامج وفق الخبرات السا بقة .ومن الايجابيات أيضا المناهج الحديثة المتطورة التى تناسب إمكانيات التلاميذ وتركز على نقاط القوة عند الطفل من ذوى الاحتياجات الخاصة وتنميها وتركز المناهج كذلك على الجانب المهارى لدى الطفل . وكذلك من خبرات هذة الدول العمل أولا على تعديل البيئة المدرسية والمجتمعية لتناسب برامج الدمج سواء أكان هذا التعديل فى شكل الفصل الدراسى والمدرسة والادوات المتوفرة بها مثل غرف المصادر ووسائل الإيضاح التى يحتاج اليها الطفل اوفى اتجاهات وميول القائمين على مدارس الدمج من مدراء ومدرسين ومسئولين ، أو أولياء امور التلاميذ العاديين وذوى الاحتياجات الخاصة أوالمجتمع ككل من إعلام لصحافة لإذاعة وتلفيزيون إلى غير ذلك. ويمكتن ان نستفيد من خبرا ت هذة الدول فى توفير بدائل غير تقليدية فى تقديم الدعم المالى لبرامج الدمج حيث هناك ضرائب تحصل لدعم هذه البرامج والكنائس ودور العبادة تدفع الاموال لإنجاح هذة المدارس،وكذالك الشركات والمصانع الخاصة تقدم الدعم المادى والعينى لمساعدة هذة المدارس،ولا يمكن أن نتجاهل الدور الذى تلعبه الجمعيات الأهلية والمنظمات غير الربحية فى دعم مدارس الدمج حيث إن هذ الجمعيات تقدم الدعم الفنى لأولياء أمور الطلاب العاديين وذوى الاحتياجات الخاصة وتقدم الدعم المادى والمساعدات للطلاب ذوزى الاحتياجات الخاصة وأسرهم . ومماسبق يمكن لمصر أن تستفيد من هذة الخبرات وغيرها فى تطوير وتعديل مدارس دمج ذوى الاحتياجات الخاصة بها وذلك وفق الاستفادة من الامكانيات المتاحة ووفق تعديل وتطوير البيئة المصرية. وفى الفصل التالى تقوم الدراسة بوضع تخطيط مناسب للتوسع فى دمج التلاميذ ذى الاحتياجات الخاصة فى مرحلة التعليم الأساسى فى مصر فى ضوء الإستفادة من الخبرات العالمية ووفق نتائج الدراسة الميدانية.

المراجع

1- http: //www. ar. Wikipedia .org . enyter 10/5/2007

2- إبراهيم عباس الزهيري : تربية المعاقين والموهوبين ونظم تعليمهم . إطار فلسفي وخبرات عالمية .
القاهرة . دار الفكر العربي 2004 ، ص 66.

3- http : www.d Fes . gov . uk . viow international , to inclusion with special needs .
Pag. 1-4 enter 15/1/2007

4- Over view of education systems in England http: // www. nfer . ac . uk / evrydice /
briefings uk / Verviewt of education system – in – England March . 2007

5- http: // www. : d Fes . gov . uk / publication / guidance

6- http : // www. Teach . internet . gov .uk . wholeschool / sem. / sem . entertainment.

7- التقرير العالمي لرصد التعليم للجميع 2007 – منشورات اليونسكو ، باريس ص 14.

8- http : // www. d Fes . gov. uk . Fair Funding / guide.

9- Source : Dtes . SFR . 2004 /2005 . Special education and Sim England January 2005
, Table 1A-1B

10-   Overview of Education System in England , Wales and Northern / Irland .

11-   http : // www. n Fer . ac . uk / evrydice / briefingsuk / Veruien – of – education
system – in – England and Wales

12-   http: // www. European – agency – org/nat – Ovs/ Denmark. Pag. June 22
2005- -

13-   Special Dgiuing Viewing , Rosklde – Country , Services To young Children
with Sever Disabilities . Steps . Stories ,or inclusion in early childhood education –
UNESCO – France 1998, PP.30-35.

14- سعاد بسيوني - بحوث ودراسات في سيكولوجية الإعاقة . التكامل التربوي للأطفال ذوي الاحتياجات الخاصة في ضوء مبدأ التربية للجميع - القاهرة - مكتبة زهر الشرق ، 2003 ن ص 97-98.

15- Marma Wse . Making it happen Examples of good Practice in Special needs Education united Nation educational . Scientific and culture organization 1997 , Pag. 93-113 -

16- http: // www. site . ar . w: Kipedia . org. Germany.

17- http: // www. K..K. org/ Schul / home . htm

18- http:// www. European . agency . org / mat – ovs / Germany14 enter 11/5/2007

19- http: // www. European . agency . org / nat_ ovs / Germany/ 6 enter 11/5/2007

20- http: // www. European . agency . ovg. Site . Index, ht

21- Federal Statistical Office 2005 General School Statistics. -

22- 20-http: // www. Skolverket .se / sb/d /1950 Jsessiaid. Am over view of the Swedish education system . the Swedish national Agency for Education

23- http: // www.european . agency . org / nat_ ovs / Sweden / 2 htm

24- Volker Rutte(. Making It happen . Examples of good practice in Special needs Education . integration models for elementary and Secondary Schools in Australia UNESCO, PP. 1-10 , 1998

25- http: // www. everydice. Org/ Eurybase / Application / Eromneset . asp. Complete . national . over view pay , 103 , 2007-

26-Volker Rutte (Integration models for elementary and Secondary Schools in Australia) Making it happen , Examples of good practice in Special needs Educational & community – Be

sed programmes, pag. 1998 – UNESCO. Special needs Education pares – France-

27- سميرة أبو زيد نجدي ، دراسة أساليب وطرق تعليم وتأهيل المعاقين بالولايات المتحدة ومدى إمكانية الإفادة منها في مصر. من بحوث هيئات الفئات الخاصة والمعوقين بجمهورية مصر العربية، المؤتمر السادس، 29-31 مارس 1994 ، ص ص 160- 161

28- عبد المطلب أمين القريوطي ، سيكولوجية ذوي الاحتياجات الخاصة وتربيتهم، الطبعة الرابعة ، دار الفكر العربي ، القاهرة ، 2005 ، ص99. -

29- ديان برادلي وآخرون . الدمج الشامل لذوي الاحتياجات الخاصة ، مفهومه وخلفيته النظرية منهم ، ترجمة زيدان أحمد السرطاوي وعبد العزيز السيد الشخص ، وعبد العزيز العبد الجبار ، مرجع سابق ، ص 14.

30-Diane Schwartz . including children with special needs . Green wood press. (West port , connection . London . 2006) , P.20.

31-Jinn. Allan , The Blind and Visually impaired . Texas school for the blind and visually impaired . http:// www. TSBVI . Edu. / Index . htm , 2001 . PP.1-4.

32-Fare . M. Goulas and other , Making inclusion work in Rural Southeast Texas . Pag. 1-11- 2004 , http:// www. E Jie , volume 1, edition 8 Summer , Fall 2004

33-Mary Berh Bruder . PH. D. inclusion for Pre- School age Children A collaborative Services Model . First Steps . Stories on inclusion in early childhood . Education , pp. 110-123 , UNESCO. Special needs Education , France , 1997

34-Over coming Exclusion Through inclusion Approaches in Education . A challenge. A vision conceptual paperl . UNESCO . Pag. 24, 2005.

35-R electrionc journal for inclusion education winter1999 htpp://www

36-Vivi Germanos . Kouts and is The Ethnicchild care Family and Community Services Co. operative : inclusive early childhood education

37-programs in new South Wales , Australia and New Tsaubouniaris , Pag. 7 -15 , 1997 , UNESCO

38-إدوار . بو شامب : التربية في اليابان المعاصرة ، ترجمة محمد عبد العليم مرسي . مكتب التربية العربي لدول الخليج 1985. ص5

39-http:// www.nise.go.JP/JSEA, P.9. , Nise The National institute of Special Education

40-Mr. Leonardo , P. Jimenez : Inclusion vs. institutionalization .

41-Japan's Educational challenge , http://www.Electronic Journal for inclusion Education . Volume1. Edition 8 summer , Fall 2004

42-Mr. Leonardo , P. Jimenez : Inclusion vs. institutionalization . Japan's Educational challenge , http://www.Electronic Journal for inclusion Education . Volume1. Edition 8 summer , Fall 2004

الفصل الحادي عشر

تجارب الدمج في الدول العربية

- تجربة جمهورية مصر العربية .

- تجربة المملكة العربية السعودية .

- تجربة المملكة الأردنية الهاشمية .

- تجربة دولة الإمارات العربية المتحدة .

يهدف هذا الفصل إلى التعرف على برامج الدمج في عدد من الدول العربية

تجربة جمهورية مصر العربية .

تجربة المملكة العربية السعودية .

تجربة المملكة الأردنية الهاشمية .

تجربة دولة الإمارات العربية المتحدة .

أولًا : تجربة جمهورية مصر العربية :

- أهم النماذج المصرية لدمج ذوي الاحتياجات الخاصة:

1- تجربة الأزهر الشريف في دمج المعوقين بصريًا:

منذ إنشاء الأزهر الشريف منذ عام 970 ميلاديا كان يتم تربية الطفل المعاق بصريًا مع غيره من العاديين, بداية من تحفيظ القرآن وحتى الالتحاق بالجامعة (هالة عبد السلام مرجع سابق

غير أن نظام الدمج في المعاهد الأزهرية لم يكن دمجًا مخططًا له بعناية ولكنه دمجًا عفويًا بقدر ما تسمح به الظروف حيث يتناسب تعلم المواد الشرعية والعربية هذه الإعاقة لأنها تعتمد أصلاً على التلقي عن المشايخ وتعتمد على الاستماع وهذه المهارات يستطيع المكفوفون تطويرها وإجادتها شأنهم في ذلك شأن المبصرين (المركز القومي للبحوث آليات الدمج)

ورغم تجربة الأزهر الرائدة والتي أصبحت تجربة يحتذي بها في العالم الإسلامي إلا أن هذه التجربة واجهتها عدة مشكلات منها:

هناك العديد من المتطلبات التربوية اللازمة لتعليم ورعاية المكفوفين في المعاهد الأزهرية مثل الخدمات الإرشادية والمعلم المتجول, غرفة المصادر, والمعلم المستشار والأدوات الوسائل اللازمة لإتمام الدمج. كل هذه المتطلبات كانت غير متوفرة بالإضافة إلى المشكلات التي كانت تواجه طلاب الأزهر المكفوفين مثل عدم تعاون المعهد مع ولي الأمر في عمليات الإرشاد الأسري,وشعور الطلاب المكفوفين بالإهمال من قبل إدارة المعهد, الإيذاء من قبل أقرانهم المبصرين, وقلة الدعم المادي إلى غير ذلك من المشكلات (محمد حامد امبابي ،1999)

2- تجربة مدرسة مصر للغات:

وتقدم المدرسة خدماتها ورعايتها لذوي الإعاقة الذهنية منذ عام 1986 حيث إن ذوي الإعاقة الذهنية, مندمجين داخل الفصول "والإدماج هنا ليس إدماجًا في المكان فقط بل, إدماجًا في الأنشطة والرحلات, والبرامج التربوية والأكاديمية والفنية, حيث

يشارك طلبة المدرسة ذوي الاحتياجات الخاصة في كل الأعمال ومختلف الصفوف" وعندما بدأت المدرسة إنشاء فصول لذوي الاحتياجات الخاصة 1986/1985 كانت هناك 8 فصول و8 حرف مختلفة يتعلمها ذوو الاحتياجات الخاصة وهذه الفصول تبدأ من سن 4 سنوات إلى 12 عاما.

وهذه الفصول مجهزة بأحدث الأجهزة التي يحتاج إليها ذوو الاحتياجات الخاصة وأيضًا بالنظام التربوي الملائم عن طريق برامج التعليم الفردية، وهذه البرامج طُورت وأعدت لتلائم رغبات ومهارات وآمال هؤلاء الطلاب, وهذه الفصول وفق برامج وزارة التربية والتعليم المصرية, وهناك مناهج صممت خصيصًا, لذوي الاحتياجات الخاصة, وضمت المناهج الأكاديمية وبرامج التربية الرياضية, والتدريبات على الحرف, والمهارات الخاصة والكمبيوتر والفنون والموسيقى.

ومصر للغات من المدارس الرائدة في تقدم برنامج دمج وتكامل ذوي الاحتياجات الخاصة. عن طريق المزج بين ذوي الاحتياجات الخاصة وأقرانهم من العاديين داخل البرنامج وهذا البرنامج له فوائد كثيرة لكل من ذوي الاحتياجات الخاصة والعاديين وهذا البرنامج لم يقدم الدعم والمساعدة فقط لذوي الاحتياجات الخاصة عن طريق العاديين ولكن أصبح هؤلاء الطلاب جزء من المجتمع, وأصبحوا قادرين على المساهمة والمشاركة في المجتمع وأصبح الأولاد العاديون لديهم إحساس بزملائهم من ذوي الاحتياجات الخاصة, وعملوا على نمو هذا الشعور والإحساس والتعاون بينهم, بالإضافة إلى الأنشطة التي طورت بشكل جيد وأدت إلى زيادة الوعي بين مختلف الأفراد. وأصبح لدى جميع الطلاب العاديين رغبة شديدة في الاندماج والتكامل مع زملائهم المعاقين في الفصول وفي الأتوبيسات ومختلف الأنشطة والأحداث بالمدرسة. وتعمل المدرسة على تدريب الأولاد ذوي الاحتياجات الخاصة سواء الإعاقة الذهنية أو الحسية أو الحركية لكي يكونا قادرين على ممارسة حرفة معينة ويكون مستواهم متقدم بها. ومن هذه الحرف التي تبدأ من مرحلة رياض الأطفال حتى القسم الثانوي مثل الرسم والتسوق وصناعة البا مبو والخياطة وصناعة السجاد والتغليف والزراعة.

تسهم المدرسة في تغيير الاتجاهات نحو الطلبة ذوي الاحتياجات الخاصة من خلال الممارسات والمشاركة في الخبرات التربوية المتعددة ومن خلال مساعدة الأسر على (المجلس القومي للأمومة والطفولة 1999) المشاركة في البرامج التربوية ومساعدتهم نفسيًا واجتماعيًا.

- تسهم مدرسة مصر للغات في مسابقات الأولمبياد الخاصة بعدد كبير من أبنائها ومن أهداف هذه المسابقات العمل على زيادة الطموح والتحدي عند المعاق وزيادة المشاركة والاندماج الاجتماعي والرياضي (موقع مدارس مصر للغات على الانترنت)

- مدرسة مصر للغات تشترك في برنامج الصديق الأمثل Best Buddies والذي بدا نشاطه عام 1999 بمشاركة ثلاث مؤسسات وهي مدرسة مصر للغات والجامعة الأمريكية، وجامعة القاهرة وأصبح يشترك في البرنامج سنة 2006 جامعة عين شمس وجامعة حلوان وجامعة MAS الخاصة بمدينة 6 أكتوبر (جامعة العلوم والآداب الحديثة) بالإضافة إلى المؤسسات السابقة ويهدف المشروع إلى حدوث نوع من الصداقة بين ذوي الاحتياجات الخاصة في مدارس مصر للغات وطلاب الجامعات المذكورة ويؤدي ذلك إلى حدوث نوع من التفاعل والاندماج داخل المجتمع.

3- مشروع مركز سيتي لدمج التلاميذ ذوي الاحتياجات الخاصة.

تم تنفيذ المشروع بدعم من وزارة التربية والتعليم وهيئة اليونسكو وهيئة إنقاذ الطفولة البريطانية SCFUK.

أماكن تطبيق المشروع:

1- في محافظة القاهرة: مدرسة طور سينا الابتدائية،و مدرسة عمار بن ياسر والمدرستان بإدارة الوايلي التعليمية.

2- محافظة الإسكندرية: مدرسة كرموز إدارة شرق التعليمية, مدرسة عمر لطفي إدارة غرب.

3- محافظة المنيا: مدرسة دومون إدارة المنيا التعليمية, مدرسة أبو قرقاص إدارة أبو قرقاص التعليمية.

زمن المشروع:

4- في أعوام (98/1999-1999/2000-2000/2001).

الهدف من المشروع:

- اختبار مدى جدوى دمج الأطفال ذوي الاحتياجات الخاصة في الفصول النظامية من الحضانة إلى المرحلة الابتدائية.

- تحسين العملية التعليمية من خلال تقديم نموذج جديد يمكن أن يستفاد منه في أنحاء أخرى من مصر.

- تغيير اتجاهات المجتمع نحو حق تعليم ذوي الاحتياجات الخاصة مع أقرانهم من العاديين.

مراحل المشروع:

1- مرحلة التهيئة والإعداد (1998/1999) حيث تم فيها التخطيط واختيار المدارس والأطفال والإعداد الفني للمعلمين والمساندين والحصول على الموافقات الرسمية.

2- مرحلة التطبيق الميداني التجريبي (1999-2001) وفيها تم إلحاق الأطفال من ذوي الاحتياجات الخاصة في فصول المدارس المختارة وتم متابعة هؤلاء الأطفال من حيث تطورهم الأكاديمي والاجتماعي من خلال الزيارات الأسبوعية لفريق المساندة من قبل مركز سيتي بالإضافة إلى قيامهم بالمساعدة في حل بعض المشكلات.

3- تم عقد دورات تدريبية مكثفة أخرى مستمرة لمعلمي الفصول.

4- تم تقييم المشروع تقييمًا مستمرًا من خلال لقاءات دورية واستمارات تقييم ثم تحليلها وتفسيرها والاستفادة منها.

نتائج الدراسة التقويمية للمشروع:

أولاً مدى تحقق الأهداف:

بالنسبة لتقدم التلاميذ:

- تقدم ملحوظ في بعض المهارات الاجتماعية مثل زيادة الاستقلالية وزيادة الثقة بالذات وبناء الصداقات لدى التلاميذ من ذوي الاحتياجات الخاصة.

- انخفاض ملحوظ للمشكلات السلوكية لهؤلاء التلاميذ.

- تقدم ملحوظ في الجوانب الأكاديمية لهؤلاء التلاميذ مقارنة بأنفسهم (قراءة- كتابة- تركيز).

- لوحظت فروق في مستوى التقدم باختلاف المحافظات وربما يرجع ذلك إلى اختلاف المستوى الاقتصادي والاجتماعي من محافظة لأخرى.

- تقدم ملحوظ في المهارات الأكاديمية للتلاميذ من غير ذوي الاحتياجات الخاصة.

- ارتفاع ملحوظ في روح التعاون لدى هؤلاء التلاميذ وفي مهارات التعامل مع الآخرين مقارنة بأقرانهم في الفصول التي لم يتم فيها الدمج.

بالنسبة لفاعلية المعلمين :

- ارتفاع ملحوظ في قدرة المعلم على تنوع أساليب التدريس.

- أصبح المعلمون أكثر إيجابية في استخدام طرق الاتصال لكي يتواصلوا مع جميع التلاميذ.

- زاد استخدام المعلمين للمعينات التعليمية, و حدوث ارتفاع محدود في تقدير أهمية الوسائل التعليمية.

- حدوث ارتفاع نسبي في قدرة المعلمين على إدارة الفصل ويمكن إرجاع ذلك إلى زيادة قدرتهم على جذب انتباه التلاميذ داخل الفصل.

- وجد أن المعلمين في فصول الدمج يحتاجون إلى زيادة جرعة التدريب في التعامل مع المشكلات التي تظهر أثناء التعلم مثل صعوبات الحديث والقراءة والكتابة, والنقل من السبورة والبطء في الاستيعاب والاسترجاع والربط بين الحروف لبناء الكلمات

بالنسبة لمناسبة المنهج الدراسي :

- لوحظ صعوبة التعامل مع الزيادة المتنوعة في المعلومات المتضمنة في محتوى المقررات الدراسية والتي على التلاميذ ذوي الاحتياجات الخاصة التعامل معها والاحتفاظ بها.

- لوحظ أن المنهج الحالي شديد التعقيد وشديد الاتساع للتلاميذ من غير ذوي الاحتياجات الخاصة وبدون شك للتلاميذ ذوي الاحتياجات الخاصة.

- لا يتيح المنهج الحالي فرصًا للاختبار أن تتناسب مع الفروق في القدرات والاهتمامات والميول.

بالنسبة لاتجاهات أولياء الأمور وأدوارهم :

- لوحظ اهتمام متزايد من غالبية أولياء أمور التلاميذ من ذوي الاحتياجات الخاصة من حيث نظافة وصحة الطفل وأدواته, وانتظامه في المدرسة ومتابعة أداء الواجبات المدرسية.

- لوحظ أيضًا حرص غالبية أولياء أمور هؤلاء التلاميذ على الاستعانة بفريق المساعدة وطلب الإرشاد عن طريق الاتصالات التليفونية, أو المقابلات الفردية.

- لوحظ أيضًا تقدم وتحسن في إدراك أولياء الأمور لقدرات أطفالهم في إحساسهم بالتزامهم الشخصي في مساعدة الأبناء لتنمية هذه القدرات.

- أظهر أولياء الأمور رغبتهم في تخفيف المنهج وإعطاء فرص للتعليم الشفهي واستخدام الوسائل التعليمية.

- عبر أولياء الأمور عن رغبتهم في أن يستمر أبناؤهم من ذوي الاحتياجات الخاصة في المجرى الطبيعي للتعليم ولا يحدث عزلهم مرة أخرى.

بالنسبة لدور المديرين :

- ارتفاع نسبي لمبادرات المديرين لتشجيع المعلمين المشتركين في الدمج.

- ارتفاع نسبي في تشجيع العاملين الآخرين في المدرسة, الأخصائيين الاجتماعيين, ومسئولي المكتبة وغيرهم لدعم الدمج.

- حرص مديري المدارس على نشر فكرة الدمج بين الإدارات التعليمية المختلفة والزملاء والأقارب.

- لوحظ احتياج المديرين لتدريب أعمق للمساهمة في معالجة بعض المشكلات والصعوبات.

4- تجربة وزارة التربية والتعليم في دمج ذوي الاحتياجات الخاصة:

اهتمت وزارة التربية والتعليم بتقديم الرعاية الشاملة والمتكاملة للتلاميذ المعاقين بمختلف أنواع الإعاقات السمعية, والبصرية, الجسدية, الفكرية, إيمانًا بحقهم في فرص متكافئة في التعليم, وفي الرعاية المتكاملة, تحقيقًا لمبدأ تكافؤ الفرص التعليمية بين أبناء الوطن, عن طريق إتاحة الفرصة لهم بالالتحاق بمراحل التعليم المختلفة وفق ما تسمح به الظروف والإمكانيات.

ولعل أهم محاولات الدمج التي تقوم بها وزارة التربية والتعليم ما يلي:

أ- أولا دمج المعاقين فكريًا:

المرحلة الأولى:

اشتراك طلبة التربية الفكرية بالمدارس العادية في خمسين مدرسة بمختلف محافظات الجمهورية اعتبارًا من العام الدراسي1999/2000.

المرحلة الثانية:

دمج 244 فصلا ملحقا بمدارس التعليم العام على مستوى جميع الإدارات التعليمية بالجمهورية في العام الدراسي (2000/2001) والفصول الملحقة الفعلية في عام (2005/2006) 220 فصلا.

والهدف من فتح هذه الفصول الملحقة هو تفعيل استراتيجيات الدمج الجزئي في المدارس العادية وقد بدأت الوزارة هذه التجربة كخطوة مبدئية لتعميمها على مستوى الجمهورية حين نجاحها.

جدول يوضح المحافظات التي طبقت بها تجربة فصول التربية الفكرية الجديدة الملحقة على التعليم العام

المحافظة	عدد الإدارات التي بها فصول دمج	المحافظة	عدد الإدارات التي بها فصول دمج
القاهرة	24	بور سعيد	3
الجيزة	18	الإسماعيلية	8
الإسكندرية	7	السويس	4
المنوفية	10	بني سويف	7
الشرقية	17	سوهاج	9
الغربية	10	قنا	13
المنيا	9	أسوان	5
أسيوط	11	مطروح	7
الفيوم	5	الوادي الجديد	3
البحيرة	10	البحر الأحمر	5
كفر الشيخ	6	الأقصر	2
القليوبية	13	شمال سيناء	2
الدقهلية	16	جنوب سيناء	1
دمياط	4		

ومن خلال الجدول السابق لاحظت الدراسة أن أكبر المحافظات في عدد الإدارات التي تم تطبيق تجربة الدمج بها هي محافظة القاهرة، حيث يتم تطبيق التجربة في أربع وعشرين إدارة، وذلك بسبب زيادة عدد الطلاب والمدارس والكثافة السكانية الضخمة بمحافظة القاهرة وأيضًا لأنها العاصمة . ولاحظت الدراسة أن أقل المحافظات

في تطبيق التجربة هي محافظة جنوب سيناء حيث تم تطبيق المشروع في إدارة تعليمية واحدة.

وهناك مشروع الدمج الكلي الذي تقوم به جمعية كريتاس بالتعاون مع وزارة التربية والتعليم الذي ذكرته الدراسة سابقًا وأيضًا تقوم جمعية الرعاية المتكاملة بتطبيق الدمج الكلي في إدارة الزيتون التعليمية بمدرسة سيدي عبد السلام ومدرسة الآداب

ثانيًا: دمج المعاقين سمعيًا:

بدأت وزارة التربية والتعليم في مشروع الدمج الجزئي للمعاقين سمعيًا وضعاف السمع منذ عام 1999 ووصلت عدد الفصول الملحقة على مدارس التعليم العام وفق الإحصاء عام (2006/2005) 49 فصلا ملحقا.

وهذه الفصول يتم تطبيق الدمج الجزئي بها وهي موزعة على مختلف محافظات الجمهورية ومن أهم المحافظات التي بها فصول ملحقة تربية سمعية دمج جزئي القاهرة, والإسكندرية, والبحيرة.

ثالثًا: دمج المعاقين بصريًا:

يتم تطبيق الدمج الكلي للمعاقين بصريا في خمس محافظات فقط في العام الدراسي 2006/2005, وهي محافظة القاهرة ومحافظة مطروح ومحافظة البحر الأحمر ومحافظة الوادي الجديد ومحافظة الغربية.

ورغم أن الدمج الكلي مطبق بالأزهر الشريف منذ أن تم إنشاؤه, ويتم تطبيق هذا النوع في مختلف المراحل التعليمية الابتدائي والإعدادي والثانوي ولكن عدد التلاميذ المندمجين حاليًا لا يتجاوز خمسة عشر تلميذًا فقط على مستوى الجمهورية في مراحل التعليم المختلفة.

ثانيًا : المملكة العربية السعودية :

ومن أساليب الدمج التي يتم تطبيقها في المملكة العربية السعودية:

1- طريقة الدمج الجزئي:

وتتحقق من خلال استحداث برامج فصول خاصة ملحقة بالمدارس العادية, وقد أشار الموسى (1999) إلى أن هذا النمط من الخدمة يتضمن إلحاق الأطفال ذوي الاحتياجات التربوية الخاصة بفصل خاص بهم بالمدرسة العادية حيث يتلقون الرعاية التربوية والتعليمية الخاصة بهم مع بعضهم في ذلك الفصل مع العمل على إتاحة الفرصة لهم للاندماج مع أقرانهم العاديين في بعض الأنشطة الصيفية, والأنشطة اللا صيفية, وفي مرافق المدرسة وبرامج الفصول الخاصة على نوعين:

1- فصول تطبق مناهج معاهد التربية الخاصة مثل فصول الأطفال القابلين للتعليم من المتخلفين عقليًا, وفصول الأطفال الصم.

2- فصول تطبق مناهج المدارس العادية مثل فصول الأطفال المكفوفين.

2- طريقة الدمج الكلي:

وتتم عن طريق استخدام الأساليب التربوية الحديثة مثل, برامج غرف المصادر وبرامج المعلم المتجول, وبرامج المعلم المستشار, وبرامج المتابعة في التربية الخاصة وقد عرف الموسى (1999) هذه الأنماط من تقديم خدمات التربية الخاصة على النحو التالي:

أ- برنامج غرفة المصادر:

هو أحد الأساليب التي بواسطتها تتم عملية دمج الأطفال غير العاديين في المدارس العادية, وهو مفهوم تربوي يتضمن الركائز الرئيسية التالية:

تخصيص غرفة في المدرسة العادية تكون ذات مستلزمات مكانية وتجهيزية وبشرية تحددها طبيعة خصائص واحتياجات الفئة أو الفئات المستفيدة.

إبقاء التلاميذ غير العاديين في الصفوف الدراسية بالمدرسة العادية مع أقرانهم العاديين إن كانوا من الفئات الموجودة -أصلاً- بالمدارس العادية, أو إلحاقهم بالصفوف الدراسية بالمدرسة العادية مع أقرانهم العاديين إن كانوا من الفئات التي

كانت تدرس تقليديًا بمعاهد التربية الخاصة, أو الفصول الخاصة الملحقة بالمدارس العادية.

يتحتم على التلاميذ غير العاديين أن يقضوا –على الأقل– 50% من يومهم المدرسي في الصفوف الدراسية مع أقرانهم العاديين.

يتردد التلاميذ غير العاديين على غرفة المصادر للاستفادة من خدماتها حسب جدول تحدده متغيرات أهمها حاجة الطفل إلى خدمات التربية الخاصة, طبيعة عوق الطفل و شدة عوق الطفل,و الصف الدراسي الذي يدرس فيه الطفل, وغير ذلك من المتغيرات التي يمليها الموقف التربوي على كل من معلم التربية الخاصة, ومعلم الفصل العادي.

قد يكون من الضروري تسجيل الأطفال غير العاديين في المدرسة التي يوجد بها برنامج غرفة مصادر, أو تحويلهم إليها إن كانوا من التلاميذ المسجلين في مدارس لا يوجد بها هذا البرنامج, الأمر الذي يستدعي ضرورة تأمين وسيلة نقل للتلاميذ بين المدرسة والمنزل.

ب- برنامج المعلم المتجول:

هو أحد الأساليب التي بواسطتها تتم عملية دمج الأطفال غير العاديين في المدارس العادية, وهو مفهوم تربوي يتضمن الركائز الرئيسية التالية:

1- تسجيل الأطفال غير العاديين في اقرب المدارس العادية إلى منازلهم, أو إبقائهم فيها إن كانوا مسجلين بها فعلاً.

2- يتحتم على التلاميذ غير العاديين أن يقضوا معظم يومهم الدراسي في الصفوف الدراسية مع أقرانهم العاديين.

3- يقوم معلم متخصص في التربية الخاصة بالتجول في المدارس العادية التي يوجد بها تلاميذ غير عاديين بغرض تقديم خدمات التربية الخاصة لهم.

ج- برنامج المعلم المستشار:

هو أحد الأساليب التي بموجبها تتم عملية دمج الأطفال غير العاديين في المدارس العادية, وهو مفهوم تربوي تقوم فكرته على الاستفادة من خدمات معلم متخصص في التربية الخاصة, يقوم بزيارات ميدانية للمدارس العادية التي يوجد بها تلاميذ غير

عاديين, شأنه في ذلك شأن المعلم المتجول, بغرض تقديم خدمات التربية الخاصة التي تتمثل في النصح والمشورة لمعلمي الفصول العادية حول كيفية التعامل مع الأطفال غير العاديين, وهو أيضًا كالمعلم المتجول يكون مقره في قسم التربية الخاصة بإدارة تعليم المنطقة, أو إحدى المدارس التي يعمل بها, كما يحتاج أيضًا إلى استخدام وسيلة نقل.

د- برنامج المتابعة في التربية الخاصة:

وهذه البرامج يمكن تعريفها على أنها عبارة عن برامج موجودة لدى الأمانة العامة للتربية الخاصة بوزارة التربية والتعليم لمتابعة بعض الفئات التي لا تستفيد –حاليًا- من خدمات التربية الخاصة(الموسى مرجع سابق)

تجارب الدمج في المملكة العربية السعودية

1- **تجربة الدمج في مدينة الرياض**

قامت تجربة الدمج في مدينة الرياض على خطة تربوية تم إعدادها من قبل قسم التربية الخاصة وقد تكونت الخطة من ثلاث مراحل أساسية هي

1. مرحلة التشخيص والتخطيط.

2. مرحلة التنفيذ

3. مرحلة التقويم والمتابعة

برنامج الخطة التربوية دمج اذوي الاحتياجات الخاصة في مدارس التعليم العام

انطلاقاً من توجهات وزارة المعارف والممثلة في الأمانة العامة للتربية الخاصة نحو الارتقاء بمستوى أداء العملية التربوية والتعليمية وتفعيل دور قسم التربية الخاصة ، قام القسم بالإدارة بعمل آلية عمل لفتح برامج تربية خاصة في مدارس التعليم العام لكل عام دراسي شملت العديد من الأهداف والمهام التربوية والتعليمية، وقامت الخطة على آلية تنفيذ شملت على العديد من الإجراءات التي نتج عنها فتح (54) برنامج دمج في مدارس التعليم العام،حتى الآن، (30) برنامج للتربية الفكرية,(20) برنامج للصم وضعاف السمع و (4) برامج للمكفوفين، إضافة إلى (76) برنامج لصعوبات التعلم .

وقد اشتملت هذه الخطة على ثلاث مراحل أساسية:

المرحلة الأولى : مرحلة التشخيص والتخطيط

تضمنت هذه المرحلة العديد من الإجراءات يتم فيها الوقوف على احتياجات برامج الدمج الفعلية كما يتم فيها عقد اجتماع ولقاءات مع مديري المدارس والمعلمين المنقولين للبرامج .ومن خلال ما يحدده المشرف التربوي من أهداف في المرحلة القادمة . وفد تضمنت هذه المرحلة التالي:

- تحديد أهداف وشروط برامج الدمج في مدارس التعليم العام.

- حصر الطلاب في الأحياء حسب مستوياتهم ومراحلهم الدراسية في المعاهد والدين سيتم فتح برامج للتربية الخاصة لهم في مدارس التعليم العام.

- مخاطبة مركز الإشراف التربوي لترشيح (3) مدراس مقترحة مناسبة لفتح فصول تربية خاصة

- زيارة مشرف التربية الخاصة للمدارس المرشحة واختيار الأفضل منها.

- توجيه خطاب لمركز الإشراف موضحاً فيه اسم المدرسة وعدد الفصول التي سيتم اعتماد فتحها للعام الدراسي القادم.

-توجيه خطاب للمعاهد لإشعار أولياء أمور الطلاب الذين سيتم نقلهم إلى البرامج الجديدة في مدارس التعليم العام.

- توجيه المعاهد بتحديد احتياجات الطلاب من الحافلات ورفعها لشئون الطلاب بالإدارة لاتخاذ اللازم قبل بداية العام الدراسي.

- توعية مدارس التعليم العام التي يلحق بها برامج تربية الخاصة بأهداف وأساليب الدمج.

المرحلة الثانية: مرحلة التنفيذ:

تتضمن هذه المرحلة تنفيذ عدد من الأساليب الإجرائية لفتح برامج التربية الخاصة في مدارس التعليم العام:

- إعطاء معلومات كاملة لإدارة المدرسة عن فئة الطلاب التي سيتم نقلهم للفصول في المدرسة مع توضيح الطرق والأساليب التي يمكن دمج طلاب التربية الخاصة مع أقرانهم العاديين في المدرسة

- اختيار المعلمين المتميزين من المعاهد والمعلمين المنقولين من خارج المنطقة وتوجيههم للمدارس التي بها دمج بما في ذلك معلمي التربية الرياضية والفنية.

- تجهيز فصول برامج التربية الخاصة في مدارس التعليم العام من الوسائل التعليمية والأثاث قبل بداية العام الدراسي.

- اختيار معلم متابع متميز من المعاهد مع بداية كل برنامج لمتابعة احتياج البرنامج والتنسيق مع قسم التربية الخاصة والمعاهد في نقل الطلاب للبرامج ومن ثم الرفع بالمعوقات والمشكلات التي تواجه البرنامج

- تكوين لجنة متابعة في كل برنامج مكونة من الوكيل والمرشد الطلابي والأخصائي النفسي ومعلم من البرنامج في المدرسة .لمتابعة الجوانب التالية:

- وضع الخطط الدراسية لفصول برنامج التربية الخاصة.

- استقبال الطلاب وتطبيق شروط القبول في البرنامج.

- دراسة الحالات الخاصة وعلاجها

- دراسة الحالات الطارئة ورفع تقرير عنها بعد فترة الملاحظة

- دراسة الملاحظات من معلمي البرنامج وضع الحلول المناسبة.

المرحلة الثالثة : مرحلة المتابعة والتقويم :

عملية مستمرة تصاحب كل مرحلة ، وتنفذ بأسلوب الزيارات الأسبوعية من قبل إدارة التعليم العام للبرامج الملحقة في مدارس التعليم العام ، والغرض منها قياس مدى تقدم البرنامج نتيجة لما تم في الخطوات السابقة . وتتضمن هذه المرحلة الجوانب التالية

- تقييم ومتابعة برامج التوعية لطلاب والمعلمين في المدارس التي افتتح بها برامج للدمج، أثناء العام الدراسي؛ ومن ذلك متابعة الطرائق التالية : الإذاعة المدرسية، المطويات، الصحائف الحائطية، المسابقات، الاشتراك في المناشط الطلابية .وكذلك حضور المعلمين في التعليم العام والبرامج للدورات التدريبية والندوات والمحاضرات وورش العمل

- التحقق من مدى استفادة طلاب ذوي الاحتياجات الخاصة من برامج الدمج

- متابعة وتقويم إعمال لجنة القبول في البرنامج لتأكد من متابعة الحالات

السلوكية، ومتابعة الطلاب الجدد في فترة الملاحظة ورفع تقارير دورية عن حالاتهم.

- متابعة تفعيل ما جاء في الاجتماعات الدورية لمديري ووكلاء المدارس التي يوجد بها برامج للدمج مع مشرفي قسم التربية الخاصة المشرفين المتعاونين

- تقييم برامج الدمج عن طريق استبانة تعبأ من قبل معلمي التعليم العام في المدرسة ومعلمي برنامج التربية الخاصة في نهاية العام.

مرحلة-- التشخيص والتخطيط

النشاط ----

- حصر الطلاب في المعاهد حسب سكنهم في الأحياء.

- التنسيق مع مراكز الإشراف لاختيار مدارس الدمج.

- زيارة المدارس لتأكد من صلاحيتها للدمج.

- عقد اللقاءات والاجتماعات مع أولياء الأمور .

- لمديري ومعلمي المعاهد والبرامج .

- تحديد الاحتياج من المعلمين والمستلزمات التعليمية للفصول الملحقة المدة -- عشرة اسابيع من بداية الفصل الدراسي الثاني.

مرحلة : التـنـفيـذ

النشاط -- تنفيذ الأساليب الإجرائية لتحقيق الأهداف المرسومة في ضوء احتياجات البرامج في مدارس التعليم العام .

المدة -- ثلاثة أسابيع (من بداية عودة المعلمين للدور الثاني).

مرحلة : المتابعة والتقويم

النشاط -- الزيارات الأسبوعية . واستخدام أدوات مناسبة لقياس تقدم ونجاح البرنامج

المدة -- تبدأ من المرحلة الأولى وتنتهي بنهاية العام الدراسي. (معيض الزهراني ، الدمج التربوي مفاهيمه وأساليبه)

ثانيًا : تجربه عمليه لتطبيق سياسة الدمج في مدارس التعليم العام بمدينه المدينة المنورة بالمملكة العربية السعودية

تجربة الدمج في المدينة المنورة

حظيت منطقة المدينة المنورة التعليمية - كغيرها من مناطق المملكة - برعاية كريمة من الحكومة الرشيدة لذوي الاحتياجات التربوية الخاصة بكافة فئاتهم ، إذ اعتنت بهم وجندت لخدمتهم الطاقات البشرية والمادية والمكانية ، فهذه وزارة التربية والتعليم ممثلة في الأمانة العامة للتربية الخاصة تؤدي دورها بفاعلية تجاه هذه الفئة وبخطوات حثيثة من أجل تطوير وتحسين الخدمات التربوية والتعليمية والتدريبية المقدمة لهم . وما أسلوب الدمج التربوي الذي تسعى لتطبيقه في كافة مناطق المملكة إلا واحد من هذه الشواهد العملاقة للوصول إلى هدفها الإستراتيجي وهو الدمج الشامل لهذه الفئات الخاصة في بيئاتهم ومجتمعاتهم العادية .

من هذا المنطلق سعت الإدارة العامة للتربية والتعليم بمنطقة المدينة المنورة لمواكبة هذا التوجه التربوي الذي يهدف إلى تقديم أفضل الخدمات للطلاب ذوي الاحتياجات التربوية الخاصة في ظل بيئة تتوفر فيها كافة الخدمات التربوية والتعليمية التي يحتاجونها دون عزلهم عن أقرانهم العاديين .

وخلال السبع سنوات التي طبقت فيها المنطقة أسلوب دمج ذوي الاحتياجات التربوية الخاصة في مدارس التعليم العام ظهرت قدرته على تفعيل كل الأدوار التربوية والتعليمية والاجتماعية و النفسية التي يهدف المربون إلى تحقيقها من خلال هذه البرامج برؤية حديثة تتمشى مع مفهوم فنيات التعامل مع ذوي الاحتياجات التربوية الخاصة ومتطلباتهم .

لذلك رأت المنطقة المشاركة بطرح تجربتها من واقع تطبيقها في الميدان ، مسلطة الضوء على أهمية الدمج ، وآلية تنفيذه ، ومقومات نجاحه ، وأثره في بناء شخصية طالب ذوي الاحتياجات التربوية الخاصة والأدوار التربوية والتعليمية والتدريبية التي نفذت خلال التطبيق ، لتشكل في مجملها خطوة إيجابية نحو إعادة ذوي الاحتياجات التربوية الخاصة إلى مكانهم الطبيعي بين أقرانهم (طلاب التعليم العام) ولتدعم

مسيرة التوسع في عملية الدمج التربوي وتسريع خطاه بالقدر الذي يحقق نجاحه في جميع المناطق التعليمية بالمنط

مفهوم الدمج

تربية وتعليم التلاميذ غير العاديين في المدارس العادية مع تزويدهم بخدمات التربية الخاصة (1) وتتم عملية التكامل الاجتماعي والتعليمي بينهم داخل المدرسة إما بصورة جزئية من خلال طابور الصباح وفي حصص التربية الفنية والرياضية والنشاط اللاصفي وأثناء الفسحة أو بصورة كلية من خلال الدراسة مع الطلاب العاديين داخل الفصول الدراسية وبمختلف المناشط.

أهمية الدمج

1- تحقيق جو تعليمي مناسب للطلاب ذوي الاحتياجات التربوية الخاصة يحققون من خلاله قسطا من التعليم يناسب قدراتهم من غير عزلة عن أقرانهم العاديين مع مساعدتهم في نفس الوقت على إبراز وتقوية قدراتهم واستعداداتهم ليصبحوا قادرين على التغلب على ما يحيط بهم من معوقات فتتاح لهم فرصة أكبر للنمو الثقافي والاجتماعي

2- تنمية المهارات الشخصية والحياتية لذوي الاحتياجات التربوية الخاصة التي تساعدهم على إقامة العلاقات الاجتماعية المشتركة لتحقيق التوازن النفسي والاجتماعي وإزالة الشعور بالقلق من الإعاقة .

3- توفير الفرصة لذوي الاحتياجات التربوية الخاصة للتفاعل مع أقرانهم العاديين والتعلم منهم .

4- تحقيق استيعاب المعاهد القائمة حاليا لأكبر عدد من الطلاب المحتاجين لخدماتها. مع إعطاء فرصة أكبر للعاملين فيها لإجراء البحوث والدراسات وتنفيذ التجارب الميدانية وإقامة الدورات التدريبية باعتبار أن المعاهد مصدر إمداد للمعلومات لكافة العاملين في مجال التربية الخاصة.

تاريخ الدمج التربوي في المنطقة

أول برنامج دمج طبقته المنطقة برنامج دمج الطلاب المكفوفين وبدأ عام 1416 هـ . في

ثانوية أحد ثم انتقل إلى ثانوية الأنصار في العام الدراسي 1417هـ ـ 1418 هـ . بعدها توالت برامج الدمج التربوي في المنطقة لنجاحها المتميز ليصل عددها لعام 1423هـ ـ 1424 هـ . تسعة برامج للدمج.

ولقد شمل الدمج التربوي الفئات التالية : ـ

المكفوفون (المرحلة الثانوية) - القابلون للتعلم من المتخلفين عقليا (المرحلة الإبتدائية والمتوسطة) - ضعاف السمع والنطق (المرحلة الابتدائية) - الإعاقة السمعية (المرحلة الثانوية)

وتعمل المنطقة حالياً على دراسة إمكانية دمج برنامجي التوحد الموجود حالياً بمعهد التربية الفكرية وبرنامج متعددي العوق الموجود في معهد الأمل بمدارس التعليم العام كخطوة مهمة لتقديم خدمات التربية الخاصة لهذه الفئة في المدارس العادية)1

برامج الدمج بالمنطقة حسب الفئات وتاريخ تأسيسها

1 -المكفوفون ثانوي -1417

2 -الإعاقة العقلية (القابلون للتعلم) ابتدائي -1421

3 -ضعاف السمع والنطق ابتدائي -1423

4 -الإعاقة السمعية (الصم) ثانوي -1424

5 -الإعاقة العقلية متوسط -1424

6 -الإعاقة العقلية (القابلون للتعلم) ابتدائي -1424

7 -الإعاقة العقلية (القابلون للتعلم) ابتدائي -1424

(1) هناك فئة صعوبات التعلم موجودة أصلا في المدارس العادية وتقدم لهم خدمات التربية الخاصة بمدارسهم وبلغت عدد برامج صعوبات التعلم في المنطقة 26 برنامجا.

آلية المنطقة في تنفيذ الدمج

تطبق المنطقة نوعين من الدمج

1ـ فصول تطبق مناهج معاهد التربية الخاصة وهي فصول التربية الفكرية (المتخلفين عقلياً) وتم إلحاقها في المدارس الموضحة في الجدول رقم (1) وفصول الأمل الثانوي (الصم) ألحقت بثانوية الأمير عبد المحسن بن عبد العزيز . وهذا النوع يعرف

بالدمج الجزئي.

2ـ فصول تطبق مناهج المدارس العادية (الدمج الكلي) وهي : ـ

فصول الطلاب المكفوفين الملحقة بثانوية الأنصار وفصول الطلاب ضعاف السمع والنطق بمدرسة القبلتين الابتدائية . وفيما يلي

خطوات المنطقة الإجرائية في عملية فتح فصول الدمج الملحقة بالمدارس العادية:

أولا : تشكيل فريق عمل من المتخصصين في قسم التربية الخاصة والمعاهد بالمنطقة للقيام بـالأدوار الآتية

- دراسة ضوابط وشروط عملية الدمج .

- تحديد المدارس المرشحة لتطبيق برامج الدمج وزيارتها .

- كتابة تقرير مفصل عن المدرسة المرشحة لتطبيق البرنامج وأسباب اختيارها .

- تقديم عرض للمدير العام عن البرنامج المراد إلحاقه بالمدرسة العادية المرشحة لإبداء مرئيا ته والموافقة عليه .

- بعد إصدار قرار إلحاق البرنامج وفتح الفصل أو الفصول بالمدرسة المختارة يعد المعهد بيـان بأسماء الطلاب المختارين لإلحاقهم بالمدرسة العادية .

- بالنسبة لفصول التربية الفكريـة الملحقـة بالمـدارس العادية يفضل اختيار طلابها مـن المعهد وفقـاً للضوابط الآتية:

1- أن تتراوح نسبة ذكائهم ما بين 60 ـ 75 % قدر الإمكان .

2- أن يكونوا مستقرين نفسياً وخالين من الصرع ما أمكن .

3- ألا تكون هناك تشوهات خلقية ملفتة للنظر مصاحبة للتخلف .

4- أن يكونوا قد تجاوزوا فصول التهيئة بالمعهد .

ثانيا : تهيئة المدرسة الملحق بها البرنامج

- اجتماع مشرف التربية الخاصة بالهيئة الإدارية والتعليمية بالمدرسة لـشرح أهـداف البرنامج والأسلوب الأمثل لتنفيذه وأهمية الأدوار التربوية والتعليمية لمنسوبي المدرسة في نجاح البرنامج .

- وضع خطـة مـع مـدير المدرسـة و وكيلهـا و المرشـد الطـلابي و رائـد النـشاط لتوعيـة

المعلمين والطلاب وأولياء أمور الطلاب العاديين بالبرنامج الملحق بالمدرسة وأهدافه التربوية والتعليمية للفئة المقدمة لها الخدمة وذلك بهدف خلق المزيد من الألفة والمحبة داخل المدرسة وخارجها لتحقيق أهداف البرنامج ونجاحه .

- المدرسة العادية التي يلحق بها برنامج دمج جزئي تقوم باختيار فصول دراسية مناسبة داخل المدرسة وفي محيط المبنى الرئيسي وفي المنطقة يتم اختيار المدارس التي تشغل مباني حكومية لإلحاق فصول التربية الخاصة بها ويتم إعدادها إعدادا جيداً لاستقبال الطلاب فيها .

ثالثا : تجهيز البرنامج

بالتنسيق مع مدير المدرسة والمعهد يقوم قسم التربية الخاصة بالمنطقة باستكمال التجهيزات الأساسية لنجاح البرنامج الملحق بالمدرسة منها :ـ

- تزويد المدرسة بالمعلمين المتخصصين اللازمين للبرنامج .
- تخصيص مشرف على البرنامج لتذليل كافة الصعوبات وتحقيق سبل نجاحه .
- إيجاد غرفة للمصادر بالمدرسة يتم تجهيزها بكافة المستلزمات الضرورية للبرنامج.
- مخاطبة خدمات الطلاب بالإدارة لتوفير المواصلات اللازمة لنقل الطلاب ومتابعة ذلك حتى لا يفقد الطالب وولي أمره المميزات والخدمات التي كانت تقدم له في المعهد

رابعا : اختيار معلم برنامج الدمج

اعتنت المنطقة باختيار معلمي برامج الدمج ووضعت آلية لاختيارهم وفقا لحاجة كل برنامج على النحو الآتي-:

1- معلمو برامج الدمج الجزئي كبرنامج الإعاقة العقلية والإعاقة السمعية يتم اختيارهم من المتخصصين في التربية الخاصة بالتنسيق مع مدير المعهد المختص بالفئة المدمجة ، ما عدا معلمي التربية الرياضية والفنية فيتم تكليف الموجودين في المدرسة الملحق بها البرنامج من المعلمين المتميزين .

2- برامج الدمج الكلي كبرنامج دمج المكفوفين وبرنامج ضعاف السمع والنطق يتم اختيار المعلمين المتميزين في المدرسة للتدريس في فصول الدمج ، ويزود البرنامج بغرفة المصادر اللازمة وبمعلم متخصص في التربية الخاصة للإشراف على البرنامج كما يزود

البرنامج حسب حاجته بمعلمين متخصصين في التدريبات السلوكية وعلاج عيوب النطق والكلام كما هو الحال في برنامج ضعاف السمع والنطق .

أما فئة صعوبات التعلم وهي الفئة الموجودة أصلا في المدارس العادية فيتم توزيع معلمي صعوبات التعلم على البرامج المعتمدة في المنطقة مع ضرورة وجود غرفة خاصة في كل مدرسة يؤدي فيها معلم الصعوبات دوره التربوي والتعليمي لهذه الفئة وفقا لخطط تربوية فردية لكل طالب ، كما يوجد مركز مسائي لصعوبات التعلم في المنطقة .

خامسا : متابعة البرنامج ميدانيا

اعتمدت المنطقة أسلوبين لمتابعة البرنامج ومتطلباته الإشرافية ميدانياً :-

1- زيارات مشرفي التربية الخاصة للبرنامج وتقويمه .

2- تكليف مدير المعهد المختص بالفئة التي يخدمها البرنامج مع بعض المعلمين المتميزين لديه بزيارة البرنامج وعقد اللقاءات التربوية مع العاملين فيه وتقديم الخدمات اللازمة للبرنامج وتزويد قسم التربية الخاصة بتقرير عن هذه الزيارات وأبرز الملاحظات حول البرنامج .

سادسا : رفع كفاءة العاملين في برامج الدمج

حرصاً من المنطقة على تحقيق أعلى درجات النجاح لبرامج الدمج اهتمت برفع كفاءة أداء العاملين في برامج الدمج الملحقة بالمدارس العادية خاصة من غير المتخصصين في التربية الخاصة وذلك عن طريق:

1- الدورات التدريبية : نفذت عدداً من الدورات التدريبية المميزة بالتنسيق مع مركز التدريب بالمنطقة وكذلك مع الأمانة العامة للتربية الخاصة مستهدفة مديري ووكلاء المدارس والمعلمين والمرشدين ورواد النشاط

ولأهمية التدريب المستمر للعاملين وتطوير وتحسين الأداء المتخصص طرحت الإدارة العامة للتربية والتعليم بالمدينة المنورة مقترحاً لدبلوم في التربية الخاصة تنفذه عمادة خدمة المجتمع والتعليم المستمر - فرع المدينة - التابعة لجامعة الملك عبد العزيز وهذا الدبلوم موجه للمعلمين غير المتخصصين العاملين في معاهد و برامج التربية الخاصة وقد تلقت المنطقة الموافقة عليه من العمادة وسيتم تنفيذه مع بداية العام الدراسي

1424 / 1425 هـ ومدته فصلين دراسيين .

2- عقد ورش عمل في معاهد التربية الخاصة واستهدفت معلمي التدريبات السلوكية ومعلمي التربية البدنية .

3- تبادل الزيارات الميدانية : اهتمت المنطقة ببرنامج تبادل الزيارات الميدانية داخل المنطقة وخارجها للمردود الإيجابي على العاملين وأدائهم في المعاهد والبرامج ولعل من أبرز هذه البرامج زيارة مديري المعاهد وبرامج الدمج لمحافظة الإحساء في 10 / 2 / 1423هـ . وقد حققت نجاحاً كبيراً إذ تم الوقوف على عدد من المعاهد والبرامج المنفذة في المحافظة باعتبارها أول من طبقت أسلوب الدمج لذوي الإعاقة البصرية

سابعا : التواصل مع أولياء الأمور والمجتمع : ـ

نظراً للعلاقة القوية بين توعية أولياء الأمور ونجاح العمل داخل المعاهد وبرامج الدمج في المدارس اتجهت المنطقة إلى توجيه المعاهد والمدارس التي بها برامج للتربية الخاصة بضرورة عقد لقاءات تربوية ودورات تدريبية هادفة لأولياء الأمور وبعض العاملين في الدوائر الحكومية ممن لهم احتكاك بذوي الاحتياجات الخاصة للمزيد من التواصل البناء المبني على توعية الأسرة والمجتمع المحلي بالإعاقة وكيفية التعامل معه وقد نفذت ـ بحمد الله ـ عدداً من هذه اللقاءات والندوات في كل من معهد التربية الفكرية ونفذها بالتعاون مع جمعية الأطفال المعوقين وحضرها عدد كبير من أولياء أمور الطلاب ذوي الاحتياجات التربوية الخاصة وعدد من المهتمين ونفذت أيضاً دورة لأولياء الأمور في معهد الأمل يهدف تدريبهم على تعلم لغة الإشارة ليسهل عليهم التخاطب مع أبنائهم كما نفذ نفس المعهد دورة لموظفي الدوائر الحكومية في لغة الإشارة .

ثامنا : تفعيل برامج النشاط الطلابي

تمثل برامج النشاط أهمية كبيرة لذوي الاحتياجات التربوية الخاصة وخاصة لطلاب الدمج في المدارس العادية لما لها من أهداف تربوية وتعليمية وإنسانية وقد حرصت المنطقة على ما يلي : ـ

1- تفعيل كافة الأنشطة التي ترد من الأمانة العامة للتربية الخاصة أو من الإدارة

العامة للنشاط الطلابي بالإضافة إلى تفعيل دور النشاط داخل المدارس الملحقة بها برامج للمزيد من تحقيق أهداف الدمج ونجاحه انظر الجدول رقم (4) للاطلاع على أنواع البرامج التي قدمت لطلاب ذوي الاحتياجات التربوية الخاصة مع أقرانهم الطلاب العاديين

2- إشراك طلاب التربية الخاصة في المعاهد والبرامج الملحقة بالمدارس في جميع البرامج والأنشطة التي تعدها وتنفذها المنطقة بما يتناسب مع قدراتهم وإمكاناتهم وما يمتلكونه من مواهب .

تاسعا : تكريم الطلاب المتميزين :

وضعت المنطقة في خطتها تشجيع وتكريم الطلاب المتميزين دراسياً من ذوي الاحتياجات التربوية الخاصة وكذلك المبدعين والمتفوقين في الأنشطة المختلفة (الرياضية ـ الكشفية ـ الثقافية ـ الاجتماعية ـ الفنية ....الخ) . ولقد حقق العديد من الطلاب في برامج الدمج بالمنطقة مراكز متقدمة على مستوى المنطقة والمملكة انظر الجدول رقم (5) . كما يقوم سمو أمير المنطقة بتكريم البارزين منهم سنويا باستقبالهم في مكتبه مع أقرانهم المتفوقين من طلاب التعليم العام

مقومات نجاح الدمج في المنطقة

أخذت المنطقة في عين الاعتبار وهي تطبق الدمج التربوي عدداً من المقومات المهمة التي أدت إلى نجاح برامج الدمج فيها وهي مستقاة من خبرات الأمانة العامة للتربية الخاصة بوزارة التربية والتعليم ومن رؤى وتجارب المربين المتحمسين لعملية الدمج في الميدان بالإضافة إلى مرئيات المتخصصين في المنطقة ومن هذه المقومات ما يلي : ـ

1- الاستفادة من كافة التقارير والنشرات والتعاميم الصادرة من الأمانة العامة للتربية الخاصة بخصوص الدمج والأساليب المثلى في تطبيقه بالإضافة إلى الاطلاع على الدراسات وأوراق العمل المميزة وتوجيهات المشرفين التربويين لتحسين وتطوير العمل في برامج الدمج والتوسع فيها .

2- الاختيار المناسب للمدارس التي ستطبق فيها برامج الدمج من حيث : ـ

- وجود الإدارة المدرسية المميزة والمتحمسة لأسلوب الدمج التربوي .

- توفر المعلمين الذين يتسمون بالإيجابية نحو تقبل أسلوب دمج ذوي الاحتياجات التربوية الخاصة في المدرسة العادية والتفاعل مع البرنامج .

- المبنى المدرسي المميز من حيث الموقع والتجهيز وسعة الفصول

3 ـ الاستفادة من التجهيزات التعليمية التي توفرها وزارة التربية والتعليم لبرامج الدمج كآلات الكتابة بطريقة برايل والأجهزة السمعية المتطورة وأجهزة تصحيح عيوب النطق وأدوات قياس الذكاء والأدوات الرياضية وغيرها .

4- إيجاد غرفة مصادر في كل مدرسة تطبق برنامج الدمج التربوي و تجهيزها بكافة المستلزمات الضرورية لأهمية دورها التربوي والتعليمي في البرنامج .

5- مراعاة عدم زيادة عدد الطلاب في الفصل الذي يطبق فيه الدمج الكلي عن خمسة وعشرين طالباً ولا يزيد عدد طلاب ذوي الاحتياجات التربوية الخاصة فيه عن خمسة طلاب يتم توزيعهم بين زملائهم .

6- إدخال تقنية استخدام الحاسوب في فصول الدمج تدريبياً وتعليمياً وتثقيفياً ونشاطاً

7- إشراك ذوي الاحتياجات الخاصة مع أقرانهم العاديين في الأنشطة المنهجية واللامنهجية التي تمارس على مستوى المدرسة والمنطقة وتكريمهم كلما سنحت الفرصة بذلك .

8- قيام معاهد التربية الخاصة في المنطقة بإمداد برامج الدمج باستمرار بالمعلومات والخدمات المساندة والخبرات والأساليب والأدوات التعليمية بالإضافة إلى قيامها ببعض الأدوار الإشرافية من خلال المتخصصين الموجودين فيها

9- الحرص على استمرار تمتع ذوي الاحتياجات التربوية الخاصة في برامج الدمج بنفس المزايا . التي كانوا يتمتعون بها من قبل مثل المكافأة الشهرية ووسيلة النقل والخصم في تذاكر السفر .

10- عقد دورات تدريبية تأهيلية قصيرة للمعلمين والمرشدين ورواد النشاط في برامج الدمج من غير المتخصصين في التربية الخاصة بهدف تدريبهم على كيفية التعامل التربوي مع ذوي الاحتياجات التربوية الخاصة وإدراك مفهوم الدمج وأهدافه

11- إعداد خطة فردية تعليمية لكل طالب تم دمجه من ذوي الاحتياجات التربوية الخاصة في المدارس العادية ومتابعتها متابعة دقيقة .

12- العمل بروح الفريق الواحد في برامج الدمج ومشاركة الجميع في التخطيط والتنفيذ وظهور العمل التعاوني البناء بين معلم التربية الخاصة والمعلم العادي

الخدمات التربوية التي تقدمها معاهد التربية الخاصة لبرامج الدمج في المنطقة

بعد مرور سبع سنوات على تطبيق المنطقة لأسلوب الدمج لم يظهر إلغاء لدور معاهد التربية الخاصة - كما كان يتوقع البعض - بل ازدادت قوة ومكانة بين المدارس العادية إذ أصبحت مرجعا وإمدادا للمعلومات والخبرات لكل مدارس المنطقة التي تطبق فيها برامج للتربية الخاصة ، فبالإضافة إلى دورها التربوي والتعليمي للفئات التي لازالت تستفيد من خدماتها فهي تقوم بالأدوار الآتية -:

1- إجراء عمليات مسح للمدارس العادية للكشف عن الطلاب الذين يحتاجون لخدمات التربية الخاصة وتحديد نوعها عن طريق فرق عمل متخصصة تبلغ المنطقة بنتائجها .

2- تقديم الخدمات التربوية المساندة لبرامج الدمج إذ تقوم بتزويدها بالخبرات والمعلومات والأدوات والوسائل التعليمية الخاصة بطلاب الدمج .

3- زيارة برامج الدمج من قبل المتخصصين في المعاهد وتقديم الاستشارات الفنية والتربوية والتعليمية للمعلمين .

4- تنفيذ الدورات التدريبية للمعلمين غير المتخصصين ممن يعملون في برامج الدمج وعقد اللقاءات التربوية معهم .

5- مشاركة المدارس العادية في الأنشطة الطلابية التي تقيمها لذوي الاحتياجات الخاصة وتفعيل دورها

6- تنفيذ الندوات والدورات والمحاضرات لتوعية أولياء الأمور والمجتمع بالإعاقة ومسبباتها وكيفية التعامل مع ذوي الاحتياجات التربوية الخاصة في الأسرة . انظر الجدول رقم

نتائج تربوية وتعليمية

من خلال التوسع في برامج الدمج التربوي بالمنطقة ظهرت نتائج تربوية وتعليمية تتعلق بمدير المدرسة والمعلم وولي الأمر والطالب وتفاعل المؤسسات الحكومية والأهلية مع برامج ذوي الاحتياجات التربوية الخاصة نوجزها فيما يلي :-

أولاً : ظهور نقلة نوعية في أسلوب أداء العمل مع ذوي الاحتياجات التربوية الخاصة من خلال : -

1- تفاعل مديرو المدارس مع البرامج الملحقة بمدارسهم وظهور روح الآداء المتميز في العديد من الجوانب التربوية والتعليمية داخل الفصول الدراسية وفي عملية التهيئة لاستقبال الطلاب واندماجهم مع زملائهم العاديين .

2- بروز اتجاهات إيجابية من قبل المعلمين في البرامج نحو ذوي الاحتياجات التربوية الخاصة وتمثلت في طرحهم لأفكار تربوية بناءة وتقديمهم لبرامج مميزة باستخدام الحاسوب واقتراح أنشطة لا صفية تنفذ خلال اليوم الدراسي وأثناء العطل الصيفية

3- ظهور تجارب تربوية مميزة نفذها طلاب برامج التربية الخاصة بالمنطقة بمشاركة طلاب المعاهد ومعلميهم مثل : تجربة فن بلا تكلف التي أشاد بها المسئولون على مستوى المنطقة والوزارة .

ثانياً : تفاعل أولياء أمور الطلاب ذوي الاحتياجات التربوية الخاصة مع برامج الدمج لشعورهم بأنه حقق لهم ولأبنائهم العديد من الرغبات والطموحات مثل تعلم الأبناء مع أقرانهم العاديين في الحي الذي يسكنون فيه . وفي مدرستهم العادية مع تمتعهم بنفس المميزات التي يتمتع بها طالب التربية الخاصة إلى جانب اكتسابهم للعديد من المهارات اللازمة لعملية التواصل والتفاعل اجتماعياً .

ثالثاً : ظهور أثر الدمج التربوي في تفوق طلاب البرامج في الأنشطة الثقافية والرياضية وبروزهم على مستوى المملكة في تحقيق نتائج مميزة في المشاركات الخارجية نتيجة استفادتهم من الطلاب العاديين .

رابعاً : ارتفاع مستوى أداء المعلمين داخل البرامج من خلال استفادتهم من كافة الإمكانات المتاحة في المدرسة وظهور روح المنافسة البناءة في استخدام الوسائل المعينة

والجذابة وظهور لمسات إبداعية ومبتكرة في التدريس .

خامساً : تفاعل المجتمع والمؤسسات الحكومية والأهلية مع برامج الدمج التربوي في المنطقة وذلك من خلال مساهماتهم الفاعلة في دعم البرامج وتشجيعها مثل تقديم مكتب العمل بالمنطقة لدورة تدريبية صيفية لطلاب برنامج ذوي الإعاقة السمعية في فنيات استخدام الحاسوب ولمدة شهر في الكلية التقنية في صيف هذا العام 1424 هـ. مع تقديم فرص وظيفية للمتخرجين منهم .

ثالثا : تجربة المملكة الأردنية

- بدأ تنفيذ فكرة الدمج في الأردن في عام 1982-1983 في مدرسة عبد الحميد شرف حيث تعتبر هذه المدرسة أول مدرسة طبقت فكرة الدمج ونفذتها ، وبلغ عدد الطلاب الملتحقين في تلك المدرسة في ذلك العام 280 طالبًا وطالبة يمثلون حالات بطئ التعلم وحالات الإعاقة الحركية ، وقد تم توزيع هؤلاء الطلاب على صفوف المدرسة العادية بمعدل ثلاثة من الطلاب غير العاديين في الصف العادي الذي يبلغ عدد طلابه عشرون طالبًا ، وكان يشرف على التجربة معلمة تربية خاصة ، وبالرغم من الصعوبات التي واجهت التجربة مثل صعوبة تقبل الطلبة العاديين زملائهم من ذوي الإعاقة ، وصعوبة متابعة الطلبة غير العاديين السير بمنهج العاديين و فإن تقييم التجربة يشير إلى نجاح الفكرة وخاصة تربويا واجتماعيا .

- أما التجربة الثانية للدمج في الأردن فكانت في مدرسة المنهل في عمان حيث تم افتتاح فصل التحق به عشرة طلاب من ذوي الإعاقة العقلية البسيطة وذوي الإعاقة الحركية وذوي صعوبات التعلم . ثم بدأت تجارب بعض المدارس مثل مدرسة عمان الوطنية ومدرسة العصرية والمدرسة الانجليزية وغيرها .

- تجربة وزارة التربية والتعليم

تولى قسم الإرشاد التربوي منذ بداية الثمانينات الاهتمام بالطلبة غير العاديين وتفعيل قانون رقم (3) لعام 1994 وقانون رقم (27) لعام 1998 والذي نص على تكافؤ

الفرص والعدالة الاجتماعية لكافة أبناء الوطن وخاصة من هم في سن التعليم ومن بينهم ذوي الاحتياجات الخاصة .

وقد بدأت أول تجربة للدمج في الأردن في مدارس وزارة التربية والتعليم عام 1983- 1984حيث تم دمج 12 طالبًا من الطلبة الصم في تلك المدرسة البالغ عدد طلابها 280 طالبًا وتم اختيار تلك المدرسة لعدد من الأسباب منها قرب المدرسة من مركز تربية خاصة للمعاقين سمعيا ، وتوفر البناء المدرسي واستعداد المدرسة لتطبيق التجربة وغيرها من الأسباب وتم التدرج في دمج الطلاب الصم من دمج لبعض الوقت إلى ثم دمجه لطول الوقت بعد مراحل .

- أما التجربة الثانية فتجربة مدرسة نائلة زوجة عثمان الثانية حيث تم دمج 15 طالب من الضعاف تحصيليا بالمدرسة تحت إشراف قسم الإرشاد التربوي في وزارة التربية والتعليم .

- أما التجربة الثالثة لوزارة التربية والتعليم فكانت عام 1987 كما ذكر(الصمادي 1988) وهي عبارة عن فتح الصفوف الخاصة في المدارس العادية للطلبة بطيء التعلم والطلبة ذوي صعوبات التعلم وذلك بالتعاون مع صندوق الملكة علياء للعمل الاجتماعي التطوعي الأردني ، حيث تم تأهيل معلمي ومعلمات المرحلة الابتدائية الدنيا في مجال التربية الخاصة في محافظتي معان والطفيلة في عام 1987، حيث تم عقد 12 دورة تدريبية شارك فيها 307 من معلمي ومعلمات المحافظتين (جمال الصمادي ، 2003)

وفي فترة التسعينات من القرن الماضي (1991) تم افتتاح أربعة صفوف خاصة استفاد منها (90) طالبًا وطالبة في مدارس وزارة التربية والتعليم ، وفي السنوات التالية زاد عدد الصفوف الخاصة بشكل ملحوظ ويبين الجدول التالي تلك الزيادة

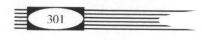

السنة	عدد الصفوف الخاصة / غرفة المصادر	عدد الطلبة المستفيدين
1987	1	10
91/1990	4	90
92/1991	6	126
93/1992	8	128
94/1993	12	257
95/1994	17	357
96/1995	29	539

وقد استفاد من غرف المصادر الطلبة الذين يعانون من صعوبات تعلم وبطيء التعلم حيث يشرف على هذه الصفوف معلمون يحملون مؤهلًا في التربية الخاصة ويتلقون من 18- 24 حصة أسبوعيًا في اللغة العربية والحساب ويتم اختيار الطلبة وفق لجنة متخصصة ويتم وضع خطط فردية لتدريس هؤلاء الطلاب (جابر فايز 1996)

وتجدر الإشارة إلى تزايد أعداد غرف المصادر التابعة لوزارة التربية والتعليم الأردنية أي يصل العدد إلى ما يقارب (510) غرفة مصادر (2007) ملحقة بالمدارس العادية (10200) طالبًا وطالبة وفي كل غرفة صفية حوالي (20) طالبًا .

ومما تجدر الإشارة إليه أن أعداد الطلبة ذوي الاحتياجات الخاصة في مدارس وزارة التربية والتعليم حسب المسح الذي أجري في العام الدراسي 96/95 بلغت (2145) طالبًا وطالبة موزعين كما يلي :

الفئة	عدد الطلبة
الإعاقة السمعية	455
الإعاقة البصرية	654
الإعاقة الحركية	829

الشلل الدماغي	22
اضطرابات النطق / اللغة	216
متعدد الإعاقة	89

وهناك تجارب ناجحة لدمج المعاقين بصريا والطلاب الصم في عدد من المحافظات تحت إشراف وزارة التربية والتعليم .

رابعًا : تجربة دولة الإمارات العربية المتحدة

اهتمت وزارة التربية والتعليم في دولة الإمارات العربية المتحدة بالأطفال غير العاديين منذ أواسط السبعينات وقد برز ذلك الاهتمام بشكل واضح حين صدرت " لائحة فصول التربية الخاصة " بموجب القرار الوزاري رقم 385/ 2 لسنة 1998 حيث تضمنت تلك اللائحة عددًا من المواد التي تكفل الاهتمام بالطلبة الذين يعانون من صعوبة في موائمة أنفسهم مع المناهج الأكاديمية بالمدرسة بسبب قصور بسيط في ذكائهم ، أو في قدرتهم على التعلم ، واستنادًا إلى ذلك قامت وزارة التربية والتعليم بإنشاء فصول التربية الخاصة الملحقة بالمدرسة العادية اعتبارًا من العام الدراسي 80/79 وقد تضمنت تلك اللائحة المواد التالية وزارة التربية والتعليم ن1988)

- المادة رقم 1 : معنى التربية الخاصة
- المادة رقم 2 : أهداف التربية الخاصة
- المادة رقم 3: أسس فتح فصول التربية الخاصة وموقعها .
- المادة رقم 4 : احتياجات فصول التربية الخاصة .
- المادة رقم 5 : أسس اختيار طلبة فصول التربية الخاصة
- المادة رقم 96 : تسجيل والتحاق والطلبة في فصول التربية الخاصة ذكر(فاروق الروسان 2008)

تم افتتاح قسم للتربية الخاصة في وزارة التربية والتعليم ضمن إدارة الخدمة الاجتماعية وذلك في العام الدراسي (1979-1980), وأنشأت فصول للتربية الخاصة في المدارس

التأسيسية بواقع خمسة فصول للذكور والإناث على مستوى الدولة, اختصت إمارة دبي منها بفصلين, بينما كان عدد الطلبة الملتحقين بالفصول 40 طالبا وطالبة معظمهم من حالات التخلف العقلي.

في عام 1984 توسعت فصول التربية الخاصة لتشمل الأطفال المتأخرين دراسيا وبطيئي التعلم, فيما تم تحويل حالات التخلف العقلي لوزارة العمل والشؤون الاجتماعية . في عام 1988 صدرت أول لائحة تنظم العمل في فصول التربية الخاصة وتجسد الواقع الميداني بالاهتمام بالطلبة الذين يعانون من صعوبات في التعلم.

وصل عدد الفصول في عام 1999 إلى 249 على مستوى الدولة منها 37 فصلا في منطقة دبي التعليمية فيما وصل عدد الطلبة الملتحقين في الفصول في نفس العام إلى 1825 طالبا وطالبة منهم 281 في منطقة دبي.

تم استحداث إدارة خاصة لرعاية ذوي الاحتياجات الخاصة وذلك في العام الدراسي 1999 بقسميها(قسم رعاية الفائقين والموهوبين) و(قسم التربية الخاصة ومشكلات التعلم) وذلك بهدف توسيع رقعة الاهتمام بالفئات الخاصة وتطوير البرامج التشخيصية والعلاجية المقدمة لهم.

شروط قبول الطلبة في فصول التربية الخاصة في دولة الإمارات العربية:

ألا تقل درجة ذكاء التلميذ عن 70-75 درجة.

أن يكون لائقا صحيا ونفسيا ولا يعاني من تعدد الإعاقات.

أن يكون من الطلبة السجلين في المدارس الحكومية.

في حالة ضعف السمع يجب ألا يزيد ضعف السمع عن 80 ديسبل, ويكون لديه بقايا سمعية تمكنه من السمع باستخدام المعينات السمعية المناسبة.

صدر قرار مجلس الوزارة رقم 19 لسنة 1999 بشأن الهيكل التنظيمي لوزارة التربية والتعليم والشباب بالدولة , تم استحداث إدارة جديدة بالهيكل أطلق عليها إدارة برامج ذوي القدرات الخاصة , وهي إدارة معنية بالتعامل مع فئة (صعوبات التعلم والموهوبين والمتفوقين). القسم الخاص بالتربية الخاصة ومشكلات التعلم والقسم الآخر الخاص بالفائقين والموهوبين.

اهتمت الوزارة وإدارة المناطق بتزويد فصول التربية الخاصة وغرق المصادر بأجهزة العرض والوسائل السمعية والبصرية, والألعاب التعليمية التي من شأنها دعم العملية التعليمية وتلبية احتياجات الطلبة الخاصة.(القريوتي والغزو والحميدي,2004)

المراجع

1- ناصر بن علي الموسى: دمج الأطفال ذوي الاحتياجات الخاصة في المدارس العادية 2002 , مرجع سابق، تاريخ الدخول على شبكة الانترنيت 2006/7/10

2- معيض بع عبدالله الزهراني ، الدمج التربوي مفهومه وأساليبة ،موقع أطفال الخليج ، الدمج التربوي

3- جميل الصمادي ، وآخرون : التربية الخاصة في الأردن ، تجارب دمج المعاقين وعلاقتها بتأهيل المعلمين ، مجلة التربية الجديدة ، العدد 43، السنة 15 كانون الثاني

4- جابر فايز : دور وزارة التربية والتعليم في دمج الأطفال ذوي الحاجات الخاصة في المدارس الأساسية العامة ، ورقة بحث ، مديرية التربية والتعليم ، 1996

5- محمد حامد إمبابي وآخرون: المتطلبات التربوية لتعليم الطلاب المكفوفين في المعاهد الثانوية الازهرية من وجهة نظرهم, مجلة كلية التربية، جامعة الأزهر العدد 82 القاهرة يوليو 1999 ص160.

7- نجيب خزام: المشروع الاستطلاعي لمركز سيتي: تقويم ومراجعة ورقة مجمعة مقدمة للمؤتمر القومي الأول حول دمج ذوي الاحتياجات الخاصة في المدارس العادية، مارس 2002, المكتب الإقليمي لهيئة إنقاذ الطفولة البريانية (SCFUK) بالقاهرة.

8- المركز القومي للبحوث التربوية آليات الدمج ، القاهرة ،2000

9- موقع مدارس مصر للغات على شبكة الانترنت . السرطاوى ، زيدان . العبد الجبارنعبد العزيز الشخص،عبد العزيز(2000).الدمج الشامل لذوى الاحتياجات الخاصه.مفهومه وخلفيته النظريه.مكتبه دار الكتاب الجامعى،العين الامارات.

10- فاروق محمد صادق . من الدمج الى التالف والاستيعاب الكامل . ندوه دمج الاشخاص ذوى الاحتياجات الخاصه في دول مجلس التعاون الخليجى. البحرين/2-4 مارس1998

11- د.صالح عبد الله هارون(2000). تدريس ذوى الاعاقات البسيطه في الفصل العادى. دار الزهراء.

12- صلاح عميره . الدمج التربوي للمعاقين عقليا بين التأييد والمعارضة ز الملتقى الثاني للجمعية الخليجية للإعاقة.

13-.صلاح الموسى. دمج ذوى الإعاقات الذهنية في مدارسنا . بحث غير منشور.

Printed in the United States
By Bookmasters